21世纪心理学专业前沿丛书

U0811395

现代技术与教育心理学

牟　书　宋灵青　编著

东南大学出版社
·南京·

内容提要

当今是信息社会，各种新技术已经深入当代青少年的生活，对其行为和心理产生了不可忽视的影响，也给教育带来了新的问题和挑战。目前在教育教学领域中，教育技术已经被广泛用于推进各项教育改革。然而，教育技术只是支持教学的工具，应用现代教育技术来设计新的学习环境仍然要遵循心理学的学习理论，而反过来心理学在教学中的应用又要依赖技术的支持。本书沿用教育心理学的体系，从学生心理、教师心理、学习理论、学习动机、教学设计、教学评价等方面，阐述了现代教育技术的心理学基础，以及在心理学的指导下如何利用现代技术来促进教育的具体技术。本书适用于从事教育技术工作和研究的人员、教育心理学研究者、各级各类教师。

图书在版编目(CIP)数据

现代技术与教育心理学 / 牟书，宋灵青编著 . —南京：东南大学出版社，2014.12（2020. 6重印）

（21 世纪心理学专业前沿丛书 / 张侃主编）

ISBN 978－7－5641－5423－3

Ⅰ. ①现… Ⅱ. ①牟… ②宋… Ⅲ. ①教育心理学—研究 Ⅳ. ①G44

中国版本图书馆 CIP 数据核字(2014)第 305678 号

现代技术与教育心理学

编　　著 牟　书　宋灵青　　**项目策划** 李静婷
责任编辑 张　煦　　**文字编辑** 张爱华
封面设计 王　主　　**责任印制** 张文礼

出版发行 东南大学出版社
出 版 人 江建中
社　　址 江苏省南京市四牌楼 2 号(210096)
经　　销 全国各地新华书店
印　　刷 石家庄继文印刷有限公司
版　　次 2014 年 12 月第 1 版　2020 年 6 月第 2 次印刷
开　　本 700mm×1000mm　1/16
印　　张 12.25
字　　数 254 千字
书　　号 ISBN　978－7－5641－5423－3
定　　价 36.00 元

本社图书若有印装质量问题，可直接与营销部联系，电话(传真)：025－83791830。

前　言

在教育教学过程中，技术一直起着重要的作用，但一直被人们忽视。随着个人电脑和互联网的迅速发展，教育受到了极大的冲击，以往的很多教育理念都受到了挑战，教师突然之间发现现在的学生似乎难以“管教”。教育心理学作为教育和心理学的一个交叉学科，首当其冲地要解释在现代技术的背景下学生的心理规律、教师的心理规律以及教学的心理规律。然而，现在我们需要做的不仅仅是将原有的教育心理学理论用来解释现代技术下的教育现象，更重要的是要认识到现代技术的发展还扩大了学习和教学的视野，改变了原有教育心理学中的概念和理论。

本书一方面讨论在新技术的影响下教育心理学的变化，尤其是当前的互联网技术给教育心理学带来的新课题，另一方面也探讨教育心理学对新技术中各种学习问题的解释。本书分为八章，第一章现代技术与儿童心理发展，主要讨论现代技术对学生认知发展和社会性发展的影响；第二章讨论各种学习理论对现代技术的应用；第三章则重点探讨在网络时代广为流行的建构主义学习理论；第四章讨论现代技术与学习动机，尤其是网络自主学习的问题；第五章则是关于在现代技术支持下的概念转变学习和技能学习，探讨多种技术工具如制图软件、数据库软件、视频网站、虚拟现实对学习的支持；第六章现代远程教育，主要介绍远程教育的发展、设计和教学模式；第七章现代技术与学习评价则主要探讨在现代技术支持下的教学效果评价，尤其是技术对过程性评价的支持；第八章信息技术时代的教师成长，主要探讨了各种现代技术对教师成长的支持。

本书由北京联合大学师范学院的牟书博士负责制定写作提纲，并撰写第一至五章，六至八章由中央电化教育杂志社的宋灵青博士撰写。全书由牟书负责统稿。本书系北京市市属高等学校人才强教计划资助项目，项目编号：PHR201108388。

希望借此书与广大教育心理学的同仁们交流共勉，不断推进和深化现代技术在教育心理学领域的研究与实践，如能起到点滴作用，不胜欣慰！

编　者

于 2014 年金秋

目 录

绪　　论

自从人类开始制造并使用工具以来,技术就产生了。牛津词典将技术定义为“科学知识在工业中的实践应用,例如设计新的机器”或者“使用技术设计的机器或装置”,例如一辆汽车,一套灌溉系统,一种制作玻璃的方法等等①。也有人认为技术不仅仅是工具或者手段,而是人类为了某种目的或满足某种需要而人为规定的物质、能量或信息变换方式及其对象化的结果。各种物质、能量、信息的变换在自然界本来就存在着,比如植物通过光合作用将太阳能转换为生物能,地震造成泥石流形成堰塞湖等等。人类在此基础之上制定了自己想要的转换方式,例如制造出蒸汽机来将热能转换为动能,这是技术的核心内涵。通过技术发展,人可以更省力、高效地与周围的环境互动,更好地改造自然使之适合人的需要。

不管哪一种定义,都认为技术是被某种特定的文化所利用,从而在经济、社会、文化上发挥作用。这种观点倾向于将技术放在一个人类社会发展的辅助位置,认为社会政治、文化、经济利用了技术而获得发展。但是实际上,技术对人的作用远远不仅仅是“辅助”。马克思认为,工具是人得以成为人,也是人类社会、经济发展的先决条件。阿瑟则认为,经济是技术的表达,经济的结构是由技术铸造的,技术集合在一起,创造一个结构,制造、物流、服务都发生在其中,各种经济活动就浮现出来[1]。从这个角度来说,技术创造了经济,经济则调节着新技术的创造,例如第一次工业革命正是由于蒸汽机带来了整个社会经济政治结构的变化。“经济是技术的表达”,这是将技术放在了一个前所未有的重要位置,技术不仅是人类社会发展的动力,也是人类社会产生的最初基础。

人类历史上的技术发展可以分为三个阶段:

1. 工具阶段,例如石器、长矛、锤子等,这些技术可以看做是人类身体器官的延伸装置,使人们可以完成超乎身体器官潜力之外的事情,也必须依赖于人的操作才能发挥作用。例如刀可以劈开徒手无法分开的食物,锤子使打击更有力,轮子节省了劳力并能够搬运更重的东西。技术也不仅仅是工具,农业技术让人们可以操纵植物和动物的生长,从而为人类提供更稳定的食物来源。

2. 机器阶段,例如水车、蒸汽机等等。这类技术的特点实现了能量转换,如水

① http://www.oxfordlearnersdictionaries.com/definition/english/technology

车将势能转换为动能，蒸汽机将热能转换动能，这进一步扩展了人控制环境的能力。尤其是蒸汽机的出现极大地提高了人类的劳动生产率，由之而来的工业革命彻底改变了人类社会的组织方式。

3. 自动化阶段，例如电脑、自动化机床等等。这类技术的特点是信息转换，而且由技术装置代替了部分智力工作，建立了一个循环反馈的系统。在自动化阶段，似乎并不需要人们在体力上和智力上参与技术的运作。例如在一条自动化生产线上，可能只需要一名工人，其他的工作全都由技术手段自动实现了。

每一次技术的飞跃都会带来人类社会翻天覆地的变化。工具阶段的技术使人类彻底与其他灵长类动物区分开来，走上了人类独特的发展道路；机器阶段的技术则开创了以机器代替手工劳动的时代，极大地提高了人类的劳动生产率，引发了深刻的社会变革；自动化阶段的工具则带来了信息革命，又一次导致社会生产力、生产关系发生重大变化，尤其是互联网的出现和普及使得信息广泛流通，带来了社会经济结构甚至政治结构的变革。教育作为人类社会特有的现象，也不可避免地受到技术发展的影响。

教育起源于社会的生产劳动，目的是使人们具有与社会生产活动相适应的知识和能力，能够适应社会生活。凡是能够让人们获得知识和技能、形成思想观点和道德品质的活动都可以称为教育。儿童在学校里学会九九乘法表，或者跟妈妈学会了做饼干，都是教育过程。

在历史上，人类的教育都分为两类，一类是严格组织起来，以少数精英为教育对象的正规教育体系，例如希腊的体育馆、中世纪的大学、中国的私塾等。另一类则是实用技能的教育，如何种庄稼、做铁器，绝大多数普通人接受的是这类教育。对于后者，主要采用家庭式的学徒制，儿童从父母或其他亲近之人那里学会所有需要知道的知识和相应的技能，观察、模仿、有指导性的实践是他们的主要学习途径[2]。

19 世纪前叶，传统的学徒制教育受到了工业革命的冲击。一方面，工业革命需要短时间内培养大量能够掌握各种知识和操作技能的人才；另一方面，工业革命减少了农业人口，造成工业区的人口聚集，使得大量儿童无所事事的在城市里晃悠，国家意识到有必要将其组织起来接受教育，教他们学会语言，并理解、接受国家赖以存在的价值观。两方面的原因促使教育从家庭转移到了社会，变成国家的责任。在这个过程中，印刷机的发明也起到了很大的作用。印刷机使得知识可以大量以书面的方式传播，人们将自己的观点记录下来，传递给其他人，同时也接受评估和挑战。通过这些印刷制品，远在各地的人们可以就同一个问题进行讨论，使得知识的传播变得更加容易，而教育也从传统的学徒制、实践学习转变成了以读、写为中心的过程，通过阅读、写作来学习历史、数学、科学，形成了我们现在都非常熟悉的现代教育体系。

从教育的历史我们可以看到，技术的革命性进步不仅带来了社会的变化，也使得教育这种人类社会的特有现象发生了本质的改变。从家庭教育到学校课堂，从学徒式的实践学习到以阅读为主的学习，教育的目的、内容、形式、手段都发生了变化。随着现代技术的进一步发展，尤其是信息技术的兴起，教育面临着一场新的革命，新的教育思想、概念、方法引入到教育中，挑战现有的教育体系，促使研究者重新理解教育过程。

虽然教育的历史十分悠久，但教育心理学却是一门年轻的学科，诞生于上个世纪，是教育学和心理学的交叉学科。教育心理学的基础是心理学，主要将心理学的理论用于探讨教育实践，但并不是简单地将心理学的知识用于解释和说明教育教学中的现象，而是将教学过程作为专门的研究对象，探讨在教育教学的影响下，学生掌握知识技能、道德规范、个性形成的心理规律。具体来说，教育心理学的研究对象是教育过程中的心理现象和心理规律，其中既包含学生的心理规律，还包含教师的心理规律，以及教育者如何通过这些规律对受教育者进行有效的教育。

目前教育心理学的知识主要针对学校教育，是围绕学校教育中学生的学习和老师的教学及其相互作用而组织起来的。学生要在教育者有意识的指导下进行学习，通过和教师之间的互动，系统地学到知识。教育必然是一个双向的活动，学生和教师的作用都不可缺少，教师作为教育者要计划并实施培养学生的教育过程；学生作为一个有思想有情感有意识的人，必然要通过自己的积极活动，主动获得社会所需要的知识和技能。在这个过程中，教师的教育活动必须符合学生的生理和心理的发展规律。

在教育和教学过程中，技术或工具一直起着非常重要但是又往往不被人注意的作用。在古代，教师传授知识都是通过口头传授，例如中国古代的私塾里，虽然和现代课堂一样都是一个教师对数名学生，却没有黑板，教师带着学生一起读书，并讲解文章的含义，学生通过不断的诵读来巩固知识，“读书百遍其义自见”就是对当时教学过程的理解。黑板和粉笔是直到19世纪才在欧洲出现，很快走入各国学校的课堂，成为人类传播知识的重要工具。借助黑板，教师可以将重要的知识点以视觉而不是听觉的方式传递给多名学生，传递的内容也从单纯的文字扩展到图形，教学内容、教学效果都得到了丰富和提升。

黑板加粉笔在教室里存在了很长一段时间，直到20世纪20年代左右才开始发生变化。随着电子技术的发展，幻灯、投影、电影、无线电等新设备被引入教育界，得到了广泛的认可。当时国内用“电化教育”来表示这些带电媒体在教育教学中的应用，代表了当时的新媒体技术及其教育应用。这时新的技术手段被看做是传统教学的一种补充，可以提高教育过程的效率和质量。为了发挥这些技术在教育中的作用，需要利用教育心理学中关于学生学习规律、教师教学规律的研究成果，探讨如何更好地选择技术手段、设计教学过程。

到20世纪90年代之后，随着计算机和网络等信息技术在教育中的应用迅速发展，教育也受到了极大的冲击。一方面，信息技术扩大了学习和教学的视野，借助视频、网络、虚拟现实等技术，教师可以在课堂上向学生呈现更加丰富多彩的学习材料，但另一方面，信息技术也挑战了现有教育心理学的理念，因为信息技术从方方面面渗透到了学生以及教师的生活中，改变了人们获取信息的习惯和交流的途径。在教育工作者将网络搬进课堂，试图用互联网来传递知识之前，学生早就已经习惯用网络搜索各种信息，在社交网络上与其他人互动，甚至出现长时间沉迷于网络的问题。而网络开放大学则让每个学习者可以轻易获得各个领域的名师讲课视频，似乎正在从根本上动摇传统的教育模式，将教学从教室扩展到整个生活中。网络技术甚至造成知识本身也在发生变化，从稳定的、集中的、抽象的知识变成情境性的、分布的、更具体的知识。在新的环境下，需要学生更强的自我监控、自我约束能力，也需要教师或同伴提供适当的支持。

总的来说，以信息技术为主的现代技术使得人和技术的关系得到了扩展，以前所未有的力度在改变着教育的面貌，为教育提供支持。然而现有教育心理学的理论没有跟上信息技术发展的脚步，难以解决在网络时代出现的新的学习问题[2]。在现代技术带来的教育变革浪潮里，作为教育实践的理论学科之一，教育心理学，也急需引入新的理念，以适应当前教育正在发生的变化。

参考文献

[1] 阿瑟布莱恩.技术的本质[M].浙江人民出版社，2014.

[2] 石磊.信息技术影响下的教育心理学[J].内蒙古师范大学学报(教育科学版).2013.63－64.

第一章　现代技术与儿童心理发展

随着各种新技术在生活中的普及，儿童能够接触到新技术的机会也大大增加。尤其是当前电脑、互联网以及平板电脑的流行，使得越来越多的儿童从小就习惯了这些数字产品的陪伴。在学校，普遍认为新的教育技术能使学生对知识有更高的理解水平，因此鼓励教师要使用新的教育技术，给学生提供接触电脑、网络的机会，采用先进的教育技术来开展教学，包括多媒体教室、网络教学、远程教学、社交媒体互动等等。但是社会上对这些新技术的批评也一直没有停止过，例如人们经常看到报道说过度使用电脑造成儿童的身体受到损害，暴力电视或者网络上的不良信息会对学生产生负面影响等等。

在这种矛盾观点的影响下，教师们对技术的态度也比较复杂。一方面，教师确实也发现新技术使得课堂变得更加生动有趣，学生对新技术表现的学习内容更感兴趣。但另一方面，由于新技术下成长起来的儿童与上一代有非常大的区别，这种巨大的变化致使教师感到困惑，不知道如何去面对。在现代技术环境下的教育过程与传统的教育相比，也发生了巨大的变化，对教师提出了更高的要求，这也让很多教师感到很大的压力。

然而，不管喜欢也好，不喜欢也好，当前信息技术已经深入人们生活的方方面面，深刻改变了学生获得信息和交流的方式。学生在进入课堂之前就已经具有了大量的相关知识，他们已经习惯了在课堂上用移动互联网查询老师所讲的内容，也会在课堂上用社交网络跟其他学生交流。不管教师有没有意识到，这种变化都会带来深刻的教育变革。因此，当我们探讨教育技术的时候，教师首先应该意识到新技术给学生带来的变化，理解新技术环境下成长起来的学生的心理特点，才能使教师学会如何利用技术来促进教学。

第一节　现代技术与儿童的认知发展

一、技术是天使还是恶魔？

据调查，我国大部分家庭都拥有至少一台电视机，拥有电脑和能够上网的家庭也不在少数。针对南京市中小学生的一项研究表明，有 74％的学生有自己的电脑，有84%的学生在自己的家中上网[1]。即使在农村学校，儿童和青少年的上网率也达到了40.1%，只不过他们多在网吧上网[2]。大学生使用电脑和上网的比例就更高。2014年北师大的一项研究表明，大学生每天上网4小时以上的人达到41.5%，且随着年级的增高，学生上网的时间加长。随着移动互联技术的发展，手机上网有逐渐增加的趋势[3]。可以看到，不管这些新技术到底是有正面还是负面的影响，电脑、手机、网络，已经成为学生生活不可分割的一部分。

那么这些新技术对学生的认知到底有什么影响？通俗的说，就是：技术会让孩子变得更聪明还是更笨？事实上，每一种新媒体进入人们的生活时，都会有人对其表示担忧。例如，电视就长期遭到家长和教育工作者批评，认为沉迷于看电视会导致儿童缺乏思考能力。这是由电视节目的特点决定的。电视的本质是娱乐，主要利用视觉刺激让观众获得快感，在内容上则尽量保证绝大多数人群都能够看懂，使观众满意，尽可能不让观众感到困惑，也不需要让观众思考。这些特点导致儿童看电视成为一个被动接受信息的过程，缺乏主动的探索和交互，久而久之造成儿童的阅读能力下降。

但是有研究者对此有不同的看法，认为电视节目尤其是教育类电视节目扩大了儿童的视野，让儿童有机会了解外面的世界，这是学校无法提供的。研究者通过比较家庭中电视、电脑的使用情况与儿童的认知能力发展的关系，发现家庭中电视的拥有率与儿童的认知能力呈正相关[4]。不过这类研究无法排除其他因素如家庭环境在其中所起的作用。毕竟，在家里经常看电视的儿童和不经常看电视的儿童，家庭的经济收入、父母文化水平、教育理念，都可能有很大的差别，而这些因素也能够影响儿童认知能力发展。此外也很难说电视和成绩哪一个是原因哪一个是结果，有可能是成绩较差的学生更容易被电视吸引。

上世纪90年代之后，计算机的发展代替了电视，很多儿童的活动从电视转移到了计算机上，两者有相似之处，也有很大的不同。总的来说，电视机是一种被动、消极的娱乐工具，儿童只需要坐在沙发上，被动接受电视传递的信息即可。计算机则需要使用者进行一定的操作选择，内容的丰富程度也更高，比电视的互动性更好。尤其是电子游戏，需要儿童动手操作，主动思考。教育工作者也期望计算机能够对儿童的发展起到正面的作用。然而，在新的信息技术时代，电脑和网络如对儿童的影响依然在家长、教师、研究者之间争论不休。很多研究表明，计算机能够增强孩子的运动能力、字母识别、概念理解、数字识别、计算能力和数学知识。2001年研究者曾对122名小学的学生进行研究，控制了家庭社会经济状态和年龄的因素之后，发现在家里能够接触到电脑的儿童用在学校的阅读、认知发展上都表现更好[5]。1991—2001年间的调查，15～17岁的儿童家庭电脑的拥有比例和16岁时参加测验的成绩之间的关系。数据表明，PC拥有量和GCESs的数量有显著正相关[6]。在2010年，Fiorini调查了认知技能与计算机的关系，发现对于5～7岁的孩子，计算机对认知有正面的影响。但这与父母的教育程度和参与程度有关，对于父母教育程度低的孩子，计算机的正面影响更大。另外，父母是否参与儿童使用计算机的行为，也会对儿童的认知发展造成影响[7]。

也有研究认为新技术的使用和学业成绩如阅读、语言、数学之间并没有关系，Miller 曾经对 289 名 4、5 年级的学生做过实验，在这个组，给实验组一台计算机、打印机和电话设备，让他们可以在家里使用，两年的跟踪数据表明电脑并没有提高学业成绩[8]。

台湾学者研究了互联网与历史学科的批判性思维的关系，他们为高中历史课上的学习提供网络资源，教给学生批判性思维方式，发现学生的历史学科批判性思维有不同程度的提高，在批判性态度上的改变更为明显[9]。

☞ 拓展阅读

触摸屏与儿童认知发展

随着触屏产品的成熟，智能手机和平板电脑越来越容易使用，很多家长发现，自己的孩子往往沉浸在智能电子产品中长达几个小时，对生活中的其他事情似乎都失去了兴趣。不仅是儿童，就连大人，也常常在地铁、饭店等公众场合手持智能手机或者平板电脑玩游戏。

触屏智能电子产品之所以风行，原因在于其自然便捷的用户体验。例如，在使用 iPad 时，用户几乎不需要阅读任何说明书，只需要用手指触摸和滑动就可以实现各种操作，这对儿童和老人来说尤其有吸引力。再加上智能电子产品良好的互动性，比起造成儿童“沙发土豆”生活状态的电视，人们对触屏智能电子产品寄予了更多的期望。基于触屏技术，各个公司开发了大量的应用软件，其中也包括各种教育软件，很多家长也愿意给孩子购买这类产品。

智能触屏产品出现的时间较短，还没有足够的研究来探讨触屏对儿童认知发展的影响。但很多家长一方面允许孩子使用这些产品，另一方面也严格限制他们使用的时间。他们担心，过于沉迷智能电子产品，会影响儿童的发展，包括身体的发展和心理的发展。

随着智能触屏电子产品的流行，越来越多的学校开始在学校中使用这类产品来辅助教学。在欧美，很多高中开始为师生配备 iPad，智能触屏电脑配合数以千计的教育类应用，正为教学活动带来崭新变革。这类产品的好处在于互动性强，而且可以很方便地记笔记、书签。教师可以快速向学生发送测验试卷和家庭作业，也可以向学生发送各种学习材料，包括视频、文字、图画等；学生也可以很方便地将作业发送给教师，随时与教师进行互动。

智能平板电脑和各类教育软件的结合，很容易产生这样的想法，即学生完全可以依靠自己学习，学校中教师的作用正在逐步变弱。但是人们一般认为，即便学生拥有最现代的设备，仍然需要教师的指导。

二、技术到底改变了什么？

新的技术不仅为儿童提供了一种新的感知觉体验，也改变了他们对这个世界的认识，甚至改变了与其他人的交流。现代各种新技术为什么使儿童跟以前不一样呢？弄懂这个问题，有利于我们理解技术对儿童的影响究竟是如何发生的，也为教育工作者如何应对技术带来的变化提供了参考。

1. 技术改变了儿童的经验来源

现代的儿童大量接触电视机、计算机、网络，从中获得了不少丰富的经验。然而，由于每个人每天的时间都是一定的，一种活动的时间多了，另一种活动的时间就会减少。新技术的活动增多，带来的是传统日常活动的减少，相应的传统经验也减少了。这种理论又被称为时间理论，即认为使用技术工具（如电视、电脑）的时间取代了其他活动的时间。学生的活动发生变化，所获得的经验也有了显著的不同[10]。

教师在教室中会面对学生的先前知识经验，有时候需要利用先前经验里的正确部分，有时候需要去除先前经验中的错误部分。技术带来的经验变化，影响有可能是正面的，也有可能是负面的。

例如，儿童本来会在院子里玩，那么他们可能会去捉蚂蚁，因此获得蚂蚁的经验。如果用看电视或玩电脑代替了捉蚂蚁的活动，儿童就失去了对蚂蚁的经验，但儿童通过在电视或者网上看到了长城，因此又获得了关于长城的经验。在学校，如果教师需要讲一篇关于长城的文章，那么电视电脑提供的经验就有促进作用，但如果教师是要介绍动植物的生活，那么儿童在院子里获得的关于蚂蚁的经验就有促进作用。

因此，只要新技术提供的新经验与学生以后的学习生活有关，对学习就有正面的影响。例如，儿童如果能够从电视上观看动物生活习性的介绍，也能够促进他在生物课堂上的学习。在计算机和网络普及的时代，很多儿童具有丰富的电子游戏、网络搜索的经验，这些先前经验是以前的儿童所不具备的，但同时由于替代活动，又失去了获得很多其他经验的机会，例如关于土地、农作物、家禽。很多家长和教师感觉到“现在的孩子非常聪明，什么都知道，又好像什么都不知道”，实际上只是以前常见的儿童活动被电视或电脑所代替，儿童产生了新的经验而已。以前儿童的活动环境变化小，经验内容不够丰富，远远不如现代儿童通过电视电脑网络能在短时间内获得丰富的信息。

但是，即使现代儿童能够从电视和网络上获得对这个世界的认识，这种认识毕竟是间接的，不是直接的接触，即使有电视提供的视听材料，也无法替代日常生活中接触带来的经验。在早期，儿童甚至无法分辨电视影像和真实世界的区别，屏幕上出现的一只猫和一只真实的猫究竟有什么不同，3 岁以前的儿童难以理解。如何认识电视剧中的故事和真实生活事件的区别，也是现代儿童要面临的挑战。

很多研究建议儿童每天在电子设备上使用的时间不要超过 2 小时。但大部分孩子都超过这个时间，例如澳大利亚研究者发现 10～13 岁儿童每天接近 4 小时。使用电子设备的时间过多的挤占游戏、体力活动的时间，造成儿童超重、不健康饮食等一系列的问题，也造成儿童的认知能力发展受到损害[11]。

根据替代理论，如果新技术是在非正式情况下使用，替代的是儿童一些低教育价值的活动，那么新技术对儿童的发展就有促进作用。例如如果儿童将闲逛、看电视娱乐节目的时间用来玩益智类的电脑游戏，或者观看教育类的电视节目，那么新技术的作用就是正面的；但如果是在正式的教育场合，新技术替代的是高教育价值的活动，这时新技术很可能就起着阻碍儿童发展的负面作用[12]。学生在学校本身就在从事认真学习的活动，技术引进之后，虽然可能给学生提供了另一种学习的途径，但是却挤掉了学生原来的学习时间，一正一负，最后的结果则可能更好，也可能更差。各种在学校里开展的研究结果也不够统一，正反两方面的证据同时存在，替代理论可能是解释这种现象的原因。

☞ 拓展阅读

皮亚杰的认知活动发展理论

著名的儿童心理学家皮亚杰认为，儿童思维发展的过程，就是从活动中学习。认识既不发生于主体，也不发生于客体，而是发生于联系主体和客体的动作中。例如，儿童的面前摆放着一个杯子，儿童要认识这个杯子，并不是因为杯子本身就引起了儿童的认识，也不是儿童看到杯子就对杯子有了认识。相反，儿童会用手拿起杯子，用手触摸杯子，并移动杯子，在儿童与杯子的互动中，对其的认识也得到了发展。

皮亚杰认为儿童和成人的思维方式有本质的区别，儿童的思维发展经历了感知运动、前运算、具体运算和形式运算四个阶段。在每一个阶段，儿童的思维发展有其自己的特点。例如，在感知运动阶段，儿童需要依靠动作来获得对世界的认识，在具体运算阶段，儿童的语言已经得到发展，但抽象能力不足，需要借助实物和画面来学习。

最近几年开始流行的触屏智能电脑（平板电脑），正符合儿童思维发展的特点，用大量的触摸手势和丰富多彩的画面，吸引了广大的儿童，在其基础之上开发的各种教育软件也如雨后春笋一般冒出来。

2. 技术改变了儿童的活动节奏

现代的电视节目节奏很快，而且总是不断被广告所打断。一部电视剧，每隔十分钟左右就会播放一次广告，打断正常的观看，观众也往往会转移注意力到其他地方，直到广告结束，又再回到先前的内容上去。在观看电视的时候，人们的注意力总是跳跃的，从电视内容上跳到其他地方。

但课堂学习往往需要一段比较长的时间集中注意力（通常是 30～40 分钟），当儿童走进学校时，由于看电视而习惯的节奏可能导致学生不能适应课堂学习的节奏。而且电视节目的图形、声音都向儿童提供了一种丰富多彩的刺激，如果课堂内容不像电视节目那么有趣，学生就很容易分心。家里常常开电视，缩短了儿童注意力的保持时间，使他们无法接受学校的学习时间。

这种观点认为电视节目减少了学生的短时记忆容量。短时记忆是指人当前思考、处理的记忆内容，短时记忆的保持时间通常很短，容量也很小。当人在连续阅读一篇文章或一本小说时，需要记住前面的内容，以便与后面的内容联系起来进行理解。同理，看电视的时候也是如此。然而，由于现代电视节目常常被广告打断，而且电视节目的制作者们也倾向于低估观众的智商，所做的节目往往倾向于简单化，这样的好处是容易理解，但坏处是难以锻炼儿童的认知能力。

3. 激发儿童的兴趣

新技术的特点之一就是丰富多彩的视、听材料对于儿童极具吸引力，能够激发他们的学习兴趣。当学生看到一个有趣的电视节目或网上的视频，他们会将兴趣迁移到有关的课堂内容。例如，当学生看过《三国演义》的电视剧，或者玩过《三国》的电子游戏，就会对三国时代的历史人物、事件产生浓厚的兴趣，可能去翻阅相关的历史书籍，以获得更深入的认识，促进对历史的了解。在我国，由于关于三国的电子游戏层出不穷，很多孩子对三国中的人物十分熟悉。而前几年在电视界非常流行的“清朝青春偶像剧”，也让康熙、雍正、乾隆那个时代成为青少年最有兴趣去了解的历史之一。

之所以电视、电脑能够激发学生的兴趣，是由于其丰富的画面、声音，以及有趣的故事。相比于课本上枯燥的文字和死板的静态图片，活泼生动的影像更能够激发学生的兴趣。现在，教师在课堂上使用一小段视频影像来调动学生的兴趣，已经成为一种常见的做法。

虽然现代技术能够激发儿童的兴趣，但再有趣的东西，一旦新鲜劲过了以后，就很可能失去对儿童的吸引力。这就像做 PPT，一开始的时候人们喜欢用鲜艳的颜色，有趣的图画，来吸引听众的注意。但这种形式上的有趣只能在很短的时间里吸引听众，很快人们就失去了兴趣，这时候内容本身就成为至关重要的因素。

三、如何更好地使用技术？

几十年的研究已经表明，技术对儿童发展的影响并不是绝对的正面或者负面，它是一把双刃剑，而到底是哪一面起作用，则取决于其所携带的内容、形式、接触时间和成人的指导。因此，“该不该让儿童接触电视或电脑”的问题转变为“应该如何让儿童更好地使用电视或电脑”。如果使用现代技术的时间控制在一定范围之内，避免让儿童因为看电视或使用电脑而失去了获得其他活动的机会，在内容上加以控制，那么信息技术对儿童的认知发展具有不可忽视的推动作用。

如何合理使用技术？首先是限制儿童接触技术的时间，避免儿童成长所必需的其他活动受到影响。美国儿科协会(The AAP)曾建议父母在家里建立一个“无屏幕区域”，在此区域内避免任何电视、电脑、电子游戏，并且在吃饭的时候关掉电视。儿童每天接触各种电子媒体的时间不超过1～2个小时，保证儿童每天有时间进行户外活动、阅读活动，在自由玩耍中尽情发挥他们的想象力。

技术就像食物一样，不管多好的东西，都需要有一个量的限制。如果是过量，就算是盐这种日常调料，也能对人的生命造成威胁；如果不到量，就算是砒霜，也不一定会造成危害。技术也是一样，不管是哪种技术，对儿童的影响都不是线性的关系，而是有一个最佳接触时间，超过这个时间，就可能从有利转换为有害处，这就是Williams 1982年提出的“阈限理论”。Williams对涉及电视与儿童发展的23个研究进行了元分析，检验电视时间对学业成绩的影响，指出这种影响取决于看电视的时间。对于每周10小时以内的电视观看，有轻微的正面效果。10小时以上是负面的，随着时间的增长(到35～40小时)，这种害处越来越大，超过40小时就不再增加。

其次是选择儿童接触的内容。科技对儿童的影响的问题并不是“科技怎样影响儿童认知发展”，而是“某种类型的科技如何影响儿童认知发展”[12]。不管是被动接受的电视，还是主动使用的电脑，它们对儿童发展的影响都不是绝对的好和不好，不同的内容、任务要求、注意力要求会产生不同的效果。例如，电子游戏可以提高儿童处理复杂场景，并快速做出决策的能力，常打电子游戏的儿童短时记忆能力较好，且能够轻易地从一个任务转移到另一个。大多数娱乐类电视节目对儿童的影响则偏负面，这是由于娱乐节目本身的目的是为了“销售”，即将儿童“拴”在电视机前，吸引他们的注意但是尽量少动脑筋，这类节目看起来很轻松，但是却难以让儿童获得更进一步的知识和发展能力。

对于教育技术工作者来说，有一点需要特别注意，儿童最喜欢的，并不一定是最有利于他们能力发展的；但反过来，儿童觉得枯燥的，即使对他们有利，也无法被吸收。真正优秀的教育技术，是能够在引发儿童兴趣的情况之下，能够让儿童获得更进一步的知识并发展能力。

一般来说，教育节目确实对儿童发展有促进作用，但也取决于教育节目的内容和形式。例如，研究发现，曾经风行的《天线宝宝》节目虽然受到广大幼儿的欢迎，但对其词汇发展有负面影响，有研究者认为这是因为天线宝宝中大量使用“婴儿语言”,词汇量少,并且缺乏叙事结构造成的[13]。

图 1.1 天线宝宝

《杜拉的冒险》这个节目则对儿童词汇有正面影响,因为在这个节目中,有故事情节,有新的词汇,也有对词汇的解释。儿童的词汇量和语言能力与讲故事之间有显著的联系,所以以讲故事为主的电视节目对儿童的语言发展确实有促进作用。另外,如果父母经常给孩子讲故事,孩子也会更喜欢讲故事类的电视节目。

图 1.2 杜拉的冒险

第二节 现代教育技术与儿童社会化

社会化(Socialization)是指人学习各种社会规范、传统、意识形态,并将其内化为自己的行为标准的过程。这个过程主要是在与周围的人接触、互动的过程中,通过观察、模仿、内化而习得某些行为反应而完成的。在社会化的过程中，早期是父母占主导，基本由父母来教育儿童关于社会的各种规则，到了青少年时期，则是由同伴、父母、社会共同形成了社会化的环境。这种社会化环境最终将影响一个人社会化的过程、内容和结果。现代各种信息技术的发展，大大改变了儿童生活的社会环境，也改变了其社会化的过程。

一、观察学习理论和儿童的社会化

美国心理学家班杜拉（Bandura）认为，人的行为尤其是复杂行为主要是后天习得的。行为的习得有两个不同的过程，一种是通过直接经验获得行为反应模式，例如，儿童按下电灯的开关，发现灯亮了，于是学会了开灯这种行为，这称之为直接经验获得的行为反应。儿童的正确行为受到大人或者环境的奖励，因而这种行为就固定下来，相反，错误的行为受到惩罚，这种行为就很少再出现。

另一种是通过间接经验进行学习，就是观察其他人的行为而习得行为的过程。例如，儿童看到父母按下墙上的开关，灯亮了，于是儿童知道了按开关——灯亮，并能够为了让灯亮起来而去做出按开关的行为，这就是间接经验的学习，也被称为观察学习或者模仿学习。

但是儿童并不会表现出所有看到的行为。班杜拉在其经典实验中，让两组儿童都观看了一个成年男子演示四种不同的攻击性行为，但在影片快结束时，一组儿童看到的是这个成人榜样受到另一个成人的奖励（那个人说："你是一个强壮的冠军。"）；而另一组儿童看到的是这个成人榜样受到惩罚（另一个成人说："喂，住手！我以后再看到你这样欺负弱者就给你一巴掌！"）。结果发现如果儿童看到攻击者受到奖励，他们就会将表现出更多的攻击性行为，如果儿童看到攻击者受到惩罚，那么他们模仿的攻击行为会相应少一些。但这并不意味着后者没有学到这种行为，只是他们没有表现出来罢了。因此，当媒体上的暴力被描绘得很合理时，观看者更可能认为他们对冒犯者做出攻击反应是正确的。班杜拉等人的研究表明，对暴力进行奖励的媒体内容会增加观看者的暴力行为。

一般来说，家长、老师、同伴是儿童观察学习的主要榜样来源。然而在当今社会，媒体已经深入每个人的生活，其对儿童乃至青少年的观察学习和行为塑造产生了不可忽视的影响。电视是儿童和青少年了解社会规范的一个重要来源。青少年通过观看电视学习如何进行社会互动，比如如何交朋友，如何约会，在商店里如何跟店员交涉等等。

相对于真实世界来说，电视、电影、网络等媒体提供的知识经验更加丰富多彩，青少年可以从中获得更多有关社会、人际交往的知识。例如，青少年在真实生活中很难看到工作场合里人和人的交往互动，老板和员工之间的沟通，也很难看到警察的工作情况。相反，这些信息都很容易在现代媒体上获得，青少年也因此了解了这些离自己生活非常遥远，但却是社会重要部分的生活状态以及相关的社会规范。由于不必直接接触这些人物和事件，也避免了直接经验可能具有的风险。

然而媒体的信息都是良莠不齐，青少年也很容易接触到其中的负面信息，例如暴力电视或者电子游戏，色情信息。此外，电视的内容毕竟跟真实的生活有一定的差异，所以儿童也不可能完全依靠电视就能够学会社会交往。

随着智能移动设备的普及，学生甚至能够在课上使用手机与同学交流，教师和家长已经不可能将孩子隔绝在信息时代的影响之外，完全禁止学生使用这些现代设备是不可能的，成年人需要做的是教会学生如何正确理解、分辨新媒体呈现的各种信息。

二、现代技术下的青少年社会化

在儿童时期，社会化主要是学会各种社会规范，进入青少年阶段，社会化的主要任务则转为自我定位的问题。埃里克森认为，在 12～18 岁之间，青少年面临新的社会要求和社会的冲突，感到困扰和混乱，此时他们要回答“我是谁”“我将来要做什么”这样的问题，要探索关于自我的价值。青少年从别人对他的态度中，从自己扮演的各种社会角色中，逐渐认清了自己，认清自己的角色，并确立自我意识，达到自我同一性。如果这个阶段自我探索任务失败，青少年就会遇到角色混乱的危机，即无法体验到自身的存在，怀疑自我认识与他人对自己认识之间的一致性。

在寻求成人感的自我探索的过程中，青少年一方面希望向周围的人自由表达自我，另一方面又非常在意社会的评价。很多青少年非常迷恋“星座算命”，就是由于处于同一性形成的阶段，对自身缺乏清楚的认识，需要借助外界手段的结果来了解自己。也有很多青少年试图去尝试一些新的事情，他们可能会改变自己的形象，穿着奇装异服，甚至会学着抽烟、喝酒，这实际上是一种“同一性实验”，简单地说就是通过尝试这些新的活动，获得新的体验，在摸索中寻找自己喜欢的生活，建构自己的同一性。例如，在世界各地，青少年都会做一些高冒险性的行为。在南非地区，青少年之间流行一种“火车冲浪”的游戏，就是爬上飞驰的火车，并在上面做出各种高难度的动作，向同伴炫耀。虽然这个活动极其危险，每年有为数不少的青少年丧生车轮之下，但依然挡不住他们对这种高刺激性、高危险活动的狂热。这种看似疯狂的行为也是青少年在“自我同一性”形成时期的特点。在很大程度上，这是由于青少年时期的社会化由父母主导变成了同伴主导，青少年开始关注同伴眼中的形象，为了提高在同伴群体中的地位，不惜做出各种会被同伴羡慕但是有可能违反社会规范的行为。

这些现实生活中的同一性实验往往具有高危险性，会造成严重的后果，而且会受到很多的限制。即使不是火车冲浪这样的高危险性活动，在一个聚会上发表自己的看法、换一种风格的服装也可能面临被社会群体否定的风险，青少年对此十分敏感。互联网的匿名性为青少年的同一性发展创造了一个很好的机会。以互联网为媒介，通过自我表征和自我探索，可以帮助青少年构建同一性[14]。在互联网上，青少年可以进入一个虚拟的网络环境，与其他人讨论问题。由于不是面对面的交流，减轻了被评价的心理压力，使得青少年更能够自如地进行自我表达。互联网的匿名性还可以使青少年在网上更改甚至编造关于自己的信息，包括性别、相貌、家庭背景、价值观等等。例如，匿名的网络游戏允许人们有机会表达与现实不同的自我，探索自我的不同部分，尝试一种新的身份，并用新的身份与其他人交流。这在现实生活中都是不可想象的，但是在网络世界却能够轻而易举地实现。除了身份之外，青少年还可以在行为上尝试不同的风格，例如在聊天、网络游戏中尝试更加成熟的语气，或者假装性别相反的角色等等。

近年来风行的社交网就是建立在青少年同一性需求的基础之上。从博客到Facebook、人人网、微信、微博，各种社交网站都大力鼓励人们将自己的生活用文字、图片、视频的方式呈现出来，也鼓励网上用户之间的互动。社交网站改变了青少年与朋友交流的方式，成为最受欢迎的交流工具。2007年国外的一项调查发现94%的大学生有至少一个社交网站的账号，他们每天使用10～30分钟，平均有150～200个朋友[15]。研究者还发现大学生的个人主页上主要是关于兴趣、爱好、喜欢的书或者活动等方面的信息，学生通过这些信息来展示他们当前的状态和现在正在进行的活动[16]。由于社交网站允许用户将自己暴露给其他人，并从他人那里得到反馈，这为青少年的自我表征提供了一个很好的社会反馈，这正是符合了青少年需要自我表征、自我探索的需要。

青少年在经历同一性危机、努力解决同一性问题的阶段，会感到较高的焦虑，对自己的形象比较担心，也容易感到孤独。这个阶段的青少年更愿意在网络聊天、网络游戏上花更多的时间。与现实的真实生活相比，在互联网上与别人沟通会更少感到害羞并愿意说更多的话，这是一种人际交往的社会补偿[14]。例如内向的青少年有强烈的动机去补偿他们缺乏的社交技能，这种强烈的社会补偿动机也促使他们更频繁的在线交流和自我表露，进而促成了更多的网络友谊[17]。

还有一些青少年在社交网站进行自我探索与表征的主要动机是获得群体归属感和尊重感[18]。群体归属感是指个体感觉到自己归属于某一个群体的情感，个体愿意以这个群体的标准作为自己的行为准则，希望受到这个群体的认可，尊重感是指希望自己的能力得到认可。然而在现实生活中，很多学生在班级上感受不到被接纳和被尊重。有一名沉浸在网络游戏中的学生说："在现实生活中，我只是班里的一个普通学生，成绩中下水平，老师和同学对我的态度都很冷淡，我不愿意去学校，更愿意在家里打电子游戏，就是因为在游戏世界里，我是一个受人尊敬的角色，我的武力值很高，很多新人都很崇拜我。"这实际上正是该学生的群体归属感和被尊重感的需要在学校无法满足，于是转向网络。只有在网络中，学生才能保持一个良好的自我形象，这是造成学生沉迷于网络的原因之一。

有人认为现在社交网络的发展扩展了学生的交往渠道。那么网上交流能否促进青少年的社交能力,减少他们的孤独感呢?目前国外的研究还没有得到一致的结论。早期的大多数研究认为网络游戏不利于同一性发展,如有纵向研究表明,使用互联网来进行社交活动会导致现实人际圈的缩小,家庭交流的减少,增加抑郁和孤独患者,尤其表现在青少年当中更为明显[19]。但是近期的研究发现,网络对青少年的危害并没有那么严重。Walken Burg 发现社交网络能够增强青少年的社会自尊和心理健康,但是这与他们能够从网上得到的反馈有关。不过幸运的是,78%的青少年的个人网页上是正面的反馈。这对青少年而言是一种积极的社会支持,能够增强青少年的幸福感[20]。除此之外,SNS 还能帮助低自尊和低满意度的个体获得更多的幸福感[15]。青少年通过探索、表达以及和不同人格的人玩游戏来扩大和丰富自我概念,这种探索和实验对于青少年早期同一性发展是非常重要的。

现在出现一种新的趋势是青少年将线上和线下的生活结合起来,例如在网络游戏中非常流行的"公会"概念。所谓公会,就是网络游戏中的一个团队,是希望通过网络游戏来吸收更多的成员,并且通过大量成员的合作来更好地享受到游戏的内容与乐趣。公会是一个网络游戏成员通过游戏中的公会系统自发建立的一种组织结构,与现实世界的各种组织十分类似,有领导人和管理阶层,每个公会成员有不同的任务,责任和义务也不尽相同,在公会管理层的组织上,经常进行某项集体活动,比如进行一场网络战斗或者某种娱乐活动。现在很多公会都会在线上活动之余组织一些线下的聚会交流,成员们也会通过 QQ 或者其他即时聊天工具进行交流,甚至在线下也保持一种非常紧密的联系。

现代技术已经不仅仅是给青少年创立一个与现实世界毫无关联的"虚拟"网络社会,这种虚拟社会已经跟现实生活交织在一起,线上交流、虚拟生活已经成为真实生活的一部分,线上的角色也成为一个人要扮演的众多角色之一。大多数的年轻人在经过一段时间的探索之后,能够将不同的角色很好地整合。但也有少数学生过度沉迷网络的虚拟时间,割裂现实和网络,家长和教师对这类学生需要格外加以注意。

三、技术与社会行为

1. 暴力的电视、电子游戏与暴力行为

暴力电影电视和暴力类的电子游戏一直是教育者关注的焦点。很多家长、教师和教育专家担心接触暴力会让孩子变得有侵略性。然而,这些担心并没有阻止暴力电视和电子游戏在青少年中越来越流行。那么,暴力媒体究竟会不会影响青少年的暴力行为,其影响机制又是什么呢?研究者对此进行了广泛而深入的研究。

众多研究都表明,观看暴力电视确实会使暴力行为的数量或时间增加。如 Anderson 和 Bushman 分析了多个研究,结果发现,媒体暴力与攻击的确实存在因

果关系[21]。事实上不仅仅是暴力电影，暴力图片也能够启动被试者的攻击性思维[22]。

与暴力电影电视相比，暴力电子游戏的互动性更强，人们是主动参与游戏，而不仅仅是被动观看。大部分对暴力电子游戏的研究得出了与暴力电视类似的结论，认为暴力电子游戏和儿童的攻击行为存在正相关。媒体暴力（包括暴力游戏）可以提高人们的攻击性认知水平，即通过语义启动过程，暴力游戏可以使人们对攻击的认知更容易，暴力电脑游戏是作为一个情境变量，通过启动个体的攻击性认知来增加攻击行为。暴力游戏不仅可以提高攻击性认知水平和攻击行为，也能使内隐攻击性升高[21]。

早期人们用班杜拉的社会学习理论来解释暴力媒体与攻击性行为的关系，认为暴力媒体主要作用是让青少年模仿暴力行为，并从媒体中获得对暴力行为的强化。Anderson 和 Bushman 在 2002 年左右，融合班杜拉、Berkowitz 和 Dodge 等模型的观点，提出了一个较为综合的攻击性模型：一般攻击性模型（General Aggression Model，简称 GAM）[23]。

GAM 认为，个体的内部状态包括三个方面：认知、情感和唤醒。认知主要是指个体对世界的敌意看法，情感是指敌意的感觉，唤醒是指生理上的变化，例如心跳加速、血压升高等。这三个变量互相作用，密切的联系，例如生理上的唤醒能够提高敌意的感觉，敌意的看法也会激发相应的情感。三者的相互作用最终影响个体对环境事件的评估，并做出行为的决策。个体的内部状态又受到内因和外因两个变量的影响，内因主要是指个体的人格特征，外因则主要是指环境事件，包括真实环境和媒体环境。

例如，A 在大街上被 B 撞倒，A 会在认知、情感、唤醒三个方面产生对此事件的反应，在认知上，A 会根据之前的经验，自动解释这个事件究竟是“B 故意挑衅”还是“B 走路不小心撞到我”，不同的认知会产生不同的情感，显然前者会让 A 更加愤怒，更有敌意。同时，A 也会出现生理上的唤醒，例如心跳加速，当 A 体会到这种生理唤醒，会进一步加强 A 的敌意情绪。当 A 内部处于较强的敌意状态时，A 对环境事件的评估会更加负面，更容易使 A 做出攻击性行为的决策，例如与 B 发生争吵甚至动手。

GAM 认为暴力游戏对青少年暴力形成的影响有长期和短期两种效应。在短期效应中，暴力影像游戏作为一个情境变量起作用，导致攻击性认知、情感和唤醒的增加，从而增加攻击行为。在长期效应中，该模型认为，暴力影像游戏通过以下方式来影响攻击行为：形成攻击性的信念和态度，制定攻击性计划和攻击行为脚本，作出攻击性预期，使个体对攻击具有高度脱敏性，这些因素使个体的人格逐步趋向攻击性。与此同时，长期玩暴力影像游戏，不仅改变个体的人格，也改变个体周围的环境：当个体变得富有攻击性时，他与周围环境的关系也会发生变化，与老师、家长和以前同伴的交往减少，结交一些富有攻击性的新同伴，在与新同伴的交往中，观念发生变化，活动场所也会发生变化，从而新形成的人格变量与新的环境变量一起再一次开始对个体行为影响的新的循环。

同时，该模型还可解释青少年攻击性的发展，认为在青少年的不同时期暴力影像游戏有着不同的影响。跟中、晚期的青少年相比，暴力影像游戏对早期青少年的影响更为明显，这是因为早期青少年所经历的高度生理唤醒和由暴力影像游戏引起的内部状态唤醒相互作用会导致内部状态唤醒更高的累积水平，从而导致更多的攻击行为。而评估过程在青少年不同时期所起的作用也有不同，在更多的情境中，早期青少年不经过认知评估就冲动行事，由于影像游戏的攻击性会提高内部状态的唤醒(如边缘系统的活动和性激素的释放)，在玩影像游戏后，这一影响更会被加强。相反，晚期青少年的决策将变得更理智和更具评估性，即使玩影像游戏后紧接着是一个伴随敌意认知和情感的高唤醒状态，但由于晚期青少年认知能力的提高以及边缘系统活动和性激素处于相对较低的水平，其攻击行为会少于早期青少年。

2. 社交媒体(SNS)时代青少年的自我展示行为

社交媒体(Social Network Service，简称 SNS)是指允许人们撰写、分享、评价、讨论、相互沟通的网站和技术，主要包括博客、论坛。最近几年又出现了微型的社交博客，例如微博。社交媒体出现以来，在互联网上迅速发展，使得在人群中分享和传播信息变得前所未有的方便，每个人都有了发布消息的机会，也能够选择想要阅读的信息。

社交媒体的兴起给社会带来了巨大的改变。以前的一对多传播模式变成了多对多的网状传播结构，只能被动接受媒体信息的人们变成了可以主动发布信息的人。社交媒体改变了“公众”和“私人生活”的界限，很多人将私事放在公众网络上供大家评论，将私人空间变成了可以供讨论的公共空间。移动手机的兴起和发展进一步推动了这种改变。用户可以使用手机自带的拍照设备和社交网站的移动客户端，十分快捷地把自己的日常生活发布到网络上，通过评论、分享等形式和关注者交流互动，取代了传统的面对面的交流。在社交媒体时代，人和人之间的距离前所未有地拉近。

青少年在技术的浪潮中一直走在前列，社交媒体也代替电视成为他们最喜欢的休闲活动。青少年将社交网络作为一个展示自我的工具，他们在社交网络平台上与其他人分享自己的经历、心情和观点，也从其他人的评价中获得对自身的进一步认识。在这个追求个性的年代，如何让自己从人群中脱颖而出，也成为众多青少年关注的焦点。于是在社交网络上，频频出现各种奇怪的流行趋势。例如曾有一阵流行“仆街少女”，就是台湾两名喜欢摄影的青年女子，戴红帽、背红包、穿短裙的，用腹部着地平躺的方式趴在各种奇怪的地方，拍下照片，然后通过社交网站与其他人分享。这种行为最初兴起于澳大利亚，在欧洲和日本都流行多时。在网络一炮走红之后，引来诸多模仿者。香港、内地的少女们也纷纷发挥想象力，在堪称危险的地方拍下仆街照片。从成年人的角度来看，这种行为似乎莫名其妙。但在社交网络上，吸引眼球是很多行为的最终目的。年轻人本来就处在喜欢新奇事物、渴望表达、渴望被认可的时期，这种心态被社交网络的广泛传播特质所放大，自然产生了诸多与以往完全不同的现象。

3. 学校里的网络欺负

美国迈阿密的一名 12 岁女孩瑞贝卡由于长期遭受一群同学的网络欺负，最终自杀身亡，再一次敲响了青少年网络欺负的警钟。瑞贝卡在一个名为 ask.com 的网站上注册，这个网站允许向用户匿名发送信息。随后她接到了大量恶毒的咒骂，例如“你太丑了”，“你为什么还不去死”。瑞贝卡对这些信息作出了回击，但却无法摆脱其影响，变得十分抑郁，最终导致了悲剧①。

随着社交网络的发展，青少年不仅在网络上获得友谊，也遇到了和现实学校中类似的问题，即校园网络欺负。网络欺负是指在网络情境下，个人或团体利用信息和交流技术，如即时信息、手机短信、电子邮件、个人网站和网上论坛等对他人进行蓄意、反复、恶意的欺负行为。网络欺负是校园欺负的一种新形式，它是随着青少年利用计算机和手机进行社会交往并越来越多的情况出现的。尽管发生的时间不同，但欺负内容无论在网络空间还是现实欺负中都是一样的。欺负者会以受欺负者的外表、身世、学习成绩、生理缺陷或疾病等作为话题，从而给被欺负者带来困扰，甚至走上绝路。

网络欺负行为主要分为以下三类：

(1) 谩骂和骚扰：利用下流、恶毒的语言相互骂对方或不断地发一些挑衅的、粗鲁的语言给对方；

(2) 假扮和诽谤：盗取某人的账号，假装这个人的身份在网上散布一些不利于此人名声的言语，制造一些谣言，从而来诽谤此人的名誉或者是友谊等；

(3) 嘲弄和排挤：把某人的秘密和一些比较令此人尴尬的图片或是隐私公布在网上，或者故意把一些同学从班级或者年级中选出来，并在网上传播，让大家进行匿名投票等。如：班级四大丑女，年级十大肥猪等。

加拿大的对三个初中的 264 名学生进行了调查研究，结果表明，将近一半的学生是欺负问题的受害者，并且，大约四分之一的人是通过网络被欺负的。大多数的网络欺负行为的受害者和旁观者没有对成年人报告此事[24]。他们不愿意在学校中讨论，而且也不愿意向学校求助。相比传统的校园欺负而言，家长和教师对网络欺负的警惕性也不足，难以发现学生正在经受的网络欺负。前面提到的瑞贝卡自杀之后，她妈妈曾表示，她根本就不知道女儿正在经历的一切。手机的隐秘性使得青少年的网络行为变得更加难以掌控，家长也无法给予帮助。

---

① http://www.nytimes.com/2013/09/14/us/suicide-of-girl-after-bullying-raises-worries-on-web-sites.html? ref=cyberbullying&_r=0

现实生活中的欺负主要通过语言和肢体的行为来实施，网络欺负无法实施肢体上的暴力，而是以文字、图片、视频和声音等形式发生，通过多种感官通道达到对人无孔不入的欺负。在欺负者的心态上，由于欺负的非正当性，在现实生活中一些欺负者尽管以欺负为乐趣，但并不是肆无忌惮，他们也常常选择无人的地方或不易被发现的角落实施欺负行为。毕竟他们仍然对惩罚心有余悸。而在网络环境中，由于欺负者披着网络匿名的隐身衣，实施欺负行为可以逃避惩罚和责任，欺负者可以公然实施欺负行为而不用担心被惩治，这无疑增加了网络欺负的发生几率。最近这几年，跟 Ask.com 相关的自杀事件有好几起，一方面跟该网站聚集了大量的青少年，成为青少年的“后花园”有关，另一方面也跟其匿名评论的设置有关。

但是欺负行为难以被发现，主要源于两点：一方面是青少年隐私的不容干预性。现代青少年很看重自己的隐私，当他们收到骚扰邮件或即时短信时，父母会因为尊重孩子的隐私而不去关注，也就失去了援助的机会。另一方面出于青少年交往的需要。由于对同龄人的依赖，青少年往往强烈地渴望社会认同，所以，当他们收到恶意信息时会控制不住地去回应那些卑劣或带威胁性的信息而不让同伴们知道。从成年人看来，青少年的某些行为似乎是自寻烦恼，例如将自己的照片贴在网上，被贬低和辱骂之后又陷入负面情绪之中，但又无法从网络中抽身。

对于学生而言，要加强自我保护是避免受欺负的第一道防线。学生可以采取一些基本措施以保护自己免受网络欺负，其中一种重要的方法是不向陌生人透漏个人信息和账号密码，应避免把自己的手机号或电子邮件地址给不认识的人。其次，对于学校和教育工作者，要创建反对网络欺负氛围，运用积极主动的教育策略寻找解决网络欺负的途径，以身作则，把握适当时机、情景、情境，教会学生正确的社会交往方式。最后，在法律制度上，当学生遭遇欺负时要积极应对准备投诉，用法律来武装自己，保护自己的合法权益，同时，完善和加强对网吧和上网内容的管理制度，抵制网络欺负现象的发生。

4. 网络时代青少年的亲社会行为

互联网的影响是双面的，虽然网络暴力、网络欺负、网络成瘾的负面影响屡屡出现在人们的视野中，引起大众对青少年一代的担忧，然而在网络中也有大量积极正面的行为，称之为网络亲社会行为。

亲社会行为，就是帮助他人或者使他人得益的行为，行为需要付出一些时间、金钱等方面的代价，行为者并不期望从该行为中获得外在的奖励。网络上的亲社会行为，是指在网络环境中做出使他人受益的行为，而并不关心自己是否获得利益。例如，在论坛上，新手提出对某个软件的问题，其他人给予回答和帮助。或者在网上对某个患白血病的患者进行经济捐助。

互联网上的助人行为主要包括以下四种：

(1) 捐款。在网上向慈善组织或有需要的个人捐款。

(2) 提供技术支持。利用闲暇时间帮助别人解决技术问题。

(3) 分享。与他人分享免费的开源软件、书籍、资料。

(4) 组织。利用业余时间在网上组织、管理一个讨论群或版面。

与以往助人行为多发生在熟人之间不同，互联网上的亲社会行为多数发生在陌生人之间，互联网上互相帮助的人之前并不认识，甚至在帮助行为结束以后仍然不认识。但是互联网上的互助行为非常多，甚至比在现实生活中更容易得到帮助。之所以出现这种情况，有以下几个原因：

(1) 求助信息明确。在互联网上，求助者通常会将自己的需要写出来，让人们很容易知道他需要帮助。在现实生活中则不同，例如一个人在努力想要修好一台电脑，旁边经过的人并不知道他是否能够自己处理，也就难以确定是否需要帮助。

(2) 求助者外表。在现实环境中，旁观者是否伸出援手受到需要帮助者的外表的影响，然而，在网上，当人们读到一条求助消息时，并没有关于求助者的年轻、性别、外貌的信息。这使得网上求助不存在由于身体的外表特征而造成的障碍。

(3) 旁观者效应。在现实环境中，是否帮助他人还会受到在场旁观者的人数影响，而在互联网上，潜在的围观者的人数是无法看见的。在某个人确切地提供帮助之前，旁观者倾向于认为自己是唯一能够提供帮助的人。

(4) 形象展示。在网上帮助他人也是一种自我展示、树立形象的过程。在现实生活中，帮助他人的过程大多数仅仅发生在帮助者和被帮助者之间，旁人难以看到。虽然在现实生活中，帮助他人之后也能获得内心的满足感，自我价值得以提升，但在互联网的世界中，由于帮助他人的过程清清楚楚地记载在网络上，对助人者的形象建立有非常正面的作用，其获得的满足感和成就感是现实生活中难以比拟的。

由于以上各种因素，网络上自愿发生的亲社会行为比现实中亲社会行为更多，因此在青少年道德教育中，利用网络亲社会行为来促进青少年在现实中的亲社会行为，对于青少年道德建设和人际关系的发展都有积极的推动作用。

参考文献

[1] 肖黎.南京市中小学生网络使用及网络成瘾情况调查[J].中国学校卫生，2011(01)：34-36.

[2] 王孝文，申建业，石朝辉，等.农村中小学生网络使用情况调查[J].中国校医，2011(07)：493-494.

[3] 杨学玉.大学生网络使用情况调查与分析——以北京师范大学为例[J].教育教学论坛，2014(14)：5-8.

[4] Davies J P. Educating students in a media-saturated culture[M]. Technomic Publishing Company，1996.

[5] Li X，Atkins M S. Early childhood computer experience and cognitive and motor development[J]. Pediatrics.1715-1722.

[6] John Schmitt J W. Is there an impact of household computer ownership on children's

educational attainment in Britain? [J]. Economics of Education Review,2006(25):659－673.

[7] Fiorini M. The effect of home computer use on children's cognitive and non-cognitive skills [J]. Economics of Education Review,2010(29):55－72.

[8] Miller M D, Mcinerney W D. Effects on achievement of a home/school computer project[J]. Journal of Research on Computing in Education,1994,27(2):198－210.

[9] 程建伟,刘华山.互联网使用:促进还是抑制青少年思维发展[J].教育研究与实验,2007(05):51－56.

[10] Davies J. Educating students in a media-saturated culture[M]. Technomic Publishing Company,INC,1996.

[11] Mathers M,Canterford L, Olds T, et al. Electronic media use and adolescent health and well-being: cross-sectional community study[J]. Academic Pediatrics,2009:307－314.

[12] Bavelier D,Green C S, Dye M W G. Children, wired: for better and for worse[J]. Neuron,2010,67(5):692－701.

[13] Linebarger D L, Walker D. Infants' and toddlers' television viewing and language outcomes[J]. American Behavioral Scientist,2005,48(5):624－645.

[14] 柴晓运,龚少英.青少年的同一性实验:网络环境的视角[J].心理科学进展,2011(03):364－371.

[15] Ellison N B,Steinfield C, Lampe C. The benefits of Facebook "friends": Social capital and college students' use of online social network sites[J]. Journal of Computer-Mediated Communication,2007,12(4):1143－1168.

[16] Dimicco J M, Millen D R. Identity management:multiple presentations of self in Facebook[C]. ACM. Proceedings of the 2007 International ACM Conference on Supporting Group Work,2007:383－386

[17] 陈浩,赖凯声,董颖红,等.社交网络(SNS)中的自我呈现及其影响因素[J].心理学探新,2013(06):541－553.

[18] 王玲宇,张国良.网络暴力游戏对青少年的"涵化"影响——对上海市中学生的调查[J].当代青年研究,2005(05):6－10.

[19] Kraut R,Patterson M, Lundmark V, et al. Internet paradox: A social technology that reduces social involvement and psychological well-being[J]. American Psychologist, 1998,53(9):1017－1031.

[20] Walkenburg P,Peter J, Schouten A P. Friend networking sites and their relationship to adolescents' well-being and social self-esteem. [J]. CyberPsychology&Behavior,2006,9:584－590.

[21] 李婧洁,张卫,甄霜菊,等.暴力电脑游戏对个体攻击性的影响[J].心理发展与教育,2008(02):108－112.

[22] 邱小艳,唐烈琼.暴力图片对大学生攻击性认知的启动效应[J].湖南科技学院学报,2006(03):220－222.

[23] Anderson C A, Bushman B J. Human aggression[J]. Annual Review of Psychology,2002,53:27－51.

[24] Li Q. Cyberbullying in Schools:A research of gender differences[J]. School Psychology, 2006,27(2):157－170.

第二章　现代技术与学习理论

学习理论系统地阐述学习的规律和学习的条件，主要是说明学习是怎样发生的，什么样的学习是有效的，什么样的学习无效。在近100年的时间里，教育心理学家们提出了各种不同的学习理论，从行为主义到认知主义，再到建构主义，不同的理论在很多基本问题的看法上有非常显著的差异，尤其是对于学习的本质的理解。例如，行为主义者认为，学习是被强化的结果，认知主义认为学习是需要头脑中的认知结构发生变化，建构主义则认为知识是主观的，需要学生自己去建构。由于各个流派的心理学家们对学习的理解不一样，造成他们对教育过程涉及的种种问题也有不同的看法，最终使他们在教学方法、教学管理上都有不同的主张。

随着现代教育技术越来越多地参与、融合到教育中，人们发现，并非技术越发达，就能够自动取得更好的教学质量。先进的现代教育技术必须为一定的教学理念服务，而教学理念又来自于相应的学习理论。因此学习理论理所当然地成为其现代教育技术中最重要的理论基础之一，在什么时候应用何种技术，如何应用该技术，都取决于教师对学习的理解。

第一节　学习概述

一、学习的含义

当人们在谈论现代技术如何促进学生的学习时，首先需要澄清“什么是学习”。在心理学上，普遍接受的定义是：学习是个体以自己现有的知识、技能、态度等心理结构为基础，通过与客体信息进行的双向的相互作用来形成、充实、调整自己的知识、技能和态度的过程，这种变化会对个体以后在相关情境中的活动的水平和方式产生影响[1]。

从定义中可以看出，学习并不是在一张白纸上画画的过程。学习者开始学习时，头脑中往往已经有了一些经验，已经形成了一定的知识结构；其次，学习是一个与客体相互作用的过程，学习者不是简单地接受外界的信息，而是与情境之间的双向相互作用；最后，学习的结果有时候会引起行为的变化，但有时候并不会立刻见诸于行为，要经过很长时间才能出现行为的变化。

从广义上来说，人一出生就在外界环境的作用下不断地学习，一直持续终身，即通常说“活到老学到老”的终身学习。学习并不是单指学习书本上的知识。学习的目的是为了个体更好地适应这个环境，学习的结果则是获得一种适应性的思维和行为模式。那么所谓的“活到老学到老”，意味着当周围环境发生变化时，学习者也需要调整自己的模式，以便更好地适应环境。在当前科学技术的作用下，人类社会正处在一个飞速发展的时代，周围的物理环境和社会环境都在快速发生变化，这一方面使得人们原有的行为模式难以适应新的环境，带来混乱和困惑，另一方面使得在新环境下成长的儿童获得了与前人完全不同的学习经验，造成与成年人的背景经验具有巨大差异。这使得教育者在新新人类面临似乎失去了权威性和话语权，给当前的师生关系也造成了巨大的冲击。这些问题的根本原因之一就在于很多成年人并没有意识到学习的普遍性和持续性，没有认识到变化的世界需要人们自身做出调整。教育也是如此，当信息世界带来新的知识产生、获取方式和交流途径，社会的需求和个体发展都在发生变化，教育理念和思想也必然需要变革。

二、学习的分类

人们在日常生活中无时无刻不在进行各种各样的学习，即使在学校里，学生需要学习的内容也五花八门。我们常说学生要“德智体美”全面发展，其实就是将学习分成了不同的类别。学习有不同的分类标准，这里简单介绍两种分类：

1. 加涅的学习结果分类

在学习的分类理论中，加涅的学习结果分类最为流行，尤其适合学校教育环境。根据学习的结果，加涅将学习分为五种类型[2]：

(1) 言语信息。学生掌握的是以言语信息(听觉言语和书面言语)的内容。课堂上大部分学习是属于这类学习。又被称为“陈述性知识”。

(2) 智慧技能。这是关于“如何做”的知识，又被称为“程序性知识”。例如，学习怎么解四则运算题。

(3) 认知策略。这就是我们通常说的“学习方法”，即学习者支配自己的注意、记忆、思维过程的方法。

(4) 态度学习。儿童通过学习获得对某个事物或者人物的态度。态度学习主要从校外的经验中获得，也可以在学校里培养。

(5) 运动技能。又称为动作技能，例如体操技能，仪器操作技能等。

不同类型的学习需要采用不同的教学方法。例如，“牛顿运动第二定律”和“第六套广播体操”，这分别属于言语信息和动作技能学习两种类型。显然，这两种学习不能用同一种方法去教。前者可能需要教师的讲解、实验操作或者练习，后者则需要教师示范、学生分解练习、整合练习等。即使在知识学习中，也有不同的类型，例如，记住“apple”的意思是“苹果”，和学习“如何证明一道几何题”并不相同。前者只用单纯的背诵和记忆，后者则需要理解和应用。

2. 正式学习和非正式学习

根据学习过程的组织方式不同，学习可以分为正式学习和非正式学习。正式学习是指正规的学校教育和培训，是在有组织、有结构的环境下学习，学习过程是由相关教育机构决定。正式学习的特点是系统化设计的，对学习者个体的学习风格和特点考虑较少。

非正式学习则是指个人通过实践或经验获得的知识，随时可以发生。这个过程的个体差异性较大，难以控制，但这是一个更自然的过程，与个体的兴趣和需要密切相关，也更有效果。从个体的全部知识来说，真正从正式学习中获得的知识只占三成左右[3]。

自从进入21世纪以来，信息技术的迅速发展改变了人们对世界的看法，也改变了对学习的看法。以前人们能够从学校之外的环境中获得的知识虽然多但是不够系统，学生需要坐在教室里接受正规的系统训练。然而，新技术的兴起使人们意识到，学习可以发生在不同的场景中，家庭、学校、工作场所、娱乐场所、交通工具等，在这些环境中，学习被看做是一种实践，学习者在解决一个现实问题的活动中获得成长[4]。传统意义上非正式的学习成为了系统性知识的重要基础，以前千人一律的学习则变成了更有针对性的个性化学习。

☞ 拓展阅读

学习理论与技术工具

学习心理学主要讨论一般学习过程规律的理论，例如学习者是如何进行知识建构的？信息加工的过程是怎样的？学习心理学对不同类型的学习进行研究，例如概念获得、技能形成、问题解决、学习策略、品德和态度等，也形成了不同的理论，例如行为主义、认知主义、人本主义、建构主义等。技术只是一种工具，这种工具如何使用，却是由教师对人类学习的认识所决定的。在以下的教学案例中，教师根据自己对学习的理解，以不同的方式引入了各种技术手段。

在A班，教师要教授小学二年级的四则运算。他让学生们在电脑上使用一个四则运算的教学软件，这个软件里有很多四则运算题，学生做一道，电脑会自动进行评分，并立刻将结果反馈给学生。学生经过多次练习之后，掌握了四则运算的技能。

在B班，学生正在学习浮力的定律。教师也使用了一个电脑软件，这个软件可以模拟浮力。学生自己设计物体的形状、大小、密度，然后在电脑上将这个物体放入模拟的水中，电脑会显示出这个物体是下沉还是浮在水面上。学生反复地修改各种参数，最后自己总结出浮力的公式。

在C班，教师用多媒体向学生呈现一个介绍印度的影片，让学生身临其境地感受到印度的文化。

在D班，教师让学生小组合作完成一个关于植物生长的观察项目，学生最后需要在全班做一个5分钟的演讲，小组成员制作了PPT，向全班介绍了整个过程。

在E班，学习不仅仅发生在课堂上。老师在网上建立了一个讨论区，学生们纷纷针对课程的问题，发表自己的看法。老师也参与和学生的讨论，讨论气氛十分热烈。

以上教学案例中，各种技术的背后都隐藏着教师对学习的不同理解。从行为主义到发现学习，到人本主义，你能否说出他们各自都来自哪一种学习理论？

第二节　行为主义学习理论与程序教学

行为主义是20世纪初在美国被广泛接受的一个心理学流派，也是教育心理学学科形成以来的第一个学派。该学派认为人类的行为都是外在刺激引起的反应，是周围环境影响的结果。后天的环境或训练决定了一个人的行为模式，人们通过学习获得正常或者不正常的行为模式，也可以通过学习而更改[5]，学习就是刺激与反应之间的联合(简称联结学说，常用S—R加以表示)。

一、行为主义学习理论

行为主义用经典条件反射和操作性条件反射来解释行为的习得。

1. 经典条件反射

经典条件反射是指一个环境事件(例如：音乐或情境)与另一个事件(例如：食物或电击)联系在一起所产生的学习。

经典条件反射的发生过程如下：

(1) 首先，一个刺激引起了生理或(和)情绪上的反应。这种刺激叫做无条件刺激，因为在条件作用发生之前，它就能引起反应，这种反应是自动产生的。例如，食物引起了唾液分泌，这种对刺激做出的自动的反应叫做无条件反应。因为这种反应是有机体自发产生的，不需要任何条件作用过程。

(2) 选择一个最初是中性的，但是却希望它随后能引发所期望反应的刺激。这个最初的中性刺激叫做条件刺激，因为这个刺激在条件作用发生后能够引发某种反应。例如铃声，这个刺激本来跟唾液分泌完全没有关系。

(3) 让无条件刺激与条件刺激配对出现多次后，两者之间建立了一种联系，最后，条件刺激就会引起条件反应，即只听到铃声也会分泌唾液。

2. 操作性条件反射

美国心理学家斯金纳提出了操作性条件反射的概念[6]。操作性条件反射是指如果一个做出被期望的行为，那么就给予一定的刺激（强化），这样他再次做出该行为的可能性就会增加。例如，儿童上课时举手回答问题（期望的行为），教师奖励他一朵小红花（强化），下一次儿童将会更加积极地举手回答问题。通过强化，可以塑造儿童的行为，斯金纳认为这就是学习的过程。

操作性条件反射是斯金纳通过在精心设计的动物实验箱——斯金纳箱里进行的。在这个箱子里，动物受到各种强化（主要是食物），研究者对其行为的形成进行了研究。

操作性条件反射的建立主要是源于在行为发生之后出现强化刺激。如果一个已经通过条件强化而增强的行为发生以后，并没有强化刺激的出现，那么行为也会渐渐的消退。但消退是有一个过程，并不会随着强化的停止而终止。

二、斯金纳的“育儿箱”

由于行为主义强调环境对行为的塑造作用，人们自然而然地会想到如何设计、改造一个环境来教育儿童。最早将行为主义应用于教育领域的尝试是斯金纳的“育儿箱”。斯金纳设计这种育儿箱的目的是要减轻妈妈们的压力。他认为可以做一种能够自动清理、有恒温控制的环境，使得孩子不用再被包裹在毯子里，并且提供各种玩具的环境可以更有利于儿童的成长，也能够让妈妈们有时间放开自己的孩子，做点别的事情。

斯金纳曾开发了一种叫 Aircrib 的产品，这是一个大的金属箱，三面是墙，顶上也是金属的。在正前方有一块能够升降的安全玻璃，防止婴儿掉出来，父母也能够方便地将孩子抱出。这个箱子有一个恒定的温度和湿度控制装置，可以让婴儿不必穿着厚重的衣服。箱子里铺着一种能够卷起来的垫子，一旦撒尿，父母能够很容易地将其更换。这个装置比一般的婴儿床高，父母不用弯腰就可以跟孩子交流。箱子里面和上方都摆放或者悬挂着各种玩具，儿童可以拨弄这些玩具，发展动作技能和感知觉能力。斯金纳本人的第二个女儿在这个箱子里长到 2 岁①。

图 2.1 斯金纳发明的育儿箱

这种 Aircrib 投入市场以后，开始卖出去一些，但后来的反响并不好。虽然有追踪研究表明这种箱子的养育作用是积极的，但是

① 来源：http://www.psychologicalscience.org/index.php/publications/observer/2010/september-10/skinner-air-crib.html

大众心目当中并非如此。究其原因，最主要的是人们对行为主义实验中常用的“斯金纳箱”的印象极其深刻。由于行为主义早期主要用动物做实验，斯金纳使用了一种特殊设计的箱子来训练老鼠的行为，研究操作性条件反射。这种箱子有一个机关，当老鼠碰到这个机关的时候就会获得食物作为奖励，或者会受到电击作为惩罚。因此，当斯金纳设计儿童养育箱的时候，人们就认为这就是一个大号的“斯金纳箱”，婴儿关在里面，被当作了实验室的“小白鼠”，儿童是被“关”在箱子里，因此媒体上的反对声音不绝于耳。后来甚至有谣言说斯金纳的女儿长大以后，由于早期在养育箱里的经验导致她精神失常，曾尝试自杀。斯金纳的女儿在2007年站出来辟谣，说那两年的生活对自己并没有影响，她的童年很快乐。

虽然Aircrib是斯金纳设计的，但是我们可以看到，这个箱子并没有真正地用到“刺激—反应—强化”来对婴儿进行教育。斯金纳自己也承认，“我从来没有在自己的孩子身上特地使用‘操作性条件反射’”。比起婴儿床来，Aircrib最大的特点只是提供一个恒温恒湿的环境，并且将其位置抬高了而已。这也是该产品并没有占领美国市场的另外一个原因，因为要自己做一个类似的装置太容易了！尤其在中央空调普及之后，父母可以将整个屋子都改造成一个大的“育儿箱”，婴儿穿上尿布到处爬，根本没有必要去专门购买一个金属的庞然大物放在家里。

真正基于条件反射原理的行为主义教育环节，应该能够向婴儿提供环境刺激（包括视觉和听觉），并且能够针对婴儿的反应进行强化，才能够做到“塑造儿童的行为”。虽然斯金纳曾说“生活中的操作性条件反射是无处不在的”，但是在婴儿教育中系统实施一点也不容易，因此斯金纳操作性条件反射应用的重点放在了学校教育应用而不是婴儿养育箱上。

三、程序教学

尽管针对婴儿的育儿箱并没有用到行为主义的精髓——条件反射与强化理论，但斯金纳在学校教育中，将行为主义的原理彻底贯彻下来，完成了关于程序教学（Programmed Instruction）的一系列研究。斯金纳研究程序教学的目的与婴儿箱类似，是希望机器能够代替一部分教育者的工作，能够将老师从繁重的工作中解脱出来，让学生们在机器的帮助下自学，以提高教育的效率。这种想法在本质上跟用机器代替工厂工人的想法类似。在现代社会的迅速发展中，机器在越来越多的岗位上取代了以前的工人。与人相比，机器不需要吃饭、睡觉、上厕所，不会因为枯燥的重复而烦闷，还能够以人无法达到的速度和准确性进行操作。机器在工业生产中的全面应用大大提高了社会生产力，这种浪潮也卷到了教育界。教育者们自然而然地开始思考一个问题，能否开发一种装置，代替“教育者”这样一种人力资源。于是产生了教学机器和程序教学的概念。

基于操作性条件反射原理的程序教学其基本思想就是要对学生正确的学习结果及时加以强化，以鼓励学生继续学习。以前教学内容都是以书本的形式出现,学生在自学过程中无法得到反馈,只能通过老师才能得知自己是否做出了正确的反应。程序教学则可以提供这样的一种反馈方式,就像是学生旁边站了一位指导者,能够对学生的正确和错误回答做出相应的反应。

这里的"程序"并不是指的"计算机程序",而是指预先编制好的教学材料。教师要将教学内容分成一个个小的内容单元,依次呈现给学生,供他们学习。每个单元学完后,呈现一些测验题,测验学生的学习效果。如果学生做对测验题,就主动呈现下一个单元的教学内容;如果测验中学生出现错误,则要返回到先前学过的内容,重新进行学习。这是一种直线式的模式,以水平差的学生为出发点设计程序,基本教学过程如下图[7]:

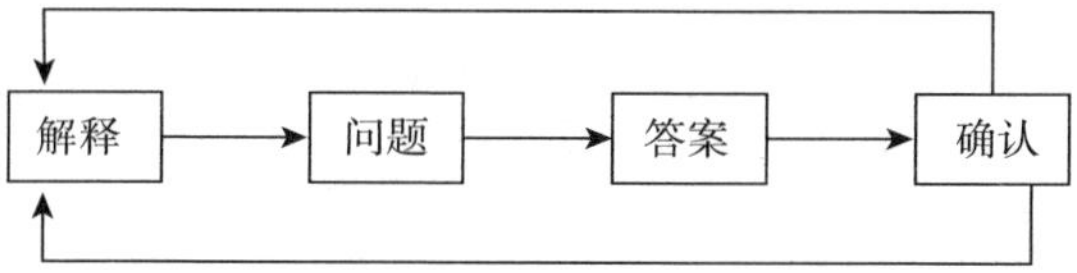

图 2.2 程序教学的教学过程

如果是由老师来向学生一步一步呈现这些教学材料,当然更好,但是这样做的效率就太低,一个老师不可能同时针对全班 20 个学生来一一进行程序教学。斯金纳曾说"如果说作为一种强化机制,教师这个概念已经过时了",斯金纳认为,在小学四年级之前,学生需要 5 万次的强化,才能够获得相应的数学技能。但教师在课堂上不可能完成这么大量的辅导。因此只有引入教学机器,才能完成这种大范围的,但又是一对一有针对性的教学工作。

图 2.3 儿童在使用程序教学机器

(来源:http://teorije-ucenja.zesoi.fer.hr/doku.php? id=instructional_design:programmed_instruction)

当时并没有商业化的小型计算机，也不可能像现在这样能够很容易地编辑计算机软件，所以程序教学的装置外形类似早期的打字机，但是有一个显示装置，能够向儿童呈现一些数字组合，儿童在键盘上打上自己的答案，有的是数字，有的是简单的单词，如果答案正确，机器运转并呈现下一个问题，如果错误，机器就返回上一道题目重新学习。儿童得知答案正确，这是一种强化信号，跟教师对儿童说“你做得对”这样的肯定回答是一样作用。

程序教学和教学机器的引入，好处是显而易见的，只需要编制一次教学程序，就可以无限地复制，让大量的学生以非常低的成本与指导者（教学机器）接触，机器可以做到教师限于时间精力有限而无法完成的事：对学生的每一个反应进行检查并给出强化。

20 世纪 50 年代以后，程序教学和教学机器在美国的中小学广泛使用，甚至进入了大学、公司和军队的训练体系，各个公司也争相推出各种不同的程序教学机器，如卡片分类机、训练—测验机、自动评级机等。但不管哪种机器，都有以下几个特点：

（1）通常用视觉文字或符号的形式呈现问题；

（2）学生可以对这些问题进行反应；

（3）机器对学生的反应进行评价；

（4）机器向学生提供正确的答案。

学生和教学机器的交互过程如下图所示：

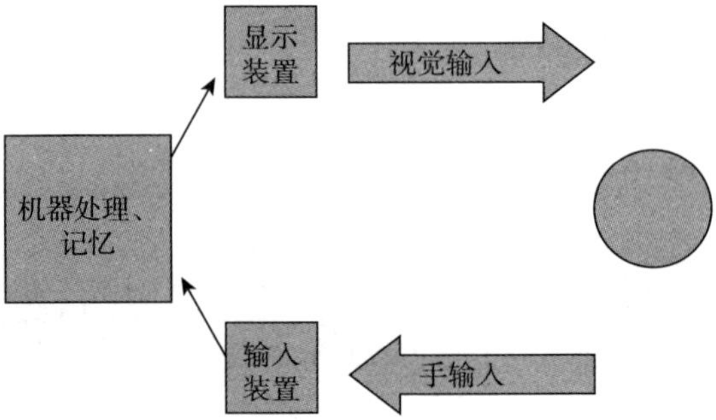

图 2.4　学生与教学机器的交互过程

四、行为主义程序教学的影响和批评

行为主义将技术辅助下的教学的过程确定为向学生输入刺激（学习材料），学生接受以后做出反应（回答），机器再根据学生的回答给出评价并呈现下一步的学习材料。这种做法可以把复杂的教学内容分为若干有内在联系的小步子，严格控制刺激，组成一个由浅入深、步步紧扣的逻辑序列，便于学生按部就班的学习，学习效率很高。而且教学媒体也不只是单纯地呈现教学材料，还要接受

学生的反应，并做出评价和反馈，使得原来的单向传递信息变成了一个有反馈的互动系统。

由于教学程序可以根据学生的反应做出不同的反馈，这种信息的及时反馈有利于加深印象，巩固学生的知识、技能。比起传统的课堂讲授式教学来说，程序教学更能够提高学生的参与度，激发他们的学习动机。程序学习也能够采用个别化原则，让不同的学生可以根据自己的情况来确定学习节奏，甚至可以做到自学，这使得我们能够做到真正的个别化教学。

随后几十年，行为主义思想主导下的教学思路被广泛接受。随着计算机技术的发展，虽然学习材料的呈现形式变得更加多样化，不只是文字材料，还包括图形、视频、声音等材料，学生的反应也不仅限于几个数字和单词，机器评价的标准也更加多样化，但很多现代单机版的教学软件依然遵循着程序教学的基本思路。

然而，随着过于重视行为、忽略心理过程的行为主义开始受到批评，程序教学的弊端也开始显现出来，研究者对程序教学也提出了很多批评。比如以下几条[8]：

（1）以学习过程中无错误作为标准并不合适，有时候错误答案也有价值；

（2）对每一步都强化并不合适，正确的应该是对学生经过努力之后的结果给予强化；

（3）学习材料顺序并没有那么重要，即使按照严密的逻辑结构排列的教材，学生也不一定能学会；

（4）无法控制学生的目的与动机；

（5）不能适应临时情况。

随着认知主义的兴起，人们对行为主义的批评集中到行为主义的核心观点上：只关注行为不关注心理。建立在行为主义原理之上的程序教学只重视学生回答问题的结果，而忽视学生头脑中发生的变化，容易造成片面追求学生学习进度，养成学生不求甚解、猜想答案的不良倾向。

第三节　认知学习理论与计算机辅助教学

认知心理学的特点是重视内部心理过程，即认知过程的研究。认知（Cognition），是指人在认识事物的过程中所进行的各种心理活动，主要包括知觉、注意、记忆、言语、思维等。广义的认知心理学还包括皮亚杰的发生认识论、格式塔心理学；狭义的认知心理学是指用信息加工的观点和术语来解释人的认知过程，因此也叫信息加工心理学，其学习理论的特点是强调头脑中认知过程的变化。认知发现说、认知接受说、信息加工论是认知学习理论里三个不同的流派，三者在计算机教学中也有不同的应用。

一、布鲁纳的发现学习理论

1. 发现学习理论的产生

美国心理学家布鲁纳在60年代提出发现学习(Discovery Learning),认为学生不是从教师的讲述中得到一个概念或原则的知识,而是从教师提供的学习情境中通过自己探究,发现知识。这种知识是指的一种认知结构(Cognitive Structure),就是人关于现实世界的内在的编码系统,是一系列相互关联的、非具体性的类别。构成认知结构的核心是一套类别以及类别编码系统。在一个编码系统中,越是较高级的类别,它越能超越较低类别的具体性,而具有更大普遍适用性[1]。

布鲁纳十分重视掌握学科的基本结构、基本原理和概念,认为这是学生应该学习的主要内容,也是深入学习的前提[9]。要掌握学科的基本结构,就必须掌握研习学科结构的基本方法。教学应该让学生利用所提供的材料,亲自去发现应得的结论或规律,成为一个“发现者”,这充分体现了人在学习过程中的主动性。

举例来说,代数中的变换律、分配律和结合律等,是代数这门学科的基本结构和知识,小学低年级学生完全可以通过事先设计好的活动来掌握这些最基本的原理。事实上,儿童在幼儿园玩跷跷板时就知道,如果对方比自己重,自己就得往后移;如果对方比自己轻,就得往前移,否则就不可能玩跷跷板。根据这个原理,布鲁纳设计了一个天平,让8岁儿童借助动手操作、视觉映像和符号来掌握代数中的基本结构。儿童是通过自己动手去发现了这个学科里的基本知识。

发现学习认为教师的主要工作不是讲解知识,而是给学生创造一个环境,引发学生对某种现象的思考,并通过自己动手探索,总结规律,发现知识。这种学习理论自提出以后,曾在美国的教学中被广泛应用。但是很快人们也发现了发现教学的弊端。最主要的问题就是这种学习方法耗时太长,比传统的学习要多花1.3~1.5倍的时间。另一个问题是这种方法受到环境的限制,例如学生要通过发现来学习浮力定律,就需要有一套相应的实验设备,这大大增加了教育的成本,难以进行大规模的推广。而且发现学习并不是适合所有的教学内容,例如有研究者考察了两种教学方法对“只有不存在混淆变量的实验才能得出明确的实验结果”这一概念的理解,发现直接指导下的学生对概念的掌握和迁移都更好。研究者意识到,虽然发现学习在促进学生学习动机、深化学习效果、全面培养学生能力方面有很强的优势,但是也受到学习材料、学习者特点、参与程度影响。结合了指导的发现学习比单纯的发现学习能够取得更好的学习效果[10]。

2. 发现学习与计算机模拟环境

现代信息技术的发展为发现学习的实施提供了有力的支持。计算机技术、网络技术、多媒体技术、人工智能技术,这些新的技术使得教育者可以对声音、图像、文字、数字进行综合处理,构建一个仿真的情景。例如在物理教学中,由电脑构建一个虚拟的实验环境,学生通过对其中虚拟的实验设备和现象进行交互的操作,多次重复一个现象，从而对现象背后的规律进行深入的探索和学习。建立在虚拟现实技术上的发现学习，可以大大节约教育的成本和学习的时间，也能够让学生接触在现实生活中不可能接触到的内容。

互联网也为学生进行发现学习提供了新的途径，学生在教师的引导下，到网上去寻找各种各样的相关材料，包括文字、图片、视频等，学会对信息的分析、比较、取舍、归纳等。例如教师让学生到网上去寻找关于“澳大利亚”的信息，给学生指定了动物、矿产、城市、环保、畜牧业五个方面，学生搜集资料之后还要进行进一步整理和分析，并在课堂上与全班同学分享信息，用PPT或者小海报的方式介绍自己的加工过的关于澳大利亚的信息[11]。

计算机模拟发现学习中，学习者也会遇到很多困难。由于发现学习往往需要学生成为“小研究者”，要用科学研究的方法去“发现”一个知识，那么就需要学生具有基本的科学研究能力，即提出假设、设计实验、验证假设、根据事实调整假设、合理解释实验数据等等。张建伟认为在计算机模拟的科学实验中，可以给学生提供三种类型的学习支持：(1) 解释性支持，帮助学生激活背景知识，基于背景知识对问题情境进行分析，形成假设，并结合理论对结论做出解释；(2) 实验性支持，解释科学实验的设计思路和标准，明确实验目的，做出预测，明确实验结果，合乎逻辑地发现规则；(3) 反省性知识，帮助学习者基于发现活动进行反思概括。实验表明，解释性支持对学习的促进效果十分明显，实验性支持主要对低推理能力的学生有好处[12]。

二、奥苏贝尔的有意义学习理论

1. 有意义学习理论的主要观点

奥苏贝尔的有意义学习理论也强调学习要在头脑中形成认知结构，但奥苏贝尔认为，教学的重点在于促进学生头脑中已有的认知结构与新的材料结合起来，建立实质的联系，从而发生有意义的学习[13]。有意义的学习是相对机械学习而言。根据学习材料与学习者原有知识的关系，学习因此可分为机械的和有意义的。机械学习不需要与原有知识发生联系，而有意义的学习需要学生将新概念与头脑中其他与之有关的概念和经验连接起来。如果学生没有学习概念或者原理的意义而只是记住了这一信息的字面意义，这一信息对他们而言毫无用处，因为它没有和学生已有的其他信息建立起实质性的联系。例如背诵九九乘法表跟先前的知识经验几乎没有关系，只需要学生将其背诵下来，这是机械的学习。但如果一个熟背九九乘法表的儿童建立实质性的联系，他就会知道“九八七十二”和“八九七十二”这两个口诀是等值，这便是有意义的学习。背诵“地球是太阳系的行星”是机械学习，知道行星意味着地球是围绕太阳转的含义，理解这句话的意思是地球围绕太阳转，才是有意义的学习。

有意义学习的发生有三个基本的条件：学习者要具有相关的先前知识经验，学习材料是有意义的(教师提供的)，学习者会主动采取有意义的学习而不是被动地背诵学习。为了达到有意义的学习，教师在教学中要注意以下几个方面：

(1) 每个学生有着不同的先前知识经验，教学最重要的就是在已有知识和新知识之间建立联系，因此教师应了解学生的先前知识经验。

(2) 教师应提供经过精心组织，对学生有意义而不是教师觉得有意义的材料。

(3) 让学生充分地谈论、反馈刚学到的新知识，让学生有机会反思新知识和旧知识之间的联系。

2. 有意义学习计算机教学环境

奥苏贝尔的有意义学习是在现代教育技术中应用最广的理论之一。很多计算机教学软件都是建立在有意义学习的理论基础之上的。教师在课堂上使用文字、图形、声音或者动画来帮助学生获得信息，这就是一种促进有意义学习的教学活动。例如，教师要讲"地球是圆的"这个概念，先用一段录像显示地平线那边远远驶过来一艘船，目的是为了激活或者建立学生的先前经验，然后用动画的方式呈现地球的形状与人们观察到船的变化之间的关系，让学生接受到有意义的学习材料。互动式的教学软件则让学生可以在教师的指导下，解决一个与概念有关的问题，并与教师或者其他学生一起讨论概念的含义。总的来说，教育技术帮助教师更好地组织、呈现有意义学习材料，帮助学生积极主动地参与学习，从而促进有意义学习的发生。

三、加涅的信息加工学习理论

1. 信息加工学习理论

加涅在人类信息加工理论的基础之上发展出了信息加工学习理论。人类信息加工理论是20世纪60、70年代认知心理学的主要理论，这种理论是把人看做一个类似于计算机的信息处理器，人行为就是一个信息处理过程，包括信息的输入、编码、加工储存、提取和使用的过程。

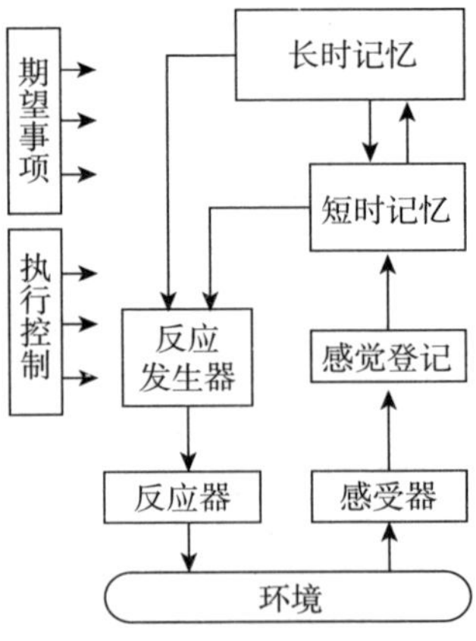

图 2.5　信息加工理论

加涅认为，学习的过程也是一种信息处理过程。具体来说，学习过程可以分成为八个内部阶段，即动机阶段、领会阶段、习得阶段、保持阶段、回忆阶段、概括阶段、作业阶段、反馈阶段。每一个阶段需要进行不同的信息加工，在各加工阶段中发生的事情，即学习的事件，这些都是学生内部加工的过程。在每个阶段教学的活动，则称为教学事件，这是学习发生的外部条件。教学就是在学生内部发生的学习事件和外部发生的教学事件之间的结合。

加涅对学习类型的划分也十分有意义。首先，加涅将学习结果分为五类：态度学习，动作技能学习，语言信息学习，智力技能学习，认知策略学习。由于在学校情景中，智力技能学习占了很大的比重，因此加涅对智力技能学习的类型做了划分，根据学习产生的情景将学习分为八类：① 信号学习；② 刺激—反应学习；③ 连锁学习；④ 语言的联合；⑤ 多样辨别学习；⑥ 概念学习；⑦ 原理学习；⑧ 解决问题。前四类比较简单，学校教育主要关注后四类。

加涅的信息加工学习理论是结合了行为主义和认知主义之间的一个理论，他既认为学习与外界刺激的作用分不开，又认为人确实存在内部的认知过程，并且会根据一定的学习目标，主动寻找外部刺激来加入内部认知过程。学习可以改变行为，学习是否发生可以通过行为表现的改变来推断；学习离不开内部和外部条件。

根据加涅的学习理论，每种不同的学习类型需要不同的教学类型，教师应根据学习结果和学习类型的不同，对学习任务进行分层，以确定学习任务需要教什么和按什么顺序教，并在教学中为学生提供不同的外部条件。

2. 加涅的学习理论与教育技术学

加涅用信息加工模型来说明学习的过程，目的是为了使得教学更适合学生的内部加工过程。加涅非常重视学习理论与教学理论的结合，他将学习理论应用于教学实践，提出了一整套教学设计原理与技术。因此，加涅的理论对老师而言非常实用。从教学开始之前怎么设定目标，在刚开始的时候如何引发学生的兴趣，如何呈现教学材料，到最后的学习评价，加涅的学习理论解释了一个完整的课堂过程，并根据学生在每个阶段的信息加工特点，指出了教学应该提供的外部条件。

加涅在《教育技术基础》一书中重点阐述了对教育技术学的理论构想。他提出，技术是由科学研究导出的系统化知识，教育技术学则是研究“有效学习条件”的系统化知识[14]。教育技术的基础理论是心理学里关于人类学习的研究成果，而各种硬件技术的作用则是为教育创设一种更适合学习的外部条件。不管什么样的新技术，都是要与学习过程结合起来，通过改善教学的设计，促进学生的学习。

加涅的学习理论结合了行为主义和认知主义的思想，操作性非常强。如果教师遵循加涅提出的学习的框架，就很容易做出一个好的教学设计。例如，加涅学习层级理论可以直接应用于为教学而设计的超媒体系统，按照层级组织的信息可以保障学习者获得必要的先决知识和技能。根据学习的类型不同，应向学生提供不同的外部条件、采用不同的媒体用于支持和控制学习。加涅的信息加工模式也可以为网络教学、远距离教学提供坚实的理论依据，以适合于学生的学习过程和认知结构。在教学中应用新技术的设计与开发中，加涅的思想起着重要的指导作用。

四、分布式认识学习理论

1. 分布式认知理论的基本观点

传统的认知心理学关注在人的头脑中发生的信息加工过程，在这种认知观基础之上的认知学习理论关注学生在学习、记忆新信息和新技能时的心理过程。随着电视、计算机、网络等技术的飞速发展，人们的工作方式和工作环境也发生了巨大的变化，越来越多地需要与环境互动，以完成复杂的任务，依赖各种新的工具和技术。在20世纪80年代，工程心理学家Hutchins等人明确提出了分布式认知(Distributed Cognition)的概念。分布式认知理论将学习的主体、与主体相关的群体以及学习环境看作一个学习分析单元，强调从系统的角度考虑分析学习活动，将认知从个人扩展到个人与环境的交互[15]。认知活动应该是一种内部和外部表征的信息共同加工的过程，内外过程的联系涉及内部资源(记忆、注意、执行功能)和外部资源(目标、产品、周围可获得的资料)之间的协调。

分布式认知重点讨论了认知在五个方面的分布：

(1) 在个体内的分布。知识是在脑中均匀分布的，人脑在结构和功能上都是由高度专门化并相对独立的模块组成。

(2) 在媒介中分布。认知活动可以看作是在媒介间传递状态的一种计算过程，包括个体内部的记忆，也包括外在的图表或数据库。

(3) 在文化上分布。文化影响着认知过程，同一文化背景下的人共享类似的规范、信念、价值、符号等。

(4) 在社会中分布。在现代社会，分工极为精细，每个人都负责不同性质的工作，一个事件的知识可能就分布在不同的人之间。

(5) 时间上的分布。知识是随着时间而变化的，人类对事物的认识也总是在不断更新。人们头脑中的知识常常会遇到新经验的挑战，出现“认知冲突”。

值得注意的是，分布式认知并没有否认个体认知，个体认知仍然是认知的主体，处于认知系统的中心地位。

2. 分布式认知的原则

分布式认知颠覆了传统的个体认知观，也促使人们可以从全新的角度去看待学习。分布式认知在以下四个方面提出了新的观点。

(1) 系统智力观

学校教育的最终目标是要培养学生的能力，对能力的看法通过教学目标影响教学设计。虽然关于智力的理论很多，但以往的智力理论都认为智力是个体的心理特征，智力活动是在个体的头脑中发生的过程。有心理学家曾强调智力与环境的密切关系，如斯腾伯格的三因素智力理论认为智力包括三个部分：成分智力，经验智力和情景智力，其中情景智力意味着选择合适的环境以及有效改变环境以适应需要的能力，意味着个体不仅仅适应现存的环境，还要重新塑造环境以提高个体与环境的和谐程度。不过斯腾伯格的理论仍然将认知和环境适应看作分开的两种智力，在学校教育中也主要强调以认知为主的成分智力的培养。建构主义强调学习是主动建构内部心理表征的过程，是社会性的，需要对话和合作，强调情景性，但也仍然将认知能力看作发生在个体内部的过程，在分析学习的时候，仍然只是把学习主体作为分析单元，学习主体周围的教师、伙伴、媒介等都只是作为影响学习的因素。因此，在评价智力时，目前的智力测验基本采用的都是个体测验的方式，即一个人单独接受测试，得到这个人自己的测试结果。如果他向其他人寻求帮助，或者查书，或者求助于计算机，往往会被认为是“作弊”。

分布式认知理论进一步强调了个体和环境的紧密联系，也重新审视了智力的本质。如果智力过程和产品可以看成在个体之间或个体与环境之间分布，那么智力就不应该是大脑的特征，不是个体所拥有的一种特性，而是一种完成任务的成功，在为了减轻沉重的认知负担而制造各种工具的过程中表现出来，具有环境性。简单地说，个体主动将认知分布到环境中并操作环境的过程也成为智力活动的一个部分。可以看出，分布式认知将认知的概念扩大到环境，认知能力的范围也相应扩大。因此教学设计时，要改变对教学目标的看法，不能简单地认为教学的目标就是培养个体的认知能力，而要将个体与环境看作一个整体来进行评价。这种以系统为整体的评价观在现代社会实践中具有重要的意义。例如，Hutchins 在研究飞机驾驶舱时，将驾驶舱整体作为一个分析单元，发现能够明显地提高工作绩效。

根据分布式认知的观点，如果从整体绩效的角度来判断个体的能力，那么就应该分为三个部分。第一部分是个体内部的认知能力，即传统意义上的“智力”；第二部分则是在环境中分布知识的能力。这里说的环境包括认知工具、认知资源，其中认知工具包括计算机软件、计算工具、文本编辑工具，这些工具可以帮助学生把一部分认知任务放在外部，解决更复杂的问题；认知资源则是指各种参考书籍、计算机多媒体信息、网络资源等等。学生要学习使用并管理周围的认知资源，例如去图书馆或者使用互联网查阅有关资料，学会查询、筛选资料，管理这些资料，学会分析利用其中的信息。第三部分则是个体与其他人合作的能力，当前的社会分工越来越细，每个人难以掌握所有的知识和技能，往往难以看到问题的全貌。对于一个现代社会的员工来说，能够与其他人合作共事、与他人共享信息资源，并合作解决问题，是一种非常重要的基本能力。在学习中，每个人都有自己的经验世界，不同的学习者从不同的角度提供新的信息或观点，通过相互沟通和交流，辩论和讨论，修正原有的想法，共同解决问题，从而更为灵活全面地理解知识。

分布式认知理论还将动作技能和心智技能看作一个整体。以往人们将动作技能和心智技能分开讨论。动作技能主要是肌肉、骨骼的运动，是由一系列实际动作以合理、完善的程序构成的操作活动方式，如骑车、操作实验仪器等，操作对象是实物或者实物模型；心智技能则是借助于内部言语在头脑中进行的智力活动方式，操作的对象是头脑中的观念，包括感知、记忆、想象和思维等认知活动。动作技能具有物质性、外显性和扩展性等特点；而认知技能则具有观念性、内隐性和简缩性等特点。认知技能在形成初期，需要操作技能的参与，但外部实践动作要向内部转化。操作外部动作是完备的心智活动的源泉，但这个阶段只是认知技能的初级阶段，必须要转化成内部语言，脱离实物或模型，才能发展高级的心理机能。学校往往将两种技能分开培养。

但根据分布式认知的观点，个体操作环境的能力也包含在认知能力里，头脑中的认知与操作外部环境之间应具有统一性。例如，学生要解决一个物理问题，他们需要使用相关的物理公式和解题技巧，但是同时也需要使用计算机、各种仪器。他们将实验观察的数据导入计算机软件，通过对软件的操作，分析数据的趋势，思考其中的规律，从而得到解决问题的方案。这是一个动作技能和心智技能共同参与的过程。

总的来说，根据分布式认知的能力观，学生的认知能力不仅仅表现在单独完成认知任务时所体现的能力，还应该表现个体在与环境间互动的过程中，因此教学评价也不应局限于传统的考场考试方法，而应采用灵活多样的形式，将个体利用环境、管理外部资源的能力纳入评价的范围。例如，让学生在一个模拟真实环境的场景中进行考试，允许学生使用一些认知资源，甚至允许学生以小组为单位进行考试。这类考核方式使学生在学校评价表现出的能力与真实工作中所需要的能力更加接近，能更好地避免学生被动学习和应考，避免出现“高分低能”的现象。

(2) 媒介：内外世界的连接

分布式认知将内部过程和外部过程看作一个整体，内部过程和外部过程之间的联系就变得十分重要。这涉及内部资源（记忆、注意、执行功能）和外部资源（目标、产品、周围可获得的资料）之间的协调。因此分布式认知对媒介给予了高度的重视，认为在整个认知系统中，媒介和个体具有同等重要的地位，是个体内部表征和外部表征转换不可或缺的组成部分。例如一个学历史的学生将历史事件整理出来，写在小卡片上，做好索引，在适当的时候来帮助自己回忆。在分布式认知看来，这些卡片正是作为思维延伸的媒介，帮助学生将认知的负担转移到了环境，使学生的学习可以在内部表征和外部表征之间切换，由此环境也成为认知的一个重要部分。

在分布式认知看来，媒介不仅是帮助教师传递教学信息的工具，还是认知主体的一部分，是个体用来创设环境、进行内部和外部表征转换、进行合作学习和交流的工具。如果个体所创立的外部表征不合适，内外表征连接困难，就会大大影响工作的效率。例如，学生用图形来帮助自己理解发动机的工作原理，如果这个工作原理图形与学生在头脑中要建立的关于发动机原理的心理模型一致，就能够对学生的学习起到促进作用。如果这个图形所代表的外部表征与学生的内部表征不一致，很可能就会变成阻碍。

教师要注意引导学生使用并管理周围的认知资源，例如带领学生去图书馆或者使用互联网查阅有关资料，指导他们学会查询、筛选资料，并指导学生管理这些资料，学会分析利用其中的信息。

（3）新的认知策略观

元认知是对认知过程和认知策略的认知，包括认知策略、监控策略和资源管理策略三个部分。现代教学理论，如建构主义、认知弹性理论等，都十分强调教学要从关注学生的学科知识获得转为关注元认知的发展。这些理论认为在面临新的学习情境时，具有良好元认知技能的学习者能够主动寻求当前情景与已有学习经验的共同要素和联系，主动形成良好的知识建构，并寻求解决问题的策略。

分布式认知理论也注重元认知的培养，但是应该培养哪些具体的元认知策略上，分布式有自己独特的看法。分布式认知理论认为，认知是涉及多种因素的一个系统，而个体是认知的主体，处于整个认知系统的核心位置，负责协调自身的内部认知过程和外部环境之间的关系。在工作和学习中，都需要学生有积极参与的意向，才可能有进一步的智力活动。由于分布式认知认为认知分布在媒介和环境之中，将个体协调内部与外部环境之间关系的能力看作认知能力的重要组成部分，十分重视对这类能力的培养。在元认知策略的三个成分，即认知策略、监控策略和资源管理策略中，分布式认知强调资源管理策略的重要性。在工作中遇到问题要寻找解决方案时，人们不仅仅会依靠个体头脑中的思考，他们还会自发地从周围的环境资源中提取信息，再将这些信息综合起来，形成一个解决问题的方案。这时个体所能用的资源包括个人的思考，与其他人的交流，图书馆的书籍和期刊，互联网的信息等等。如何管理这些纷繁复杂的信息，确保自己在需要的时候能够及时地找到有用的内容，就需要个体发挥资源管理策略的能力。

（4）社会合作

分布式认知视角下，学习环境是动态的，它不仅仅是提供支持个体认知的物质环境，还需要创设实现“社会建构”（人是在社会文化情境中，通过与他人的交互来建构知识）的学习环境，构建学习共同体，促进知识建构和教学创新。每个人都有自己的经验世界，不同的学习者从不同的角度提供新的信息或观点，通过相互沟通和交流，辩论和讨论，修正原有的想法，共同解决问题，从而更为灵活全面地理解知识。对于一个现代社会的员工来说，能够与其他人合作共事、与他人共享信息资源，并合作解决问题，是一种非常重要的基本能力。教师应注意设计合作学习的教学环境,在这个环境中所进行的教学,不再由教师担任知识的传播者,他只是学生认知活动过程的合作者。学生、教师、专家形成了一个学习共同体,学生的认知活动在整个共同体中不断完善,使得学生不仅从中获得知识,还掌握了与他人合作学习的能力,扩展了自我教育的途径。随着现代网络技术的发展,学生通过网络进行合作学习,使得人与人的交互范围更加广泛。在一些全球课程项目中,来自世界各地的学生选修同一门课程,并提供各自的知识和理解,使得学生们有机会从以前从未想过的新角度去了解一个问题,重新整合知识体系,使得自己对问题的理解更加深入和全面。以前的合作学习必须要依靠面对面的交流,然而随着远程通信技术的发展,人们可以使用电子公告板、网上聊天室、电子邮件或者即时聊天工具,建立起人们互相联系、支持的方式,分享各自的思想和经验。

3. 分布式认知理论与网络协同学习环境

网络世界就是一个社会分布性很强的环境,从物理环境上说,互联网是由全世界无数的服务器组成;从社会结构上来说,数以百万计的使用者共同创造并使用网络世界的内容,成为一个巨大的学习共同体[16]。网络各个节点之间高速、快捷、大容量的通讯方式,使得人们可以非常便捷地分享经验、信息和知识。计算机协同工作(Computer Supported Cooperative Learning,简称 CSCL)的概念也由此产生。CSCL 是指在计算机支持下的合作学习,就是一组学习者在一个基于网络的共享环境中协作完成一个学习任务。例如,采用讨论组或电子邮件列表建立一个学习共同体,学生通过这些工具分享信息和心得。

分布式认知理论为 CSCL 提供了理论基础,根据分布式认知的观点,在 CSCL 的设计中应该注意以下几个问题:

(1) 强调系统对交互活动的支持。

交互的流畅性是确保系统成为一个整体的重要条件,不管是学习者之间的交互还是学习者与计算机的交互,应尽可能地做到自然、高效。例如,一个学生想在论坛上发一个帖子来表达自己的意见,但如果发帖的界面设计没有采用"可见即可得"的方式,需要学生自己来做调整,就相当于无形之中在交互中建立了一堵墙壁,学生得费力翻过去。久而久之,学生就失去了兴趣和动机,系统之间的知识分布无法得到保障,影响了整个学习共同体的效率。

(2) 支持和促进学习共同体的长期目标、短期目标实现。

分布式认知将系统看作一个整体,那么作为一个学习共同体,共同的目标是否达成就是评价其绩效的标准。如果没有共同目标,整个学习共同体也失去了合作的动力。例如,一个网上学习小组需要合作完成一个项目,并用 PPT 的方式呈现,这个 PPT 用来最终评价整个小组工作绩效,而不是每个人单独所完成的部分。只有这样为共同体设置长期目标和短期目标,才能促使每个学生都想办法跟其他学生交流、合作。

(3) 帮助每个学习者与其他学习者交流,但又有相对独立自由的空间。

分布式认知虽然将认知扩展到整个环境，但仍然承认个体认知的重要性，个体认知处于认知的中心地位。虽然学习者之间的合作十分重要，但合作者个人的独立思考也必不可少。CSCL的系统设计应考虑在交流设计之外，要给学习者提供一个相对独立自由的空间。

第四节 人本主义理论

20世纪六七十年代，美国兴起了一场有别于行为主义和精神分析理论的号称"第三势力"的心理学思潮——人本主义心理学（Humanistic Psychology）。这种思潮既反对行为主义机械的环境论，又反对精神分析本能的生物决定论，而强调心理学应该研究人的本性和潜能、尊严和价值，强调社会文化应促进人的潜能的发挥以及普遍的自我实现。在教育上，人本主义旗帜鲜明地倡导全人教育和情感教育等。

一、人本主义学习理论

人本主义主张，心理学应当把人作为一个整体来研究，而不是将人的心理肢解为不能整合的几个部分；应当研究正常的人，而且更应关注人的高级心理活动，如热情、信念、尊严等内容。人本主义心理学的学习理论则从全人教育的视角阐述了学习者整个人的成长历程以发展人性；注重启发学习者的经验、开发学习者的潜能，肯定自我，进而达到自我实现。人本主义学习理论重点研究如何为学习者创造一个良好的环境，让其从自己的角度感知世界，发展出对世界的理解，达到自我实现的最高境界。

1. 马斯洛的需要层次理论

马斯洛的需要层次理论和自我实现理论是人本主义心理学的重要理论，对心理学产生了深远影响。马斯洛认为，人的成长源于个体自我实现的需要，自我实现的需要是人格形成发展、扩充成熟的驱动力。所谓自我实现的需要，马斯洛认为就是"人对于自我发挥和完成的欲望，也就是一种使它的潜力得以实现的倾向"。通俗地说，自我实现的需要就是"一个人能够成为什么，他就必须成为什么，他必须忠于自己的本性"。正是由于人有自我实现的需要，才使得有机体的潜能得以实现、保持和增强。人格的形成就是源于人性的这种自我的压力，人格发展的关键就在于形成和发展正确的自我概念。而自我的正常发展必须具备两个基本条件：无条件的尊重和自尊。其中，无条件的尊重是自尊产生的基础，因为只有别人对自己有好感（尊重），自己才会对自己有好感（自尊）。如果自我正常发展的条件得以满足，那么个体就能依据真实的自我而行动，就能真正实现自我的潜能，成为自我实现者或称功能完善者、心理健康者。人本主义心理学家认为，自我实现者能以开放的态度对待经验，他的自我概念与整个经验结构是和谐一致的，他能经验到一种无条件的自尊，并能与他人和谐相处。

2. 罗杰斯的"以学生为中心"的教育观

卡尔·罗杰斯是美国著名的心理学家、心理治疗专家和教育改革家。他是继马斯洛之后的又一位人本主义心理学家，其理论的核心是强调对人的尊重、人的价值、情感、自我实现、人际关系、接受别人和被别人接受、人在现实生活中产生的真实感受、体验和经验等等。20世纪60年代，罗杰斯将他在心理治疗领域创立的"以来访者为中心"的治疗观移植到教育领域，创立了"以学生为中心"(Student Centered)的教育和教学理论，成为20世纪最重要的教育理论之一。

(1)"以学生为中心"的教学思想

罗杰斯认为，应该把学生视为教育的中心，学校为学生而设，教师为学生而教。他认为每个人都有自我实现的成长倾向和需要，每个学生都具备解决自身问题的能力和动机。教师的任务是创造一种恰当的教育气氛，采用有效方法去调动学生天性中解决自身问题的动机和能力，帮助他们重新发现自己，评价自己，认识自己内在的成长潜能。

(2) 师生关系中的教师角色

罗杰斯提出教育应该是一种非指导性的、"以学生为中心"的教育，而师生关系是一种帮助关系，教师的角色是辅导者。罗杰斯认为，教育是具有整合目标的、不断充实的、具有生活意义的成长历程，这一历程是师生共同的，是师生共同走向机能充分发挥的过程。在"以学生为中心"的教育教学中，教师与学生之间是学习促进者与学习主体的关系，相互理解、真诚、信赖的人与人的关系是其应有的状态。

(3) 真诚一致

罗杰斯认为，如果教师能设法创造一种真诚、尊重和理解的气氛，就会产生令人鼓舞的教育效果。他认为，"真诚是人们交流的基础，也是人们友好关系的前提。"在罗杰斯的理论中，教育关系是一种人与人的关系，而人与人之间的关系最需要真情、诚实、率直、坦诚。一个真诚的教师，不藏在防御机制里面，而是以一种真面目、真感受与学生交流。

(4) 无条件积极关注

无条件积极关注是指教师对学生表示看重、认可，欣赏其价值，而且这种感受并不以学生的某个特点、某个品质或者整体的价值为依据。无条件积极关注使学生能够自由表达自己的思想和情感。在这种表达中，他们不必担心被指责、嘲笑或教训。在教师始终如一的无条件积极关注下，学生渐渐重新发现自己，学会善待自己。用罗杰斯的话说："他开始抛弃过去曾用来面对生活的假面具和曾扮演的角色，他开始寻找某些对他来说是更加本质、更值得珍重的东西"。就这样，学生学会了不再否认和歪曲自己的经验，学会了用自己的眼睛和判断而不是他人的眼睛和判断来看待自己和世界。在这种无条件的积极关注中，学生的自我概念与经验之间的不和谐日益减少，和谐的成分日益增多。在教师的引导下，学生不仅能解决自己的问题，而且能发现并发展自己的潜能。

（5）同理

同理是指教师能设身处地地去感受学生的感受和观点。同理不是同情，同情带有怜悯的含义，表达的是一种不平等的关系，而同理是一种“感情的移入”，是一种双向过程。罗杰斯认为，同理是指教师好像学生一样理解对方，同时又不忘自己只是好像对方而非真是对方，只有这样，教师才能既保持对学生设身处地的理解，使其体会到一种尊重、体贴和善解人意的关注，又能保持对学生问题的辨别和区分，并与之进行讨论和交流。所以同理不仅向学生提供了一个情感宣泄和释放紧张与压力的机会，而且帮助其客观而深入地自我了解和自我探索。

二、人本主义视角下的教育技术

1. 师生关系、情感教育和现代教育技术

罗杰斯等人本主义心理学家从他们的自然人性论、自我实现论及其“患者中心”出发，在教育实际中倡导以学生经验为中心的“有意义的自由学习”，对传统的教育理论造成了冲击。这种冲击和促进主要表现在：突出情感在教学活动中的地位和作用，形成了一种以知情协调活动为主线、以情感作为教学活动的基本动力的新的教学模式；以学生的“自我”完善为核心，强调人际关系在教学过程中的重要性，认为课程内容、教学方法、教学手段等都维系于课堂人际关系的形成和发展；把教学活动的重心从教师引向学生，把学生的思想、情感、体验和行为看做是教学的主体，从而促进了个别化教学运动的发展。

师生关系是人本主义教学理论的核心。然而，现代教育技术的数字化、网络化、智能化、多媒体化的特点，带来了教育中人际关系的变化，引起了人本主义教育心理学家的担忧。这种担忧主要来自于网络环境下的师生关系虚拟化、异步化，时间和空间的分离造成教育中情感的消失。想象一下，教师将作业发布到网络上，学生在家中通过网络完成作业，教师在家中批改作业。这种模式虽然有利于学生的自主学习，也有利于教师随时批改作业，但是教与学的双方却缺少了直接的面对面的互动，教师和学生之间难以进行情感的交流，也很难建立起较为深刻的师生情谊，不利于人本主义所说的“情感教育”。教学中常说的“启发式教学”、“言传身教”也难以实现[17]。

但网络教学中并非没有交互，相反，网络提供了更加多样化的交互形式，例如BBS、E-mail、视频会议、博客、即时聊天工具、微博、微信等。借助这些手段，即使远在千里之外，教师也能和学生保持联系，让学生随时感受到教师的关注。因此也有人认为，在现代教育技术的支持下，师生关系更加紧密而并非更加疏离。

那么到底应该如何看待现代教育技术环境下的师生关系？教育技术到底是妨碍了师生关系还是促进了师生关系？这个问题与学生的年龄层次有很大的关系。对于中小学生，尤其是小学生来说，还没有形成完全的独立意识，行为习惯也没有养成，社会化正在进行阶段，需要发展学习与人交往的能力。这个阶段的学生还处于人格发展的关键时期，其性格、情绪特征、社会能力都还没有成型。此时师生关系、生生（学生之间）关系是促进其人格发展的重要条件，面对面的直接交流起着至关重要的作用。在学校里，学生和教师朝夕相处，发展出了深厚的师生情谊，教育正是在这样的环境中进行的。如果用网络交流代替面对面的交流，就会损害师生关系的建立，妨碍情感教育目标的实现，不利于学生的身心发展。

当学生进入中学高年级或者大学时，身心发展已经趋近成熟，社会化接近完成，人际关系也发生了变化。发展心理学里的研究都表明，从初中开始，同伴关系代替了师生关系，成为对学生影响最大的关系，而教师对学生的影响则退居其次。教师在行为、道德上的示范作用已经减弱，师生之间的情感纽带在学生发展中不再占据主导地位。而且，当学生进入大学之后，学习活动发生了重大的变化，师生关系完全不同于以前。在大学，很多教师只担任一门课程的教学，且只是课堂上与学生见面，平时互动比较少，本身就没有开展情感教育的时间和空间。在这种情况下，各种网络技术手段能够帮助学生和教师跨越时间和空间进行互动，使学生能够有更多的机会感受到教师的关注。例如，学生在课余时间可以随时给教师发电子邮件，教师可以在方便的时候回复，解答学生的疑问。在这种情况下，教育技术显然是能够促进师生之间的交流，而不是妨碍。

面对面的交流和基于网络的交流并非是互斥的，网络可以作为面对面交流的补充。在儿童和青少年早期的教育中，应该以面对面的交流为主，有利于情感教育的开展；在青少年中后期的教育中，网络教育则可以占据更主要的位置，教师和学生主要通过在线答疑、讨论、即时聊天工具等各种形式进行互动。当前虚拟学习社区的出现正是迎合了师生互动的需要。通过网络交流工具建立一起资源共享、信息共享、交流互动的社区，在虚拟社区中，学生也能够产生于现实社区类似的归属感和尊重感。通过与网络成员的互动，学习者接触到不同观点的冲突，重新审视自身的知识结构，构建起属于自己的独特的经验世界。

2. 开放教育与网络公开大学

开放教育（Open Education）意味着教育资源、教育过程向所有的人开放，而不只是学习者。早期在卢梭的自然主义思想影响下，教育界曾做过开放教育的尝试，在小学教育中开设开放课堂。在开放课堂中，教师会把空间分割为各种活动角，各个活动角放置适用的教材设施，这种环境设计必须与每天所学功课配合。然后安排学生到喜爱的角落，从事整天或一周的学习活动，这些活动通常由学生自己决定，必要时可以由教师经讨论制订计划，交由学生自主学习。虽然有学习进步的记录，但正式的评价方式尽量减少，学生可参照讨论各项学习进度情况而进行自我评价。开放教育在人本主义心理学研究的推动下，在欧美国盛行一时。最著名的就是20年代左右英国的“夏山学校”，这所学校采用混龄编班，学生可以根据自己的兴趣选择学习内容，学校的目的是在于发展学生的天性，充分发挥学生的自主能力。

70年代开放教育在欧美风行一时，但一直未能在主流的学校教育中获得认可，虽然也曾出现过开放大学，但在90年代之后关于开放教育的讨论和实践都慢慢沉寂下去。然而随着网络技术的发展，网上公开大学的风行，新形式的开放教育以崭新的面貌又一次出现在教育界。2007年，耶鲁大学、麻省理工、哈佛大学等一批世界著名高校将一批广受学生欢迎的课程视频公布到互联网上，任何一个人都可以通过网络，和哈佛学生一样聆听大师的授课。随后，网络视频公开课的热潮席卷了全球，包括中国在内的各个国家著名大学纷纷将自己最优秀的课程视频放在网上，供全世界的学习者观看、学习。在信息技术的支持下，人本主义开放教育的理念真正得到了实现。

开放大学从根本上改变了教师和学生的关系。虽然以前在教育界人们也大力提倡"以学生为中心"的教学，要"因材施教"，要鼓励学生"基于兴趣的自主学习"，但由于技术手段的限制，当一个教师面对众多学生的时候，难以做到真正的个别化教学。由于信息资源的缺乏和支持手段的不足，学生进行自主学习的难度较大。所以，即使开放教育的概念在20世纪初就已经出现，却一直没有大范围真正实现，直到现代教育技术的发展，网络的出现和成熟，才使得教育真正可能变成以学生为中心，以兴趣为主导的学习。

技术的进步也促进了个别化教学的深入发展。人本主义认为，学习是对学习者有价值有意义的学习，只有当学习对学生个人而言是有价值时，学习才是最有效的学习。由于每个学习者有不同的经验背景，有意义的学习需要学生根据自己的需求和能力自行选择学习材料，安排学习任务，学生应该是从学习中获得享受，而不会因为跟不上其他人而遭到挫败。这种高度个别化的教学只有在信息技术的帮助下才可能真正实现。

参考文献

[1] 陈琦，刘儒德.当代教育心理学[M].北京师范大学出版社，2007.

[2] R・m・加涅.学习的条件和教学论[M].华东师范大学出版社，1999.

[3] 甘永成，陶舟.e-Learning、知识管理与虚拟学习社区[J].电化教育研究，2006(01)：18－22.

[4] 任友群，朱广艳.有意义的学习源自问题解决——戴维・乔纳森教授访谈[J].中国电化教育，2009(01)：6－10.

[5] 荆其誠.华生的行为主义[J].心理学报，1965(04)：361－374.

[6] 乐国安.论新行为主义者斯金纳关于人的行为原因的研究[J].心理学报，1982(03)：335－341.

[7] 龚维瑶.程序教学简介[J].心理科学通讯，1965(02)：19－24.

[8] 宋鈞.国外程序教学研究近况[J].心理科学通讯，1965(04)：40－49.

[9] 刘济良.比较布鲁纳发现学习与奥苏伯尔接受学习的异同[J].心理学探新，1988(01)：55－60.

[10] Zhe Chen，叶嘉雯，莫雷，等.发现学习及其促进[J].心理发展与教育，2008(01):119-122.

[11] 沈丽君.在发现“问题”中学习[J].中国电化教育，2005(10):63-65.

[12] 张建伟，陈琦.科学发现学习的新近研究[J].心理学动态，2001(04):289-294.

[13] 陈昌岑.学习心理学的一个新学派[J].心理学报，1987(01):41-48.

[14] 徐晓雄.探析加涅教育技术观[J].电化教育研究，2005(04):12-15.

[15] 周国梅，傅小兰.分布式认知——一种新的认知观点[J].心理科学进展，2002(02):147-153.

[16] 任剑锋，李克东.分布式认知理论及其在CSCL系统设计中的应用[J].电化教育研究，2004(08):3-6.

[17] 雷钢.人本主义学习理论对教育技术的新启示[J].中国电化教育，2010(06):30-33.

第三章　信息时代的学习与建构主义

建构主义是当前教育界的主要思想理论，也是网络教学的主要指导理论。自从建构主义进入我国以来，产生了深远的影响，甚至有教育界“言必称建构主义”的说法。但是很多老师在应用的时候，却出现了很多困惑。有些老师认为，建构主义看着好，但不实用，如果没有老师的压力，学生并不会主动去学习，建构主义无法改善教学的效果。那么，到底应该如何去看待建构主义呢？

在理解建构主义之前，必须要意识到，建构主义是随着现代社会的发展而兴起的一种社会科学理论。由于现代信息技术的发展，当今的社会环境已经与几十年前完全不同，社会对人才的要求、学习者获得知识的途径、人与人之间的交流方式都发生了巨大的变化。在这种情况下，传统的行为主义学习理论和认知学习理论已经不能完全解释新学习者的学习过程，建构主义的理论正是适应了这种变化，才能够被人们所接收。因此，建构主义是一种解释新时代学习的理论，而不适合用来解释传统时代的学习。很多教育工作者对网络时代带来的学习变化认识不足，因此在对建构主义的理解上也存在一定的误差。

第一节　信息时代知识和学习的特点

信息时代也被称为“数字时代”，在这个时期，社会的经济发展已经从传统的工业经济转向了以计算机技术为基础的经济。人类社会进入信息时代已经超过30年，这30年里，我们的世界已经发生了翻天覆地的变化，计算机和网络已经成为人们生活中必不可少的一部分。30年前，我们难以想象任何一个人都可以在网上发布自己的观点（博客、BBS、微博），难以想象身在中国可以直接下载美国某图书馆的馆藏书籍，也难以想象互联网可以将全球众多网民集合起来，一起解决一个问题。当然30年前，我们也不知道有朝一日，美国学生可以跟中国学生通过互联网直接在课堂上对话，共同探讨“家庭”、“宗教”等问题，分享各自的观点。30年前的老师也不知道，有朝一日学生从网上知道的知识会比从书本上知道的知识还多，甚至能够在课堂上直接联网查出相关内容的链接。

信息技术已经给世界造成了巨大的改变，也对学习产生了深远的影响。这种改变不仅仅是学习的手段的变化，更深层次的，是知识本身和学习过程本身的变化。

一、信息时代知识的特点

1. 知识数字化

在以前的时代，书籍承载着人类的知识，为人们所珍视。传统的书籍很重，将书籍印刷出来，并且最终送到读者手中，都需要耗费大量的人力、物力。如果你的朋友和你都想看这本书，那么只能轮流看，或者再抄一份。那时候，拥有一本书本身就是一件很了不起的事。例如包含大量知识的《四库全书》这类百科全书，普通人根本没有机会看到。然而，进入计算机时代以来，所有的信息迅速数字化。计算机技术将各种复杂多变的信息变成了数字或者数据，这些数字变成二进制代码存入计算机，就变成数字化信息。各种各样的信息如文字、图形、语音等，最终都可以用 0 和 1 来表示，只用数字就可以建造出一个与现实世界相差无几的虚拟世界。

数字化之后的信息，可以存储在一张很小的芯片上，价格非常非常便宜，可以利用技术手段瞬间传递到千里之外，可以非常方便地复制一份完全一模一样的版本，可以很容易进行编辑和修改。

数字化信息容易保存，也使得人们的记忆得以扩展。老一代人对自己小时候事情的记忆总是模糊不清的，到了老年再回忆年轻的时候，也容易出现记忆不准确的情况。但对于现在的孩子来说，他们可能保留着从出生开始的照片、影像资料，给老师提交的电子作业，毕业论文的电子版，每一次出游的照片。对于数字化时代长大的人来说，有太多的外在媒介可以存储他们的记忆，有太多的听过和见过的知识。他们不一定需要记住这些事，更需要的是如何从浩瀚的信息库中准确找到自己所需要的内容。因此有人说，最大的百科全书其实是搜索引擎 Google。如果想知道“吃维生素到底有什么用?”问问 Google 就知道。Google 本身并不存储信息，信息分散存储在世界各个地方，Google 只是提供一种找到这些信息的途径。

这些特点都使得数字化时代的知识跟传统时代的知识完全不同，甚至使得人们的生活方式都发生了变化[1]。例如，以前要买一件商品，需要走进商店，精心挑选，如果这个商店没有所需要的东西，就得到另一个商店去，甚至只能坐火车到另一个城市去寻找。现在，大量的商品信息都放在网络上，搜索引擎帮助人们轻而易举地找到这种商品，并取得商家的联系方式。配合日益发展的网上金融交易系统和现实生活中的物流系统，我们只需要敲击键盘，点击鼠标，商品就能送到家门口。

数字时代给社会经济、政治、娱乐都带来了巨大的变化，随之出现了不少新的行业和新的职业。和传统的行业不同，这些新兴行业往往需要更多的想象力、创造力和审美能力。例如随着游戏业的发展，涌现出大量的游戏设计人员，甚至出现了电子竞技的运动，很多人以此为职业；线上购物的蓬勃兴起，催生了一批专门为网店拍摄、制作宣传图片或影像的摄影师和美编；在教育界，儿童教育软件则需要能够具有儿童教育知识和计算机知识的创作人员。

作为教育工作者，最终的目标是让学生能够更好地适应社会，简单地说就是让学生能够具备在这个社会生存的技能，其中最重要的自然是具有用以谋生的专业能力。在30年前，这种专业能力可能更多地意味着在工厂里能够熟练地操作机床，生产出合格的产品。但是在30年后的现在，随着社会经济的发展，随着数字化时代带来的巨大变化，新的职业不断产生，学生所需要具备的知识和能力也必须要发生变化，才能更适应已经变化的社会。

教育工作者必须意识到数字化社会对成员的要求已经改变，意识到这种变化必然带来教育上的改变。现代技术对于教育来说，不仅仅是手段上的变化，更重要的是使教育的内容、教育的目标也发生了变化。知识本身的记忆不再是最重要的，能够选择出正确的知识、整合不同来源的知识、提出新的想法和观点，才是更重要的能力。

2. 知识爆炸

自从进入数字时代以来，人类创造的知识在短时间内极度增长。传统学科不断发展，新学科不断出现，科学家们比任何一个时代都更积极地研究新的题目，每年出版的文献都在快速增长。互联网上各种信息像潮水一样涌来，到处都有知识，这被形象地称作“知识爆炸”。

然而信息量越大，随之而来的带来的问题也越多。互联网上海量的信息完全超过人的处理能力，人们必须从这些信息中选择出自己真正需要的那些内容。例如我们可以很容易的从网络上找到世界各地的报纸头条，但是我们并不需要将他们都看一遍才能了解今天发生的事情。例如一个人是植物方面的专家，他也没有必要去深入了解考古方面的知识。这个问题还比较容易解决，人们只是需要控制一下自己的好奇心，将精力集中在与之有关的问题上。

海量信息带来的另一个更严重的问题是垃圾信息增多，混杂在真正的知识里，难以识别。如果你查询“牛奶的营养价值”，会发现网上关于这方面的信息五花八门，互相矛盾。有的说牛奶的营养价值非常高，每天应该至少喝半升牛奶，有的则说牛奶喝多了反倒会造成骨质疏松。现代人在这些混乱的信息面前发现无所适从，不知道到底应该听哪一方的意见。因此，在这个信息爆炸的时代，研究者提出了“媒体素养”的概念，指获取、理解、制造媒体信息的能力，尤其是能够用批判性的思维去解读媒体信息的能力，这种能力已经成为在这个数字化的网络时代必不可少的基本能力之一[2]。在这种趋势下，教育工作者的目标也将逐渐从“记住、应用知识”转移到“学会选择、整理、应用知识”上。

3. 知识可视化

一提到“知识”，人们的印象里会立刻想到印满了字的书籍。似乎知识总是靠文字来承载的，而图形和图片只占其中的很小一部分，至于声音和影像就与知识更没有关系了。然而随着计算机科技的发展，图形图像处理技术的广泛应用，知识的可视化变得越来越普及。

知识的可视化是指用图形图像的方式来构建、传达和表示复杂的知识。以前人们也会使用可视化的手段，例如生物教师将各种植物按照其分类，用有结构的图表示出来，让学生可以一眼看到各种植物之间的关系，而这种关系在文本状态下不容易被发现。可视化的最终目的是将抽象的信息用直观的方式表达，使人们能够在很短的时间内立即理解大量的信息。

虽然可视化早就有应用，但是只有在计算机图形处理技术发展以后，大规模的信息可视化才成为可能。例如，淘宝将 2 300 个城市的网购环境指数以形象的方式表现在地图上，很快就能够看出我国网购发达的城市主要还是集中在长三角、珠三角及北京地区。

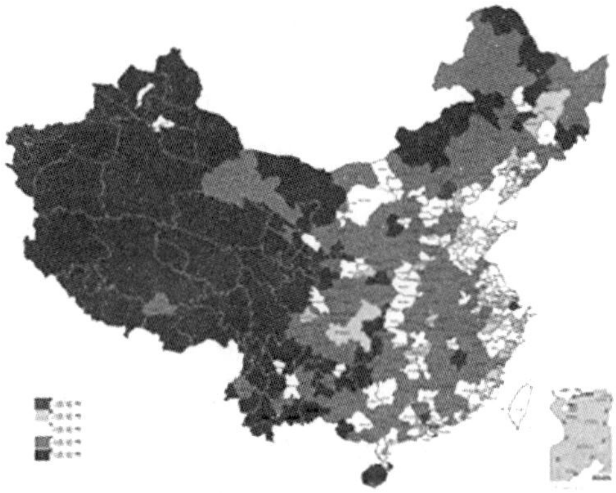

图 3.1　中国城市网购发展环境级别分布图

（资料来源：淘宝《中国城市网购发展环境报告》，2012 年）

数据可视化的背后是海量的数据资源，这只有在数字信息时代才有可能做到，因为只有在数字时代人们的各种行为（如搜索关键词、访问网页）才会被记录并保存下来。学者们通过对海量数据的处理，来发现新的规律，形成新的知识。例如，Google 公司利用搜索量来判断流感的流行趋势。在流感袭来的时候，与流感相关的搜索会相应增长，根据关键词搜索的变化，将其反映到地图上，就可以看出流感在全国分布的趋势。

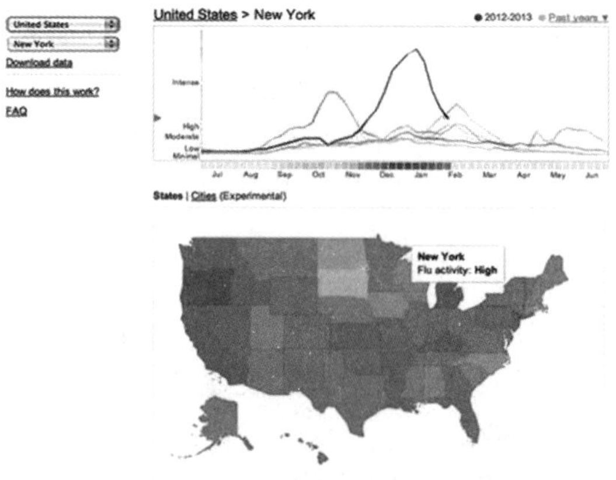

图 3.2　Google 搜索量与美国流感全国分布趋势图

（图片来源：http://www.google.org/flutrends/intl/zh_cn/about/how.html）

4. 知识创作和共享

在早期互联网时代，网民大多数是单纯的信息接收者。各大门户网站将经过精心准备的信息传递给网民，除了竞争者比传统媒体时代更多之外，本质上跟电视传播并没有太大的区别，所传播的信息也跟传统媒体的差别不大。这时候虽然也有“知识爆炸”这一种说法，但只是因为互联网比传统媒体更加快捷的传播和接受方式引起的，但实际上还远远没到真正的“爆炸”的程度。从知识产生的源头来说，还没有发生深刻的改变。

然而，当 Web2.0 出现以后，网民与互联网的关系发生了巨大的变化。网民不仅能够从互联网上接受信息，还可以自己编辑并发布信息。一夜之间，互联网上涌出了无数的内容生产者，不再局限于有限的几个媒体。每个人都能为互联网上的信息添加一份内容。

例如，以往的百科全书往往是由某个学者耗尽半生的时间来编辑，或者由政府组织专家学者进行集体编辑，普通人要看一眼这些百科全书都很费劲。但在互联网时代，中立、平等、开放、共享成为互联网的精神。在这种精神的指导下，产生了著名的维基百科。这个由多人合作的超文本编辑系统，则允许其他用户的评议和修改。维基百科是动态的，截止 2011 年 12 月，维基百科上有 2054 万个条目，283 个语言版本，远远超过大多数传统百科全书的量。维基百科不仅允许编辑，也向互联网上所有的人免费开放，并不像传统百科全书那样需要付费才能查询。维基百科与其他百科全书不同，所有的条目编辑都是由全世界各地的志愿者完成。维基百科相信，只要有足够多的读者关注，大家会齐心协力将文档修改得更好。各种冲突的观点在共同修改中互相妥协，最终能够做到最大程度的客观。这与传统的需要专家把关的知识编辑模式完全不同，当然也带来了一定的风险。但从维基百科运行多年的效果来看，大多数维基百科条目的完整程度和准确程度都相当高，其实时性也是传统百科全书不能比拟的。每当一个事件发生时，与之相关的维基条目几乎会立刻得到更新，这全都是因为志愿者的默默贡献。这是互联网上“共享”精神的一个闪闪发光的例子。

维基百科虽然没有专业团队维护，但仍然有一个由志愿者组成的编辑队伍对内容进行审核。随后微博的产生使平民信息传播达到了一个新的阶段。一个人自己编制的信息，几乎不需要经过编辑、核实，就能够发表出去。每个人也能够将自己感兴趣的内容转发、传播给其他人，虽然最初的传播的范围有小有大，但一旦引起其他人的兴趣，很容易就能够形成极大的规模，这代表每个人都有机会成为一个热点内容的产生者，或者传播者。

这种情况下，人们不再满足于只是接受信息，他们还会自己制作信息。例如，几个学生拍摄一段小短片，放在互联网上，立刻传播到世界各地。这种事情几乎天天在互联网上上演。这极大地激发了广大网民的创作热情。在各大视频网站上，人们上传自己制作的各种视频。这些视频包罗万象，有很多是简易的教学视频，与以前从正规出版渠道出版的教学材料相比，这些教学视频更加活泼、更贴近人们的生活。例如，如何修理水龙头？网上有无数的人展示他们修理水龙头的经历。刺猬出生的时候到底有没有刺？有人上传了他的宠物小刺猬生宝宝的视频。想学习英文吗？有口音极其标准的老师录制简短的教学视频放在网上，供人们免费下载。无数的人们从互联网上其他人的视频里学到了新的知识，帮助自己解决了生活中的种种问题。2009 年，一位丈夫在怀孕的妻子即将临产的时候，通过 Google 搜索了如何接生的视频，一边学习一边帮助妻子生产，4 个小时后，妻子成功生下孩子①。

互联网时代，知识也从"精英阶层"走向了平民，从圈子里走向了圈子外。以前只有知识分子才有可能将自己想说的话出版成书，进行传播。平民几乎没有办法发出自己的声音，即使对精英阶层的言论非常不满，也无法将自己的意见向全社会表达。而且每个知识群体都是一个较为独立的小群体，群体之间的交流很少。例如，搞历史研究的人很少和搞物理研究的人讨论问题，他们属于两个不同的圈子。但是，在互联网时代尤其是 Web2.0 时代，事情发生了极大的变化。每个人都可以把自己的观点摆在网上，每个人都可以对其他人的观点进行评论，每个看客则可以自己选择到底相信哪一方。

一个典型的例子是"华南虎事件"。当 2008 年陕西发现华南虎并公布照片的消息传出，互联网上的网友发现了其中的蹊跷之处，来自各个行业的网友分别用自己的办法去验证华南虎照片的真假，包括用线性代数来证明照片中的老虎是平面的，用专业图像软件证明老虎可能只是一张打印的照片，直到最后某网民发现这个老虎与自己家里买的年画一模一样，终于让整个事情水落石出②。在这次事件中，话语权不仅从专家转到了普通人手里，圈子间的隔离也被打破，一个生物学的问题在物理学和图像处理学中获得了答案。这一切都是缘于互联网的飞速发展。

互联网的共享精神也帮助科学家和研究者们能有更多的资源来解决问题。例如在登录一个英文网站时，有时候会要求输入两个验证码。这是一个叫做"ReCaptcha"的项目，其中第二个验证码实际上是来自古书，在研究者试图将古书中的字符数字化时，遇到了困难，因为这些字符难以被机器识别，但是人却可以轻而易举地识别出来。于是 ReCaptcha 将这些字符交给网民来进行"人肉识别"，所以网民输入第二个验证码的时候实际上是在帮助识别古书中的单词，第一个单词则是计算机已经知道的单词，用以判断用户是否能够正确识别单词。采用这种方法，利用上亿人的力量，几个月的时间就将 1851 年起所有的《纽约时报》识别并数

---

① BBC. YouTube helps man deliver baby. 2009. http://news.bbc.co.uk/2/hi/technology/8028625.stm

② 华南虎事件始末追踪.2008 http://news.xinhuanet.com/society/2007-12/03/content_7188664.htm

字化[5]。

5. 网络知识零散化

以前一提到知识，通常是指那些被专家们按照学科分类方法精心组织起来的内容。每门学科的知识都是按照某种内在的逻辑，建立起一个整体的知识结构，各个知识点在这个结构中互相联系起来。不管是布鲁纳的发现学习，还是奥苏贝尔的接受学习，都要求学生在学习的时候，需要在在头脑中建立起一个符合学科逻辑的知识结构。学生的学习大部分是在学校里进行，而学校里给学生呈现的知识都是这种已经结构化的知识，教科书就是这种知识的代表。每一章每一节都是按照一定的逻辑关系组合起来，层层递进。因此学习也应该是按照一定的顺序，循序渐进地进行。例如，学生应该先学习牛顿运动定律，再学习浮力的知识，这是因为牛顿运动定律是基础，而浮力是其中的一种情况。学生在建立知识结构的时候，必须知道浮力的计算也是基于牛顿定律的。

然而，在信息时代，网络出现知识大爆炸的同时，也带来了另一个问题，即知识零散、缺乏系统。无数的网页组成了互联网的知识海洋，但是却缺乏一个统一的结构[6]。就算是统一的百科全书网站——维基百科，也是按照一个一个的词条组织起来的，把所有的知识点堆积在一起，而他们之间的关系是凭借着超文本链接。例如，在“浮力”一词的解释中，可以通过超链接跳转到“阿基米德定律”、“液体”等词条。而进入液体词条之后，又会发现“浸润现象”、“凝聚态物质”等词条。这样的知识结构方式已经足以让很多学习者头昏眼花。如果直接在各个网站之间跳转的话，各种指向就更容易让人混乱。例如，一个学习者对儒家思想感兴趣，他查到一篇关于儒家的文章，阅读时发现提到道家，于是又跳转到道家的网站，然后又发现一篇关于易经的文章，他对其中的八卦产生兴趣，又跳转到八卦图。结果到最后，他几乎已经忘记了自己原来的目的，即要了解儒家的基本思想，而是接收了一堆其他的知识。但儒家、道家和易经是什么关系呢？超文本的链接并不能提供有关三者这方面的信息，除非再次跳到一篇论述三者关系的文章中去。

知识的零散化看似对学习者不利，但是从另一个角度来看，零散化的知识以一种完全不同的形式组合在一起，使人们更容易看到这个世界各个部分之间的联系，从而产生新的思想和新的观点。例如，一个学生对某个历史战役很感兴趣，他在查询这个战役的相关资料时发现战场附近的一个地名，从这个地名链接进去，他发现一篇关于这个地区的地理介绍。他看过之后，想到这场战役的胜负可能跟当地的地理环境、土质、植被、农作物生产有关，从而着手开始探讨战争与地理环境的关系。

但是，将从零散化的知识中发现新的联系并不是一件容易的事。对于还处在学习阶段的学生来说，网络真假知识鱼龙混杂，逻辑结构不严谨，就要求有更强的自主判断、选择、加工的能力。有些学习者在阅读网络知识的时候，缺乏足够的判断和加工能力，反倒会造成对知识的误解。这尤其需要学习者具有批判性思维的能力。在本章第三节中有具体的阐述。

二、信息时代的学习者

良好的教学应该适应学习者的特点。当前信息时代不仅带来了知识的变化，也使得学习者发生了巨大的改变。很多教师抱怨现在的学生似乎不如以前用功，对老师也不够尊敬。这实际上正是由于时代的变化带来的学习者特征的改变。以前也有过类似的代际差别，即下一代人与老一代人之间在认识、价值观、生活目标都存在差异。但从来没有哪一个时代的差异像现在这么大，伴随着电脑、互联网长大的孩子，他们似乎有着老一代人无法理解的认知、情感和社会的特征。

1. 学习者的先前知识经验更丰富

网络的出现、信息技术的日新月异，使得各种各样的信息如洪水般涌来，学生不可避免地受到了影响。在进入学校的课堂之前，他们就已经通过电影、电视、网络了解到了各种各样的信息。以前老师在讲“地理”课时，学生只能老老实实地听老师介绍各个地理的特点，现在学生会说“我看过一部介绍美国生活的片子”，甚至会说“我爸妈带我去桂林旅游过，我还去钻过溶洞。”这些先前经验有的可以有助于学习新的知识，有的则是会给学习带来一定的困扰。例如学生在网络上看了大量的以网络语言所写的文章，学会了一些故意写错别字的词语，那么在写作文时使用这种文字表达方式，就会出现问题。

我们在第一章提到“替代理论”，认为儿童的时间是有限的，他们在一件事情上花费时间，获得了知识和经验，那么在另外一件事情上就会失去原应具有的知识和经验。网络时代更是如此。因此，虽然我们看到学生知道的东西越来越多，但同时失去的东西也越来越多。例如，现代很多学生都看过“射雕英雄传”的电视剧，读过原著小说的学生却越来越少。在认识到学生的先前知识经验变得更加丰富的同时，我们也要意识到，并不是简单的量增加，而是先前经验的内容组成也在发生变化。学生的影像经验和亲身经历越来越多，文字经验上则更多地来自于网络作品。

2. 学习者先前知识经验的个体差异增大

个体先前知识经验的差异来源于个体以往的经历。在网络出现之前的年代，学习者主要从周围的环境和书本中获取信息，自己可选择的余地较小，因此处在同一环境的个体，其知识经验的差别较小。然而网络时代的出现带来了信息的洪流，让每个学习者都身处在信息的海洋中，他们可以根据自己的需要和爱好，对网上的信息进行主动的选择和处理，将其变为自身的知识体。由于每个人的兴趣点不同，其所主动获取的知识经验也有很大的区别。

在这个强调个性的年代，每个学生都希望自己能够与众不同，都试图在某一方面能够发挥自己的能力，而互联网上丰富多彩的内容，大量的专题论坛、网站给他们提供了发挥的机会。例如，有的学生对日本动漫十分感兴趣，他可能加入某个日韩动漫志愿者翻译小组，承担字幕翻译的时间轴校对工作；另一个学生则非常喜欢美国职业篮球赛（NBA），他对 NBA 的球星如数家珍；还有一个学生喜欢打三国游戏，为此他看过三遍《三国演义》，对三国时期的历史人物十分熟悉。面对这些截然不同的学生，教师在考虑他们的知识背景时，个体差异就十分重要。例如历史老师要教三国的历史，那么他可能会发现，全班大部分同学对这段历史毫无所知，但却有一些学生十分了解，有一个学生甚至写过一本以三国为题材的网络小说。

面对如此之大的个体差异，教师应该如何满足每一个学生的学习要求？这是在信息时代，每个教育工作者都应该思考的一个问题。

3. 自主学习增加

自主学习（Self-Regulated Learning）是指学习者自觉确定学习目标、选择学习方法、监控学习过程、评价学习结果[7]。Zimmerman 认为，如果学生为什么学习、如何学、何时学、学什么、在哪里学、和谁一起学这六个方面都能自己做出选择和控制，其学习就是充分自主的。在实际的情景中，完全意义上的自主学习和极端的不自主学习都比较少，多数学习介于两者之间。一般认为，自主学习是一种有效的学习方式，有利于提高学生的学习成绩。

随着互联网的深入普及，网络已经成为学生生活中不可缺少的一部分，网络学习活动也开始走入学生的学习生活。学生可以在网络上浏览信息、下载各种软件和资料。由于互联网的开放、互动、自由等特点，网络学习大多数是自主性探究式学习，就是学习者围绕一定的主题，在教师的指导和帮助下，利用网络资源和网络交流手段，与他人交流互动、合作学习。互联网带来了自主学习的浪潮，也为自主学习提供了一个无与伦比的平台。学生可以在网上自由的驰骋，自主选择学习任务，甚至自己制定学习目标。与传统的课堂学习相比，网络学习是一种高度自主的学习，对学习者的自主学习能力和自我监控能力也提出了更高的要求，学习者必须要能够在丰富的网络资源环境中把握和调整自己的学习行为。

网络环境下自主学习的增加使得教育者重新思考教育的目标。由于网络能够提供丰富的资源，教师在课堂上向学生提供大量的学习材料已经显得不那么重要，因为学生完全能够自己从网络上找到这些资源。但学生的自主学习能力则成为决定学生学习效果最重要的因素。因此，教师的教学目标也将从“教会知识”逐步转移到“教会学习”，也就是古语所说的“授人以鱼不如授人以渔”。

☞ 拓展阅读

网络时代的学习

某大学课堂学生缺课情况较为严重，老师向教育专家请教：“我如何才能提高学生的出勤率？”

专家说："要吸引学生到课堂上来，就需要精心准备教学材料，使之变得有趣，学生愿意主动学习。"

老师说："我已经这么做了，他们也承认我的课非常有趣，但学生还是缺勤，这是为什么呢？"

专家说："那我们就要思考一下，如果学生觉得上不上这个课都无所谓，是不是因为他已经学到这些知识了？现在网络技术十分发达，网上的学习材料也很多，甚至有哈佛大学著名老师上课的视频，学生觉得自己完全没有必要到学校来听课，也能够学会知识。这是网络社会改变了人们获取知识的方式。"

老师说："这么说起来，我觉得学校和教师好像也没有必要存在了？"

专家："……"

在这个知识随处可见，名师讲学处处可得的网络时代，教育的作用到底是什么？

第二节　建构主义学习理论

一、从客观主义到主观主义的社会背景

教育理论的发展往往是社会经济文化发展的结果，又反过来推动了社会经济文化的发展。信息技术的飞速发展造成了知识获得途径、存在形式、传播途径的变化，改变了社会的方方面面，也改变了人们对知识本质的认识。建构主义之所以在这个时代流行，正是因为它解释了这个新的时代。很多教育者对建构主义的困惑实际上是因为对社会变化缺乏足够的认识。如果将学生看做是20年前的学生，学习看作20年前的学习，把社会看做20年前的社会，就会觉得建构主义对教育的用处不大。因为20年前，我国的经济发展对人才的要求、学生未来就业的方向、社会的结构和信息的传播模式与当今社会有着巨大的差异。

人才的培养要符合时代的需要。在过去的30年，我国的经济发展取得了巨大的成就，同时经济结构也在发生改变。1990年我国经济结构中第一产业（即农业）大约占GDP（国民生产总值）的41.6%，第二产业（即工业等）占41.0%，第三产业的服务业仅占17.3%。2013年，第一产业下降到4.9%，第二产业在48.3%左右，而第三产业迅速上升到46.8%[①]。由于农业技术的发展，第一产业的剩余劳动人口转移到第二产业和第三产业。从就业人口所需要的劳动技能来说，也与以前截然不同。当传统农业变成现代农业，一个农民就需要从以前"面朝黄土背朝天"

① 数据来源：国家统计局网站，http://data.stats.gov.cn/workspace/index? m=hgnd

的简单体力劳动变成需要掌握农业机械操作、化肥施放、采摘存储技术的专业人才。当制造业的自动化程度越来越高，以前一个钳工需要花几十年才能掌握的一手技术，现在数控机床轻而易举就能够完成，工厂里的工人越来越少，而工人需要掌握的机器越来越高级。产业上的这些变化也反映在人才培养上，社会急需大量能够熟练掌握现代科学知识和专门技术的人才，具体来说，就是要求学生能够具备一定的数理化知识，阅读能力，并掌握一定的专门技能。例如，教会学生“电流和电压”的知识，就能够为学生毕业之后从事电力方面的工作打下基础；学生了解了哺乳动物的分类和特征，才能够具备从事畜牧业生产的基础知识。

在这个工业社会的背景下，不管是行为主义还是认知主义的学习理论，都是遵循客观主义传统。客观主义认为世界是一个结构化的整体，各个部分之间互相联系，符合逻辑。因此，要理解这个世界，就要知道这个世界中各种事物的特点及它们之间的联系。现有的知识体系就是客观地描述了这个世界的一部分规律，虽然可能还不完善或者不全面，但对于已有的知识来说，知识的存在不会受到学习者的影响，即不会因为学习者的不同而不同。例如，浮力定理决定了排水重量大于自身重量的物体就能够浮在水面上，这种原理跟谁学习这个定理没有关系，每个人对这个定理的理解都应该是一样的。浮力定理跟问题的情景也没有关系，因为它是一种基本原则，是从无数的表象中抽取出来的原理。学生在学习时，必须要掌握这种抽象出来的，跟情景没有关系的，并且是客观的原理。

在客观的学习理论思想的指导下，教学的主要目的就是要帮助学生建立一个“正确”的知识结构，学生只有具有了这种知识结构，才能够完成各种工作、生活的活动。评价学生学习效果的目标重点是学生知识结构的深度和广度。因此，教学就是要向学生提供外在的材料或学习活动，并引导学生积极主动地去通过活动经验来建立起自己的知识结构。

学生通过学习建立一个与科学的知识体系相同的知识结构，这正是认知流派的观点，也是其学习理论非常擅长的方向。例如奥苏贝尔的认知结构理论正是非常详细地探讨了如何让学生能够将新的知识纳入到原有的知识结构里，以建立起一个稳定的、清晰的、可辨别的内在知识结构。因此，以客观主义的思想来指导教学，能够为正处在第二产业占经济主导地位时期的国家提供大量的具有扎实科学基础知识的人才。

然而，西方发达国家在20世纪50年代之后逐步从工业社会走向后工业社会，其经济结构和职业分布都发生了变化。以美国为例，1956年美国白领人数超过蓝领工人的总数，此后就业人口不断从农业、工厂转向了办公室、教育机构或政府部门。工业社会的主要任务是生产商品，是围绕“生产”而组织起来的社会，但后工业社会的主要任务则是创新和变革，各种新的想法和新的发明推动了整个社会经济的发展。例如，2002年美国的文化娱乐产业的就业人数占全美总人数的8.41%，其产业增速也比美国同期GDP的增长更快[8]。

目前我国仍然处在工业社会阶段，但随着社会的进一步发展，各种产业升级，尤其是第三产业服务业的发展，对人才的需求也正逐步发生变化。加上互联网的发展也催生了一批全新的行业，人们越来越发现，传统的客观主义学习观指导下培养出来的学生并不能很好地胜任新时代的新工作。在这种情况下，作为与客观主义相对立的主观主义代表——建构主义，自然就引起了人们的兴趣。

但是需要指出一点，建构主义的兴起并不等于其他学习理论就可以被抛弃，只用能够解释所有的学习行为。就像我们的社会，不仅需要有创造力、想象力的电影工作人员，更需要有扎实的数学、物理学、电学基础的工程师；既需要能够熟练操作车床的工人，也需要能够协调人际关系的管理人员。学习也是如此，虽然人从事的行业有不同，知识和技能也各有侧重，但没有一个行业只需要一种知识而完全不需要学习另一种知识。就算是成天埋头编程的软件程序员，也需要知道如何与上司、同事沟通，探讨问题，就算是艺术家，也需要了解一些光线的原理，才能正确地画出符合透视原理的图画。

不同的学习理论，适合用于解释不同的学习。就算是人们批评行为主义早已过时，也不可否认在技能学习和行为习惯养成中，行为主义仍然是最有效的指导思想；虽然认知主义思想也已经在淡化，但当教师教授科学知识时，发现还是奥苏贝尔的认知结构同化理论的效果最好；虽然很多教师觉得建构主义不适合课堂教学，但在隐性知识的传递上，建构主义却是再合适不过。教学是一个全面的活动，我们不能只教授学生知识而不注意培养他们的行为习惯，也不能只考虑他们的实践能力而不重视其对抽象理论的掌握。

二、建构主义的基本观点

与认知主义相比，建构主义最大的变化是对知识的客观性和确定性提出了质疑。具体来说，从以下三个方面对知识进行了重新解释[9]：

1. 否认知识的永恒性，强调知识只是暂时的真理。建构主义认为知识并不是对现实的准确表征，它只不过是人们对客观世界的一种解释、假设或假说，它不是问题的最终答案。

2. 否认知识的普遍性，认为知识是具有情境性的。建构主义认为知识并不能绝对准确无误地概括世界的法则，在具体的问题解决中，知识不可能一用就准，一用就灵，而需要针对具体问题的情境对原有知识进行再加工和再创造。

3. 否认知识的客观性，认为知识是主观的。每个学习者对知识的理解都不可能完全相同，对知识的真正理解只能是由学习者自身基于自己的经验背景而建构起来的，取决于特定情况下的学习活动过程。

这种否定知识的客观性、普遍性和确定性的观点不可避免造成了对传统课程教学的巨大冲击。教师很容易产生一个疑问：既然知识不是客观真理，那老师到底需要教什么呢？难道我们这么多年教的知识都有可能是错误的吗？那学生为什么要到学校来学习错误的知识呢？

这里有一个误解，建构主义否认知识的客观性、普遍性和永恒真理性，并不等于它认为现有的知识都是错误的。人类的知识一直都是在发展过程中，现在的知识只是一种关于某种现象的较为可靠的解释或假设，并不是解释现实世界的"绝对参照"，它很可能随着社会的发展而发生变化。例如物理学上对"光"的解释，经历了"光是波"，"光是粒子"，"光又是波又是粒子"三个不同的认识阶段。更为重要的是，任何知识在为个体接收之前，对个体来说是没有什么意义的，也无权威性可言。所以，教学不能把知识作为预先决定了的东西教给学生，不要以我们对知识的理解方式作为让学生接收的理由，用社会性的权威去压服学生。学生对知识的接收，只能由他自己来建构完成，以他们自己的经验为背景，来分析知识的合理性。在学习过程中，学生不仅理解新知识，而且对新知识进行分析、检验和批判。

在学习观上，建构主义认为，知识不是教育者传授给学习者，而是学习者在一定的社会文化背景下主动建构的。建构主义的学习观包括三点[10]：

1. 主动建构性

建构主义认为，学习不是从外界吸收知识的过程，而是学习者建构知识的过程。建构主义的学习和教学要求学生通过高水平的思维活动来学习，通过问题解决来学习。学生要不断地思考，对各种信息和观念进行加工转化，基于新、旧知识进行综合和概括，解释有关的现象，形成新的假设和推论，并对自己的想法进行反思性的推敲和检验。学习者作为学习活动的主人，需要对学习活动进行积极的自我管理和反思。

2. 社会互动性

建构主义兴起与信息技术的发展密不可分，建构主义强调，学习是通过对某种社会文化的参与而内化相关的知识和技能、掌握有关工具的过程，这一过程常常需要通过一个学习共同体的合作互动来完成。学习共同体（Learning Community）是指由学习者及助学者（包括教师、专家、辅导者等）共同构成的团体，他们彼此之间经常在学习过程中进行沟通交流，分享各种学习资源，共同完成一定的学习任务，因而在成员之间形成了相互影响、相互促进的人际联系，形成了一定的规范和文化。学习共同体的协商、互动和协作对于学生的知识建构有重要的意义。

3. 知识的情境性

建构主义认为知识不可能脱离活动情境而抽象地存在，学习应该与情境化的社会实践活动结合起来。人们在学习过程中应该与情境化的社会实践活动联系在一起，就如同手工作坊中师父带徒弟一样，学习者（"徒弟"）通过对某种社会实践的参与而逐渐掌握有关的社会规则、活动程序等，形成相应的知识。

三、建构主义的理论取向

虽然总是听到人们谈论"建构主义"，但仔细思考，会发现每个人所谈的建构主义并不相同。事实上,直到现在,建构主义也没有一个清晰的理论体系。虽然很多研究者都把自己的理论称为“建构主义”,但其实在具体观点上却有一些差异。建构主义包括很多不同的理论倾向,各种倾向的观点在研究视角、使用术语等方面有所不同。

我们可以从两个维度对建构主义的理论进行划分,第一个维度是对知识客观性的认识,将建构主义分为激进建构主义(否认知识的客观性)和温和建构主义(认为知识是客观的)。第二个维度是个体和社会在建构中的作用,可以分为个人建构主义和社会建构主义。个人建构主义又称为认知建构主义,认为知识是个人的产物,强调个体自身在知识建构中的作用,以皮亚杰的认知建构观为基础;社会建构主义则认为知识是社会产生的,强调社会互动、历史文化在个人知识建构中的重要作用,主要以维果茨基的社会历史观为基础。

1. 激进建构主义(Radical Constructivism)

如果说建构主义是从客观主义走向主观主义,那么激进建构主义就是这一浪潮中的领先者。激进建构主义者从根本上说是一种不可知论,相信世界的本来面目是我们无法知道的,而且也没有必要去推测它,我们所知道的只是我们的经验[10]。因此知识并不是永恒的真理,而是能够用来解释现实世界的一种有适应力的理论,用这种理论我们可以解决具体的问题,并且能够对经验进行合理的解释,但并不一定就代表这种知识就符合客体的真正面目。例如,人们认为光线是直线传播的,这种知识符合我们从生活中观察到的各种现象,也可以用来合理解释为什么从天边过来的船会先看到顶部的桅杆,那么这个知识就是适应的。但实际上巨大的引力场会使得光线发生扭曲,而这种知识对在地球上生活的人来说并没有什么意义,只有当人类将目光投向太空,从星空观察中获得新的经验,并需要解决太空旅行中的问题时,这种知识才变得适应。

人的认识就是要帮助组织自己的知识结构,让其能够更好地解释自己的经验,而不是去发现本体论意义上的现实。为了适应不断扩展的经验,个体的图式会不断进化,所有的知识都是在这种个体与经验世界的对话中建构起来的,而这要以个体的认知过程为基础。知识不是通过感觉而被个体被动地接受的,而是由认知主体主动地建构起来的,建构是通过新旧经验的相互作用而实现的。这个观点看起来跟认知主义的学习观点很相似,但认知主义强调新旧经验作用最终要达到一个标准的知识结构,而建构主义则并不重视学生是否要掌握学科专家们已经精心组织起来的结构,而是认为每个人可能建立起一套不同的知识体系,并没有一个统一的标准。

2. 社会建构主义(Social Constructivism)

社会建构主义在知识的主客观性上并不像激进建构主义走得那么远。虽然它也对知识的确定性和客观性提出了怀疑,但是也并不认为就没有客观真理的存在。世界是客观存在的,对每个认识世界的个体来说是共通的[11]。就像中国人在进行归类的时候喜欢将猴子和香蕉放在一起，而西方人更倾向于将香蕉和苹果放在一类[10]，他们对世界分类的方式并不相同，但香蕉和苹果都是可以食用的植物，而猴子最喜欢的食物之一是香蕉，这些却是无可辩驳的客观事实。知识是在人类社会范围里建构起来的，又在不断地被改造，以尽可能与世界的本来面目相一致，虽然很难达到完全的一致。

社会建构主义认为知识不仅是个体与物理环境的相互作用内化的结果，还会受到社会文化因素的影响，学习者要在与他人交往的活动中获得新知识的内化。学习者在自己的日常生活中获得了大量的个体经验，然而他们还需要学习人类社会已经形成的公共文化知识。在学习者与教师、辅导员等成人的交往中，学习者通过解决自己不能独立解决的问题，将新的知识与自身的个体经验结合起来，获得新的意义，使新知识成为自身认知结构的一部分。学习过程中成员之间的互相沟通、交流、合作，是学习者知识建构过程所必不可少的部分。

3. 信息加工建构主义(Information Processing Constructivism)

信息加工建构主义很接近认知主义，将知识的学习看作是一种信息加工的过程。但与认知流派的信息加工理论不同，信息加工建构主义主张“知识是个体建构而成的”。强调外部信息与已有知识之间存在双向的、反复的相互作用。新经验意义的获得要以原有的知识经验为基础，从而超越所给的信息。而原有经验又会在此过程中被调整或改造。但这种观点并不接受“知识仅是对经验世界的适应”的原则。所以信息加工建构主义也往往被称为“温和建构主义”。斯皮诺(Spiro)等人的认知灵活性理论就是一种这样的建构主义。

我们用一个例子来说明认知理论和信息加工建构主义的区别。例如，学生要学习浮力的知识。根据认知理论，学生需要在头脑中建立起一个符合科学逻辑的浮力知识结构体系。由于学生已经具有一些浮力的日常经验，在教学过程中教师可以利用这些经验，例如让学生回想具有什么特征的物体能够浮在水面上，然后在教学中用学生已经了解的事物为例，按照事先组织好的知识结构，根据学生对新信息加工的基本过程，传授浮力的知识。最终的目标，是让浮力这个概念和相应的原理与学生头脑中原有的知识结构相融合，从而产生一个新的完整的符合科学逻辑的知识结构。

而信息加工建构主义则更强调新旧知识经验双向的反复的相互作用，认为只有经历这个过程个体才能真正地建构自己的知识体系。学生学会了浮力的定理，能用来解释一个物体浮在水面上需要多大的体积这类问题。但是当问题的情景发生变化，或者提问的方式变化时，学生可能又会糊涂。例如，泰坦尼克号上的观察人员发现一座3层楼高的冰山正在靠近，他们感到非常恐惧，害怕自己会撞上。那么这座冰山在水面下可能有多大？又比如，如果将一个箱子沉入深海，装了一箱水和一条鱼，并且将箱子完全封闭，再将箱子提出水面，那么箱子里的鱼所承受的水压应该是与深海里一样，还是变小了？学生在一次一次地解决这些情景、角度完全不同的问题的过程中，从各个角度对浮力的含义进行理解，并形成了背景性经验，这有利于学生对概念的多角度理解，并能够掌握解决实际问题的技能。

四、建构主义的教学实践

在建构主义思想学习的指导下，实际的教学课堂中也形成了多种能够促进学生思维发展的具体教学方法。比较常见的有以下几种：

1. 情境性学习与抛锚式教学

建构主义强调学习的情境性，学习应与情境化的活动结合起来，即进行情境性学习(Situated Learning)。情境性学习强调真实的任务情境，情境化的学习过程，真正的互动合作以及情境化的教学评价。下面主要介绍一种典型的情境性学习模式——抛锚式教学(Anchored Instruction)。

这种教学要求建立在有感染力的真实事件或真实问题的基础上。确定这类真实事件或问题被形象地比喻为“抛锚”，因为一旦这类事件或问题被确定了，整个教学内容和教学进程也就被确定了(就像轮船抛锚固定一样)。建构主义认为，学习者要想完成对所学知识的意义建构，即达到对该知识所反映事物的性质、规律以及该事物与其他事物之间联系的深刻理解，最好的办法是让学习者到现实世界的真实环境中去感受、去体验(即通过获取直接经验来学习)，而不是仅仅聆听别人(例如教师)关于这种经验的介绍和讲解。

举个例子，比如针对距离、时间和速度的关系，研究者设计了一个名为“雪松河之旅”的录像：一天早上，贾斯帕(主人公)正在读报，他发现一则出售旧船的广告，便决定去看看。他来到雪松河码头，在那里见到了船主，然后试船。他得知船的夜行灯坏了，而且船上只装了一个临时的油箱。贾斯帕最后还是决定买下了这条船。这时问题出现了。贾斯帕能否在天黑前把这艘船开回家？是否有足够的燃料？或者是否有足够的钱去加油？回答这些问题所需要的所有数据都蕴涵在整个录像之中。这种问题情境可以激发学生的数学问题解决活动，让学生整合运用数学知识以及其他相关学科的知识，促进学生对知识的深层理解，并提高他们的探究能力[13]。

2. 探究性学习

探究性学习(Inquiry Learning)就是学生在教师的指导下，以类似科学研究的方式进行学习，在掌握知识内容的同时，能够体验、理解和应用科学研究方法，同时培养创新精神和实践能力的一种学习方式。这种方法强调以学生为中心。

例如，教师在确定了一个学习主题——“城市热岛效应”后，其具体的教学步骤如下：

首先，教师带着学生想象在一个炎热的夏天，他们在城市里走着，阳光刺的人眼睛都睁不开，他们觉得汗流浃背、喘不过气来。忽然，他们远离市区，来到了郊区，这时吹来了阵阵凉风，他们觉得舒服多了。教师询问学生是否有过这样的体会，这种现象就叫做“城市热岛效应”；然后要求学生找出城市温度比郊区温度高的原因。

然后，学生通过提问的方式搜集更多的信息，找出产生“城市热岛效应”的原因。比如学生问“是不是因为郊区太阳不够厉害”（否），“跟树有关系吗”（是），“跟空气污染有关吗”（是）……

接着，学生根据刚才搜集到的信息，总结出一般结论。比如，“城市热岛效应”产生的原因可能是：城市的树没有郊区多，城市的空气污染太严重，城市的高楼太多阻挡了空气的流通等等。接下来的课程中，教师就可以引导学生去搜集更多的信息，并进行一定的实验来验证或扩充学生对这个问题的理解。

最后，教师引导学生讨论他们的思维过程，可以问“哪些原因是主要的？”“怎么把原因和结果联系起来的？”之类的问题，引导学生进行自我反思。

在探究性学习中，学生学会的不仅仅是知识，更重要的是探究过程本身，如学会如何解决问题、如何评价问题解决的途径以及如何批判性地思考问题等。在这个过程中，教师必须事先做好准备，保证每个学生都能真正地参与其中。

3. 认知学徒制

约翰·布朗等人提出了认知学徒制的概念，试图借鉴某些行业中师父带徒弟的传艺模式来使学生参与真实的情境性活动。认知学徒制（Cognitive Apprenticeship）是指知识经验较少的学习者在专家的指导下参与某种真实性的活动，从而获得与该活动有关的知识技能[14]。

按照认知学徒制的思路，教师可以作为“师父”在现场中对学生的认知活动进行示范和引导，学生在实际活动中逐步更多地洞悉专家所使用的知识和问题解决策略。认知学徒制在美术、语言、科学、数学等不同学科教学中有不同的模式，但一般具有以下特点：

（1）学生观察专家（通常是教师）示范某种活动；

（2）在专家（通常是教师或辅导教师）的帮助（包括暗示、反馈、示范、提醒等）下，学生尝试进行这种活动；

（3）随着活动的进行，学生的胜任能力加强，获得的外部支持逐渐减少；

（4）学生不断地对自己所学到的知识和过程策略进行思考，用语言进行总结；

（5）学生对自己的学习过程进行反思，将自己当前的活动表现与最初的表现、与专家的做法进行对比；

（6）学生以新的没有尝试过的方式（不是师父教的方式）应用所学的知识。

4. 合作学习

建构主义强调在学习者通过与指导者或者其他学习者的交流而构建知识的意义，因此合作学习（Cooperative Learning）在建构主义教学中有着非常重要的地位。合作学习与小组学习类似，但它还涉及如何互动这一问题，不仅是师生之间的互动，还包括教师与教师、学生与学生之间的互动。合作学习认为，教学是一个信息互动的过程，教学中的互动包括教师传给学生的单向型、师生之间及时反馈的双向型、师生之间和生生之间的多边互动型以及师生平等参与的成员型四类。合作学习重点关注生生之间的互动，这在传统领域中常被人忽视。

通常的合作学习是把学生分成一个个小组，完成一定的任务，比如，让学生一起去调查人们对某个繁华路段交通信号灯的持续时间的态度，或一起去调查社区老人对限制遛狗时间的看法等。

为了使合作学习真正发挥作用，教师必须注意以下五点：

(1) 互动：确保学生能进行面对面的沟通交流；

(2) 良性的内部依赖：让学生体验到自己需要同伴的支持、解释和指导；

(3) 各成员的职责：一开始小组成员共同合作、相互帮助，但最终必须能够独立学习，个人都要承担学习的职责；

(4) 合作技能：提出建设性的反馈意见、达成共识、发动所有成员参与等技能；

(5) 成员监控：小组成员要监控活动和人际关系，以保证小组工作的效率。

第三节　网络时代的建构主义学习

建构主义学习的核心是意义建构，是指学习者通过以上几个阶段的教学有效地把握了事物的性质、规律以及事物之间的内在联系，完成新知识的有效迁移，并能对新知识达到较深刻的理解，建立起关于当前所学内容的认知结构，形成自己理解客观事物的独特视角，并能够解决实际的问题。在这个过程中，学习共同体的讨论和交流、真实的教学情境都是帮助学习者进行意义建构所必不可少的条件。

建构主义认为学习是在一定的情境下，借助他人(包括教师和其他学生)的帮助，利用必要的学习资料，通过意义的建构而获得的。在网络背景下，学生成为学习的主体，他们主动到网上寻找大量的学习资料，并与网上其他学习者或指导者互动，互相启发，建构起属于自己的知识体系。然而，网络上知识过于零散，学习者本身学习过程也不如传统课堂讲授式学习那么结构化，有时会造成学生的自主学习效果反倒不如讲授式学习。学习者是否能够抓住知识的重点？这个问题学生是否真的能够通过与其他学生讨论获得知识？学生是否会受到网络不良信息的干扰，反而形成错误的观念？

在这些疑惑的影响下，教师们也不敢真的放手，让学生自己去建立“属于自己的知识结构体系”。那么，到底要怎样才能让学生真正完成建构主义所指的“主动建构”学习？

一、显性知识和隐性知识

要回答这个问题，需要注意区分两种知识，隐性知识和显性知识。通常课本上以书面文字、图表、公式的方式表述的知识，称为显性知识；隐形知识则是难以清晰表达的，难以通过正规的形式传递的知识，但是可以通过"师徒制"的方式传达[15]。

例如，烹饪学校的学生学习如何制作蛋糕，虽然菜谱上将过程和步骤写得清清楚楚（即显性知识），但学生发现仍然失败了。请教老师之后，老师提醒学生烤箱的实际温度可能比显示温度要高，而且整个烤箱的加热不够均匀。然后老师告诉学生，根据自己多年的经验，每个烤箱的温度都有少许的不同，其加热的均匀程度也不一样，因此要先了解这个烤箱的特点，才能成功。这个老师所传递的经验就是一种隐性的知识。可以看出，隐性知识并不是不能说出口的知识，而是在教科书上难以呈现的知识，而主要通过团体成员之间的共享来获得。

建构主义强调从真实情景中获得的知识，实质上更多的是指一种"隐性知识"。强调隐性知识并不等于否认显性知识。显性知识是前人已经总结出来的普遍原理，显然是最重要的部分，只有掌握了显性知识，才具有解决问题的知识基础。以上面的例子来说，学生要做出一个蛋糕，必须得知道面粉、白糖、鸡蛋的比例，以及基本的步骤。在显性知识的基础之上，还需要具备内隐知识，才能完美地完成做蛋糕的任务，否则就会功亏一篑。我们以往的教育，就过多地强调显性知识，而忽略了隐性知识。

显性知识和内隐知识不是绝对对立的，通过努力，隐性知识也能够转化成显性知识的。我们在上面一段话中已经将烹饪老师的经验变成了书面文字，那么就意味着这种经验实际上也是可以书面化并传授给他人的。现在市面上已经有这类烘焙的书籍，读者感觉特别实用，实际上就是将以前大量只能通过经验摸索获得或者通过师傅口头传递的经验，变成文字，印在书里，成为人人都可以看到的显性知识[15]。

☞ 拓展阅读

1985 年松下公司遇到一个难题，即如何让面包机揉好面、多风味？他们甚至比较了机器揉面和手工揉面的 X 射线，也不得要领，机器总是做不过面包师，烤制的面包总是单调而缺少特色。于是，公司派出一位细心的软件工程师田中郁子去研究这个难题。田中郁子和同事们采取了不同寻常的办法：跑遍东京大阪的面包房、西餐馆，走访研究面包大师们如何做面包。他们仔细记录面包师们的制作过程，分析他们讲述的诀窍和心得，终于弄清了面包师们自己都讲不出、道不明的过程和技巧，编制出若干套各有特色的程序，并且把这些程序配置在几个不同型号的面包机上，松下的面包机终于能够烤出风味各异、美味可口的面包了，新型面包机创下了松下的销售新记录。

野中郁次郎认为，田中郁子没有采用师徒相传式的、"从隐性知识到隐性知识”的学习方式，但是她还是获得了面包师傅们的隐性知识技能。然后，田中郁子将面包师傅们原先的隐性知识技能记录下来，明示和显现给了她的同事和公司；田中郁子还和同事们一起用软件将这些原来“只可意会不可言传”的知识和技能固定在面包机的程序中，再用文字写在产品开发文件中和用户的说明书中。这个案例清楚地表征了“从隐性知识到显性知识”的可能性，实现了隐性知识的显性化。

只有通过外显化的知识才能够更大程度地传递给其他人，知识的发展过程也就是要将内隐知识不断向显性知识转化，不断产生新的显性知识的过程。古代人们通过观察天象，了解到云彩的变化和天气的关系，通过总结变成如“朝霞不出门，晚霞行千里”这类的谚语，就是完成了显性知识的第一步，再通过知识分子的进一步总结，变成了专门论述天气现象的理论书籍，为安排农业生产提供理论上的依据。

在我国，很多人抱怨学校里教的知识不够实用，刚毕业的大学生还必须要实际锻炼几年才能够学会如何在工作中处理人际关系。这使得很多学生刚一进入社会，就感到十分失望。从显性知识和隐性知识的角度来说，这实际上是因为我国大学课程在隐性知识转化为显性知识上做得不够。例如人人都会提到“职场潜规则”，似乎这些都是上不得台面的东西，更不用说放在书本里教授给学生。然而在英国一个著名的管理学院里，其中一门管理课程的主要内容就是关于“办公室政治”。这门课将办公室里的人群分为四种，有技巧并正直，有技巧但不正直，没有技巧但正直，没有技巧也不正直，然后从管理的角度讨论如何跟这四种人打交道，并顺利完成工作任务。这便是将人们平时从工作中得到的经验进行了结构化和理论化，使之从以前只能通过人与人交流的方式传递的隐性知识变成了可以通过书面传播的显性知识。

然而，即使隐性知识已经转化成了显性知识，在学习中学生在掌握的时候还需要将显性知识内化到自己的经验中去，才能真正获得这些知识[16]，这时仅靠书面学习或文字表述是难以真正获得的。很多教师都发现一个令人沮丧的事实，就是学生虽然在期末考试时能够答对大部分的题目，但是在毕业的时候，似乎将这些内容又全部都还给了老师，什么都不记得了。从根本上来说，这就是学生并未将知识内化的结果。

建构主义强调学习者必须要通过一定的实践活动才能真正获得知识，尤其是隐性知识。例如，学生从一本非常实际的书上看到“每个烤箱的实际温度都不一样”这一条知识，也理解了其意思，但却完全没有意识到这一条会如何影响烘焙过程。看过这本书之后不到一周，他就忘记了这一条。记忆力好一点的学生，大概在一个学期之后，也难以记得这条内容。只有像上述例子中那个亲自实践烘焙的过程中出现问题并找到问题原因之后的学生，才会将这一条记得十分清楚，并且认识到使用烤箱温度计的必要性。

在网络时代，学生接受的信息大量增加，这些信息十分的零散、杂乱、琐碎。传统的认知流派的学习理论对此束手无策。因为在这种环境下，学生是学习的主体，教师对学生学习过程的控制越来越弱，在网络在线课堂上，有时候教师连学习材料都无法完全控制，这种情况下再想通过精心组织呈现给学生一定的课程内容，让学生通过学习掌握一定的知识结构，就显得十分困难。

建构主义给我们的启示则是，应该发挥学生的自主性，让学生通过主动的意义建构将课程内容内化。从显性知识和隐性知识的角度来说，就是要让学生充分向内挖掘自己的隐性知识，并将其外化成显性知识。这些隐性知识就是学生通过大量阅读、观看网上的相关内容，并与同学、教师进行交流而产生的，和课堂上老师呈现的显性知识混在一起，组成了学生通过网络学习所获得的经验。这些经验中，有的已经有一定的结构，但有的则是互相矛盾的结构。例如，课堂上教师谈到"人格"的时候，告诉学生关于"人格"有几种不同的理论模型，并告诉学生这些理论模型之间的共同之处和差别。学生又从网上找到一篇谈论"色彩性格"的文章，这篇文章中将人的性格与色彩对应起来。不管是课本上的人格理论还是网上的人格观点，这些已经书面化的信息都是显性知识。学生在学习的过程中，结合自身的经历意识到，人格的不同理论跟提出者的本身成长经历很有关系，譬如色彩性格似乎是人格分类学说的一种。这些是学生的直觉经验，属于他个人的隐性知识。每个人获得的隐性知识各不相同。

如果每个人都仔细反思自己的想法，会发现其实每个人都有很多独特的思想，也就是属于自己的隐性知识。如果能够将这些隐性知识挖掘出来，就能够产生许多原创性的成果。挖掘这些知识，首先要依靠学习者自己向内去体察所隐藏的知识，其次又需要学习者自己有足够的抽象概括能力，能够将这些直觉经验的内容组织起来，并总结出一些较为普遍的规律。如果只做第一步，就像很多烹饪书那样告诉读者需要注意每一个烤箱的实际温度；做到第二步，则就会像"办公室政治"课程那样提出一种全新的理论。

如果学生能够对"提出者的性格与其理论的关系"进行深入的思考，并能够将自己对学习人格理论的想法写成书面文字，那么他就完成了一次对知识的重新整合。这种整合是将外界传递给他的知识以一个全新的结构纳入自己的知识体系。这样的知识结构最稳固，最不容易忘记，也最容易应用。而写作，一方面是在隐性知识转换为显性知识的过程中，起到了帮助学习者整理知识的作用；另一方面，也产生了新的知识，为人类的知识殿堂添加了一块新的砖瓦。

Web2.0 的时代是一个聚集集体智慧的时代，每个人都有条件将自己的想法写出来并发布给全世界网民观看。这给学生提供了一个很好的工具，让他们可以帮助自己整理所学的内容，其中包括显性知识和隐性知识[17]。在网络课堂上，很多教师会要求学生对每一单元的内容必须要写一篇博文，主要是针对本部分内容的反思,并对其他人的博文进行回复。学生在不断的写作中,学会深入挖掘自己头脑内部的想法,并学会整理这些知识,最终达到最新知识的意义建构。

二、批判性思维的培养

教师在建构主义"主动进行意义建构"思想的指导下,应该如何进行教学活动?可以用一句古谚语来描述,就是"授人以鱼,不如授人以渔"。教会学生知识固然重要,但是教会学生学习知识的方法,才是保证学生能够终身获益的途径。因此,教师的教学重点不在于通过教学让学生学到多少东西,而在于让学生掌握一种思维的方法。所谓意义的建构,并不是教师将材料呈现给学生,让学生进行讨论,或者进行实践活动,学生就能够自动将意义建构起来的。要整合这些材料,并将其纳入自己的知识结构,还需要学生具有处理材料的能力。而教师的作用,就是要帮助学生发展这种思维的能力。在网络时代,选择、整合信息的能力显得尤为重要。现代社会信息极大丰富,自然也带来信息的泛滥,学习者会通过不同的途径接触到各种理论、观点、信仰甚至"事实"。这些信息之间有时候是互相矛盾甚至互相冲突的。如果学生采用"被动吸收"的方法接受这些内容,就会造成整个脑子的一片混乱。如果教师将这些信息整理好了再教给学生,又会剥夺了学生发展意义建构能力的机会。在这种情况下,培养学生的批判性思维广受关注,批判性思维也成为网络时代学习者必不可少的一种能力。

1. 批判性思维的含义

到底什么是批判性思维?批判性思维是指对所学东西的真实性、精确性、性质和价值进行个人判断,从而对做什么和相信什么做出合理决策。批判性思维可以分为两个部分,批判性精神和批判性技能[18]。批判性精神是有意识地进行评判的心理准备状态、意愿和倾向,它可以使个体不轻信别人的言论,不盲从别人的行动,而是通过积极的观察、实验、反省、推理、交流来获得信息,再做出决策。批判性精神包括求真、开放、分析、系统、自信心和好奇。例如,当看到一个报道说:"比起批评的话,对着米饭说赞扬的话,会更有利于保持新鲜度。"有些人会因为"这是报纸上说的"就无条件相信,或者因为与常识不符合而直接拒绝,有些人则会产生怀疑,而去仔细看报道,看看究竟是怎么回事[19]。

但是人们相信权威、从众的心理特点是比较普遍的,这是因为一个人的精力有限,不能对所有的事情都怀疑并亲自去做验证,因而倾向于接受权威的意见。但在当前的网络社会,所有的信息都在网上传播,人们发现即使是专家也有互相矛盾的意见,比如关于"吃苹果应该削皮还是不削皮"就各有各的说法。这使得很多人在众多信息面前无所适从,不知道该如何理解这些互相矛盾的信息,进而对专家权威产生怀疑,得出了"专家就是砖家"的看法。批判性精神的起点是怀疑,但并不是以怀疑为终点,求真才是批判性思维的核心。以事实说话,愿意辩证地看待问题,则是保证求真能够顺利进行的前提。著名哲学家伯特兰·罗素曾经说过："不管你是在研究什么事物，还是在思考任何观点，只问你自己，事实是什么，以及此事实证实的真理是什么，永远不要被自己所更愿意相信的，或者人们相信了，会对社会更有益的东西所影响，只是单单地去审视，什么才是事实。"

批判性技能则是以一般思维能力（比较、分类、分析、综合、抽象概括）为基础，包括抓住中心思想和议题，判断证据的准确性和可靠性，判断推理的质量和逻辑的一致性，察觉未说明的偏见、立场、假设和观点，从多角度考察合理性，在更大的背景中检验适用性，评定事物的价值和意义，预测可能的后果等等。批判性技能需要逻辑能力，因为批判性思维首先就是一种逻辑思维，也需要进行归纳推理和演绎。但是批判性思维并不等于逻辑思维，批判性思维应该在逻辑思维的基础之上，得出有意义的结论。逻辑思维通常是在证据真实的情况下进行逻辑推理，但是并不讨论如何判定证据是否真实。但批判性思维需要对信息的真假和质量进行判定，在当前网络信息时代，这一步显得尤为重要[20]。

总的来说批判性精神是一种人格特质，而批判性技能则是一种能力，两者缺一不可。没有批判性精神，就无法坦诚地面对对方的证据，会影响自己的思考过程和结果；没有批判性技能，就会沦落为"只有批没有判"的地步，怀疑一切否定一切，却无法得出更符合逻辑的结论。批判性思维的培养也需要两者的紧密结合。不过虽然批判性思维精神更强的学生能更好地学到批判性技能，但批判性技能的训练却不见得能提高批判性精神[21]。

☞ 拓展阅读

米饭实验引起的风波

2011 年，《南方都市报》报道了某小学心理课堂的一个实验，老师为了验证人的行为举止能够对事物产生影响，让学生回家用三种不同的态度对米饭说话，分别是骂、赞美、不理睬，结果很多学生发现被骂的米饭很快变得臭，被赞美的米饭则没有变化。

米饭实验经过报道之后引起了社会的广泛关注和讨论。一方面，有人亲身做实验也验证了这个实验，表示力挺此结论；另一方面，这与公众的现有知识体系相违背，大多数人觉得难以理解。尤其是米饭实验的理论基础，是日本一位博士写的一本名为《水知道答案》的书，用量子力学的理论来解释这个现象，认为粒子能够记忆身边环境的变化，水分子也是一样，人的想法会被米饭里的水分子记忆下来，导致水分子发生变化。稍微懂一点量子力学的人就会觉得这个解释非常荒唐。然而正是这个看似荒唐的推理，却有很多人相信，有的是因为不假思索地接受了报道的内容，尤其是报道里引用了一位"心理专家"的肯定语言，有的则是因为自己出于好奇所做实验也验证了这个结论。

这件事是互联网时代需要批判性思维的一个典型案例。批判性精神促使人们去审视这个研究里提到的证据，而批判性思维技能则让人们可以运用逻辑推理去理解实验的结果。方舟子在一篇科普文章中总结了这个实验的关键事项：(1) 需要足够的样本才能符合统计规律，排除偶然因素，一个观察结果不能说明问题；(2) 影响米饭变坏的因素很多，不同的组条件是否一致；(3) 对米饭腐坏需要用客观的测量标准，而不是主观的感觉，例如采用每克米饭内所含细菌或某种物质的数量；(4) 科学的研究需要可重复性，其他人也能够在同样严谨的条件下重复此实验，才可能最终得到结论。以上四条实际上就是科学研究的逻辑，也是心理学实验的逻辑。经过科学研究训练的人具有更强的批判性思维技能，也有更强的批判性思维的精神。

2. 网络环境中批判性思维的培养

虽然复杂的网络环境给人们选择信息带来了困扰，但是也为批判性思维的培养提供了条件。

(1) 采用形象化的手段训练学生的批判性思维[22]

在现代技术的支持下，人们可以轻易用图形、声音、多媒体来展示各种信息，训练学生的批判性思维。例如瑞典教授 Hans Rosling 将全球各国的 GDP、人口预期寿命、儿童死亡率等数据用动态图形展示出来，观众可以轻易看到经济发展与生活水平的关系。

图 3.3 Hans Rosling 教授在 TED 上演讲展示全球发展的动态图

多媒体视频也能够加深对批判性思维的理解，例如前面提到的著名哲学家伯特兰·罗素的话来自于 1959 年接受 BBC 的采访，当时留下了一段采访录像。这段话用文字的方式传达显然不如录像片段的方式更有震撼力。有些电影片段通过讲故事的方式，也能够传达批判性思维的精神。经典的日本电影《罗生门》，讲述了一个案件，不同的人在讲述这个案件时，都根据自己的利益，以不同的方式说出不同的供词。观众从生动形象的表演中接受了导演传递的一个包含批判性思维的观点：人们会自以为自己说的是事实，听者需要了解这一点，对说话者的动机进行分析，才能做出更准确的判断。

(2) 在线交流促进批判性思维[23]

借用互联网技术，越来越多的课堂采用网络平台展开师生交流或生生交流。研究表明，在线讨论对促进学习和批判性思维确实有帮助，而且主要是与高层次的批判性思维有关[24]。在线交流有同步和异步两种方式，其中异步在线交流在学习中的应用更为广泛。这是因为异步在线交流不需要即时做出回应，不必限制在同一时间，比较自由。学生能有足够的时间进行思考、回顾、分析。Paul 的批判性思维模型是被广泛应用在批判性思维训练中而且效果显著的工具。Paul 认为，在批判性思维训练中，好的说理应该具有八个方面的元素：目的、问题、观点、信息、推理、概念、隐含的问题和假设；智慧标准包括清晰、准确、相关、逻辑、广度、缜密、重要、完整、公平和深度；一个具有良好批判性思维的人应该具备的特征包括谦逊、坚持、自主、自信、诚实、移情、勇敢和公平心。说理元素是基础，智慧标准用于提高说理的质量，最终的目的则是为了培养具有八项特征的人。根据 Paul 的模型，人们设计了一套操作用的系统，教师根据教学的需要选择一个说理的元素和智慧标准，就有一套对应的问题，供提问者参考，以此来引导学习者的思考。这套系统的操作性很强，教师使用起来也比较容易，因此在实践中得到了广泛的应用。

在实践操作中，异步在线交流要达到训练效果，教师需要有很强的网络组织能力。要定期登陆平台，在学生发帖较少时，鼓励大家积极参与，在讨论过分激烈时需要控制大局，但不需要过多纠正学生的观点，而主要是靠引导来鼓励学生自己的思维。

(3) 借用网络热点直接组织讨论学习

批判性思维的课程普遍采用讨论课的授课方式，因为讨论比传统的讲授式教学更适合批判性思维的教学，而讨论的主题则最好来自于网络的热点话题，让学生反思那些在生活中遇到的问题，这样有利于学生将课堂与现实生活联系起来。例如在 2013 年，网络的许多热点事件受到人们的广泛关注，比如斯诺登揭露美国的“棱镜计划”，中国大妈抢购黄金导致机构停止做空，嫦娥三号发射成功。在课堂上讨论这些事件，有利于学生深刻认识网络信息的复杂性，学会辨别媒体信息的真假。

参考文献

[1] 尼葛洛庞帝.数字化生存[Z].海南出版社，1997.

[2] 汪洋.信息时代高校媒体素养教育初探[J].教育探索，2005(11)：35－36.

[3] 李秋洁，茅耀斌，王执铨.CAPTCHA 技术研究综述[J].计算机研究与发展，2012(03)：

469 - 480.

[4] 王竹立.新建构主义:网络时代的学习理论[J].远程教育杂志,2011(02):11 - 18.

[5] 庞维国.90年代以来国外自主学习研究的若干进展[J].心理学动态,2000(04):12 - 16.

[6] 美国经济中的版权产业:2004年报告[R].国际知识产权联盟,2004.

[7] 陈琦,刘儒德.当代教育心理学[M].北京师范大学出版社,2007.

[8] 陈琦,张建伟.建构主义学习观要义评析[J].华东师范大学学报(教育科学版),1998(01):61 - 68.

[9] 郭裕建."学与教"的社会建构主义观点述评[J].心理科学,2002(01):104 - 106.

[10] 彭凯平.跨文化沟通心理学[M].北京师范大学出版社,2009.

[11] 美国温特贝尔特大学认知与技术小组.美国课程与教学案例透视:贾斯珀系列[Z].东华大学出版社,2002.

[12] 陈家刚.认知学徒制二十年研究综述[J].远程教育杂志,2010(05):97 - 104.

[13] 张民选.隐性知识与隐性知识的显现可能[J].全球教育展望,2003(08):15 - 21.

[14] 张香敏.学生隐性知识的生成与获得[J].煤炭高等教育,2005(02):83 - 85.

[15] 伍丽媛.非正式学习中个人隐性知识的构建[J].软件导刊(教育技术),2010(09):42 - 43.

[16] 刘儒德.论批判性思维的意义和内涵[J].高等师范教育研究,2000(01):56 - 61.

[17] 梁艳燕.广州小学生米饭行为实验[N].南方都市报.

[18] 戴维·希契柯克,张亦凡,周文慧.批判性思维教育理念[J].高等教育研究,2012(11):54 - 63.

[19] 董毓.批判性思维三大误解辨析[J].高等教育研究,2012(11):64 - 70.

[20] 王君超.媒介批评课程与批判性思维的培养——清华大学的教学案例[J].清华大学教育研究,2009(05):114 - 118.

[21] 冯莹倩,徐建东,王海燕.异步在线交流中促进学生批判性思维的提问模型构建[J].现代教育技术,2013(06):93 - 98.

[22] 冯莹倩,王海燕,徐建东,等.境外在线交互与批判性思维的研究现状分析——兼论对国内相关研究的启示[J].中国教育信息化,2013(19):42 - 45.

第四章 现代技术与学习动机

人做出某种行为都有一定的原因，这就是我们所说的“动机”。学生学习也是由动机推动的。当新技术进入教育的时候，一方面技术丰富多彩的特性能够轻易吸引学生的兴趣，但另一方面技术使得学生容易从学习任务上被拉走，难以完全投入到学习任务中。在网络学习逐渐深入教育的今天，越来越多地强调学生在没有教师监控的情况下进行自主学习。尤其是大规模网络公开课的出现，要求学生能够完全自主地进行学习，但很多学生并没有做好相应的准备，学生的学习动机也成为推广网络学习的一个瓶颈。本章主要从学习动机的理论出发，探讨在现代网络技术环境下学生的学习动机问题。

第一节 学习动机的一般理论

一、学习动机和学习效果

学习动机(Motivate to Learn)是指激励并维持学生朝向某一目的的学习行为的动力倾向[1]。学习动机是一种内部的心理过程，不能直接观察，但可以通过观察外显的学习行为，如个体对任务的选择、努力的程度、活动的坚持性和言语表示的行为来推测其动机的性质和水平。例如，看见一个学生在教室里认真听课，我们可以推测他现在的动机指向学习；看见这个学生一天都在认真听课，我们推测他的学习动机可能很强。但动机和行为的关系又是非常复杂的，不是一一对应的关系，仅凭学生的行为难以推断学生的动机，许多不同的动机影响学生的行为，学生的学习动机往往不是只有一个，而是用多种动机组成的复杂动机。

虽然动机是推动行为的动力，但不能完全凭学生的学习动机就预测他的学习行为和学习效果，因为学习动机并不是直接地卷入知识的相互作用过程中，影响学习效果，而是通过加强努力、集中注意、采用的学习策略去影响知识的相互作用过程，犹如催化剂一样间接地产生增强与促进学生。动机决定了在不同行为中的时间分配，某种行为的动机强度与花在该行为上的时间具有线性的正相关。也就是说，动机的作用是让一个孩子在学习上花更多的时间，付出更多的精力，从而提高学习的效果。

学习动机并不是越强越好，过分强烈的学习动机会让学生处于一种紧张的情绪状态之中，限制了学生的认知活动。根据耶克斯-多德森定律（The Yerks-Dobson Law，1908）[2]，动机与绩效之间的关系是一种倒U型曲线关系（见图4.1），在一定范围内，学习效率随着动机强度的增大而得到提高，但是到达最佳水平之后，学习效率将随着动机强度的增大而下降，动机水平太高或太低都不能引起最佳的工作状态。一般来说，最佳的动机水平与学习任务的难度有关。那些容易的学习任务，动机水平的最佳点会比较高；对于困难的学习任务，动机水平的最佳点会低一些。

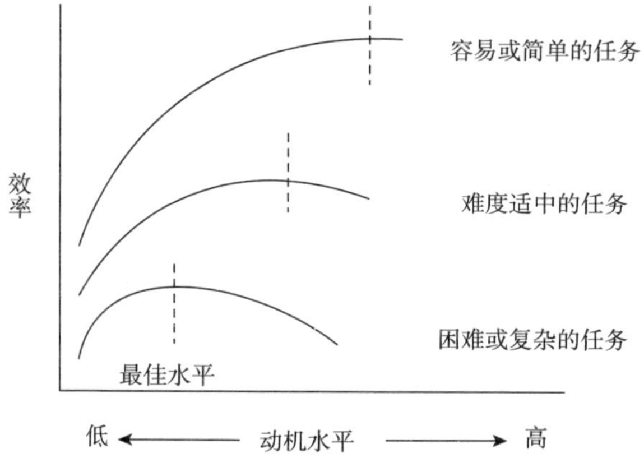

图 4.1　耶克斯-多德森定律

二、动机的测量

动机是一种内在心理倾向，会反应在外在行为中。那么如何判断一个学生的学习动机呢？教育心理学家认为有三个可观察的外部行为指标：

1. 任务选择

学生选择哪一个任务，标明了他做这个任务的动机。选择具有挑战性任务的学生动机较高，选择过难和过于简单任务的学生动机较低。但这个指标并不是特别有效，因为有时候学生没有太多的选择，课堂上并没有给出多个任务。不过在网络学习中，这个指标非常有效，因为学生往往需要自己选择网络学习的任务。除了选择任务本身，学生还可以自由选择完成任务的时间和地点。

2. 努力

学习挑战性的任务时需要很多认知努力。付出的努力越多，表明动机越高。在网络学习中，学生要求管理他们自己的学习，这个指标就很重要，学生的学习通常需要持续不断地努力。

3. 坚持

指花在任务上的时间，特别是指在遇到困难时是否会投入更多的时间，也包括学生在遇到困难时会采用的相关的技术、支持、思维技能。

总的来说，学生如果自己选择任务，花费大量的努力，在面临挑战时能够坚持更长的时间，就可以被认为是高动机的。动机与成绩有正相关。因此，任务选择、努力和坚持能够提高一个人的成就水平。前三个是动机的直接指标，成绩是动机的间接指标。

二、内部动机与外部动机

内部动机是指人们对学习本身的兴趣所引起的动机，动机的满足在活动之内，不在活动之外，它不需要外界的诱因、惩罚来使行动指向目标，因为行动本身就是一种动力。比如一个学生解一道难题，他并不是为了得到好分数而去做这道题，只是觉得解题的过程非常有趣，这时推动他产生学习行为的就是内部动机。

外部动机是指人们由外部诱因所引起的动机，就是行为主义里强调的“强化”。行为主义用强化理论来解释学习行为，学生是否有学习的行为倾向，完全取决于先前的学习行为和外部刺激因强化而建立的牢固关系。如果学生因学习行为而得到强化（如得到及时的反馈、好的成绩、教师和家长的赞扬等），他们就会更愿意参加学习活动，产生很强的学习动机；如果学生的学习行为没有得到强化（没有反馈，或者没得到好分数或赞扬），就不愿意参加学习活动，缺乏学习的动机；如果学生的学习行为受到了惩罚（如遭到同学或教师的嘲笑），则避免参加学习活动，产生避免学习的动机。

外部动机的满足不在活动内部，而在活动之外。这时学习者不是对学习本身感兴趣，而是对学习所带来的结果感兴趣。例如小学老师经常用“小红花”鼓励孩子参与学习活动，这时的学生是为了获得小红花而学习，他们受到来自外部的激发，就是外部动机。

外部动机和内部动机对学习活动的推动作用是不同的。具有内部动机的学生能从学习活动本身得到乐趣，他们积极地参与学习过程，具有好奇心，喜欢挑战，愿意独立学习，且动机的持续时间较长；相反，具有外部动机的学生往往选择没有挑战性的任务，一旦达到目的，学习动机便会下降，或者一旦失败，便一蹶不振。

在教学中，很多教师利用一定的外部激励手段来激发学生的学习动机，如分数、奖励、赞扬等等。过多使用外部激励手段则可能会对内部动机产生损害，贬低学习活动的价值。学生本来可以兴趣盎然地进行某个他们很感兴趣的活动，但是如果让他们进行这个活动同时给他们一定的报酬，那么在后来得不到报酬的条件下，学生们会表现得对这些活动不那么感兴趣了。外部强化对内在动机的作用可能是消极的，还意味着外部强化失去以后人们的动机水平趋于降低。

这并不代表外部动机和内部动机就是互相对立的。事实上，这两种动机密不可分，如果教师能够合理地选择适当的外部动机，并注意引导学生将外部动机转化为内部动机。例如，对于小学低年级的学生来说，教师对学生的学习行为进行奖励和惩罚是一种非常常见而且有效的手段，到了高年级，“小红花”和老师的赞扬所起的激励效果就会下降很多，这时候教师更多地要依靠激发学生的内部动机。另外，也不是所有的外部动机都对内部动机有损害作用，“教师的及时反馈和评价”无论什么时候都是一个很好的外部动机。

四、成就动机论

成就动机(Achievement Motivation)是一种力求成功、达到完善状态的心理倾向[3]。高的成就动机可以激发学生渴望知识的迫切愿望，使学生积极主动地参与学习活动，努力克服困难，坚持不懈的努力，最终达到学习目标，取得学业的成功。

阿特金森(Atkinson，1960)将成就动机分为两部分，一部分是追求成功的动机，这种动机促使人们去追求成功并体验成功带来的积极情感；一部分是避免失败的动机，这种动机使人们避免失败，避免失败带来的消极情感。阿特金森用公式表示三种因素如何影响成就动机的大小。追求成功的成就动机强度

$$Ts = Ms * Ps * Is$$

其中：Ts——追求成功的倾向，Ms——对成就的需要，Ps——在该项任务上将会成功的可能性，Is——成功的诱因值(成功激励值)。

$Is = 1 - Ps$，即成功的可能性越大，成功的激励值就越低。所谓的成功激励值是指成功后带来的积极情感和强度。例如一个学生做一道数学题，如果这道题目越容易完成，那么他做完以后获得的积极情感就越低，即成功的激励值越低。相反，成功的难度越大，他越能从成功中获得快乐。

这个公式表明，如果成功的难度非常大，导致 Ps 值低，那么成就动机强度也会很低；但如果成功的难度非常小，Ps 值虽然高，但 Is 值低，成就动机的强度也不会太大。只有当成功的难度适中的时候，$Ps * Is$ 才是最大的，成就动机也就最大。

五、归因理论

人类总是试图去解释事件发生的原因，这种寻求理解是行为的基本动因。学生也试图为自己在学业上的成功或者失败寻找原因，如能力、努力、态度、知识、运气、环境等等。例如某次考试小明没有及格，他对这个结果进行推测分析，认为是考试题目太难的缘故，这个寻找原因的过程就是归因(Attribution)。

加利福尼亚大学的韦纳(B.Weiner)认为，能力、努力、任务难度和运气是人们在解释成功或失败时知觉到的四种主要原因，并将这四种主要原因从控制点、稳定性两个维度进行划分。根据控制点维度，可将原因分成内部和外部；根据稳定性维度，可将原因分为稳定和不稳定。后来韦纳又增加了第三个维度：可控性，将

原因分为可控的和不可控的。

例如，对某个学习任务失败的原因，学生可以做出内部的归因，即认为自己没有能力或者不够努力，其中能力是属于个人稳定的不容易变化的特性，因此属于稳定归因，而不够努力是可以变化的特性，属于不稳定归因；同样人们也可以对失败做出外部的归因，如这门课太难或者这次题目太难，前者属于稳定归因，后者属于不稳定归因。在这些原因中，个人可以控制的原因主要是努力程度，只有这个原因是属于可控的，其他原因都无法控制。

韦纳通过一系列的研究发现，当一个人成功时，如果将成功归因于能力和努力等内部因素时，他会感到骄傲、满意、信心十足；反之将成功归因于任务容易和运气好等外部原因时，产生的满意感则较少。而当一个人失败时，如果将失败归因于缺乏能力或努力，则会产生羞愧和内疚；反之将失败归因于任务太难或运气不好，产生的羞愧则较少。归因于努力比归因于能力，无论对成功或失败均会产生更强烈的情绪体验，努力而成功，体会到愉快；不努力而失败，体验到羞愧。

根据归因理论，韦纳强调内部和可控性的原因，而努力就是一种内部可控的归因方式，所以韦纳认为应该鼓励用努力来归因。如果努力而失败也应受到鼓励；在付出同样努力时，能力低而努力的人受到最高评价，而能力高而不努力的人受到最低评价。这是为了加强学生将结果归因于努力的倾向，使学生能够在以后的学习中付出更多的努力。

在教学中，归因理论有非常重要的意义，教师可以通过引导学生对行为结果进行正确的归因，或者做专门的归因训练来激发学生的学习动机。但是，人对成就行为的归因是非常复杂和多样的，况且人对不同性质的成就行为的归因也不会是完全一致的。而且按照哪些维度对归因进行分类是值得讨论的问题，内部原因是否真的可以控制，稳定的原因是否就不可以控制等，也是有争议的。所以，对学生进行归因训练时，要注意多结合其他的方法，不要简单地认为只要进行归因训练，就可以改变学生对自己、对学习的看法。

第二节　学习动机和学习投入

虽然学习动机是影响学生学习成绩的重要因素，但并不等于提高学习动机就一定会改善学习效果。学生可能具有学习动机，但不一定就会去学习。比如一个学生非常希望能够考上一所好大学，不等于这个学生就会认真上课，完成家庭作业，从而获得好成绩。有很多学生明确地知道自己要做什么，也了解学习活动的意义，但就是没有让自己产生学习的行为。尤其当现代技术逐渐进入我们的生活，分散了学生的注意力，造成学生不能像以前那样全身心地投入到学习中去。对学生的学习产生负面的影响。很多人都有这样的经验，这一天准备用电脑来完成一个学习任务，但当电脑一打开，就开始上网冲浪，一天时间不知不觉地消耗在网络上，原来的学习任务却还没有动手开始进行。同样，对于学生来说，让他们将注意力集中在学习任务上而不被网上的内容所吸引，也会十分困难。

学习者不止需要学习的动机，还需要对学习全身心地投入才能获得对新知识的理解。奥苏贝尔的有意义学习观中特别强调这一点。学习者必须在头脑中对新知识和旧有的知识结构进行融合，重新考虑自身的观念，甚至重组头脑中的知识，才能够真正掌握新知识。这个过程需要学习者的控制能力，需要学习行为不被网络冲浪所引诱而偏离正轨的能力。

在技术与教育结合越来越紧密的教育环境中，学习投入变得更加重要。随着技术进入课堂，越来越多的建构主义教学方法和技术一起被应用到课堂教学上。例如利用 Excel 来进行的项目学习，让学生与网络虚拟团体中的同学进行讨论的小组式教学。这些新的教学方法与传统的讲授式完全不同。传统的讲授式课堂上，学生的学习围绕教师所讲授的内容来进行，学生的能力是影响学习效果的决定性因素，决定了学生能够在多大程度上理解教师所传授的内容。在新型的教育环境中，课堂上教师只是学习的指导者，学生才是学习的主体，学生往往需要通过自己的探索达到对知识的理解和应用，因此学习者对学习的全心投入水平成为最重要的影响因素。学习过程越以学生为中心，学生越需要对自己的学习过程负责，对学生自我监控能力的要求也越高。

一、学习投入的含义

学习投入(Engagement)是指用于掌握知识、技能的心理努力。学习投入，不仅是简单地听课和完成作业等，还包括学生在学习中体验到兴奋，对学习负有承诺，为掌握的知识感到骄傲等[4]。

学习投入分为行为投入、情感投入和认知投入，研究者往往根据自己的研究角度，从其中一方面来研究学习投入。但学习投入应该是一个组合概念，而不是一个单一概念，学习投入包含了行为、情感、认知三个方面[5]。

1. 行为投入

行为投入是指学生在学习活动中的行为表现是否努力，是否积极参与学习活动，包括课堂行为投入、课外行为投入。例如，按时上课，不开小差，积极回答问题，回家认真完成作业，积极参加课外兴趣小组，遇到困难坚持不懈等等。

2. 情感投入

情感投入是指学生在学习活动中的兴趣、价值体验和情感体验。学习投入不仅有积极的情感体验，也有消极的情感体验。当学生高度投入的时候，学生表现得主动并具有积极的情感体验，例如兴趣和快乐；当不投入的时候，学生表现得被动并具有消极的情感体验，例如忧虑和愤怒。

3. 认知投入

认知投入是指学生在学习中的动机、努力和策略的使用。具有较高学习投入水平的学生，在学习上会付出较大的努力，喜欢深入思考，具有较强的求知欲、上进心，并勇于面对学习上的挑战。认知投入高的学生，付出更多的心理努力，积极进行创造、联想，并具有更好的理解水平。

以上三个方面的投入是一个整体。学生的情感投入和认知投入是以行为为载体，通过行为表现出来，情感投入则是行为投入和认知投入的动力，同时也是学习过程的产物，它在组织个人信息方面起着积极的作用[5]。

二、不同取向的认知投入

在学生的学习过程中，虽然学生取得了一样的成绩，但背后所使用的学习策略不同，研究者认为这些策略代表了不同的认知投入水平。认知投入(Cognitive Engagement)是指学生在学习过程中所有的学习策略，与其学习活动中使用的思维策略相关，不同的策略引起学生不同的思维活动。马顿(Marton, F)将认知投入分为两种类型[5]。一种是积极投入(Active Engagement)，积极投入的学生采用深层次的学习策略，即注意知识之间深层次的联系，发现新知识的意义；另一种是表面的投入(Superficial Engagement)，采用这种策略的学生在完成工作时的学习的策略是浅层次的，使用死记硬背的学习方式，忽略知识之间的联系，无法真正把握学习材料的意义。例如两个学生都要学习物理学里的关于"重力"的概念，一个积极投入的学生会主动思考"重力"和"力"的关系，并且想到重力是否与牛顿运动第二定律有关？他试图将重力的概念与头脑中已有的"力"的概念融合起来，重新建立一个新的知识结构。另一个表面投入的学生则更喜欢听老师讲课，他认为自己只要记住公式和解题的步骤是什么就可以了，并不需要他费劲去理解重力的含义。显然，前者对知识的理解更为深入，在问题情境变化的情况下也更能够把握其本质，能够更加灵活的运用知识去解决问题。后者通常在考试之后就忘记了通过死记硬背获得的知识，也难以将知识迁移到新的问题情境中。

比格斯(Biggs)在马顿的基础之上，进一步将学习过程分成三种取向，分别是表层取向(Surface Approach)、深层取向和成就取向[6]。表层学习中，学生的学习是为了应付考试，通常使用机械学习的方法，他们只关注可能在考试中会出现的内容，没有兴趣探索知识要素之间的内在联系，也难以获得所学内容的意义。第二种是深层取向(Deep Approach)。深层取向的学生是由内在的动机驱动而学习，即建立在学生的学习兴趣等因素之上的。学生所使用的学习策略往往是寻求意义，并伴随着好奇心。这种学习取向的学生倾向于把学习的内容和已有知识结合起来，获得对新知识的理解。除了这两种，比格斯还提出有第三种，即成就取向(Achieving Approach)。这种取向在学习目的是类似于浅层次的取向，希望获得高的成绩，但是在学习策略上偏向深层取向的学习，会主动去摸索学习方法，达到对学习内容的掌握。学生仅有学习动机不足以保证学习的成功，必须要采用深层策略、元认知和意志策略去投入学习。

三、影响学习动机和学习投入的因素

学生的学习投入是一个非常复杂的问题，受到多方面因素的影响。学生可能因为喜欢课程的讨论部分而愿意学习，也可能因为觉得自己反正也学不会而放弃学习。总的来说，学习的价值和学习目标、学习者的自我效能感、人际沟通、学习过程的反馈，都会影响学生的认知投入。

1. 学习的价值和学习目标

学生在投入学习之前，首先要考虑的就是学习内容的价值。简单地说，就是回答："我学这个有什么用？"。学生对学习价值的看法影响他的学习目标，进而影响其学习策略。如果学生认为学习内容没有价值，不管教师采用何种方法，都无法吸引学生采用深层次的学习策略，其认知投入也难以让其达到对知识的深入理解。

学生在评价课堂任务的价值时，一般会有两个方向：内在价值和工具价值。

(1) 内在价值。这是学生对学习内容本身的兴趣，是学生内在动机的基础。马斯洛认为，人有求知的需求，即人们会去主动寻求知识满足自己的好奇心。例如，有学生看到一门"中国古代建筑"的课程，可能出于兴趣而去选择这门课，希望从中了解更多关于中国古代建筑的知识。

兴趣是深层次学习的基础，但是并不等于有兴趣的学生就能够更加积极地投入学习活动中。兴趣可以分为短期的情景兴趣与持久的个人兴趣。情景兴趣与学习任务的新奇性、多样性、挑战性有关，通过引发学生的好奇心，调动他们对学习内容的兴趣。例如采用有趣的动画、换一种新的学习任务、甚至换一个老师就能引起学生的兴趣，吸引学生的注意。

随着多媒体引入课堂，教师可以方便地使用丰富的图片和声音来调动学生的学习兴趣。网络上丰富多彩的资料则向学习者提供学习所必需的积极的和富有动机激发意义的氛围，可以提高学生对学习内容的兴趣。然而，提高兴趣并不一定都能对学习效果产生正面影响。有研究认为，过多的图片和声音使学生的注意力被吸引到不相关的细节上，反而降低了学生对主要概念或者文字内容的兴趣。

要使学生产生更具深度的认知投入，需要学生具有长期的持续兴趣，即个人兴趣。个人兴趣是指比较稳定而持久的、针对某主题或领域的个人动机倾向或个人偏好。个人兴趣能够对学生的学习活动起到推动作用，尤其在情景不足以引起兴趣的时候，个人能够维持一定程度的动机。例如某学生对军事很感兴趣，即使面对一篇枯燥的军事文章，也能看得津津有味，这就是个人兴趣的作用。

情景兴趣和个体兴趣虽然有差异，但两者也是彼此影响，相互交互而不可分割的。个体方面的因素能够通过环境因素的变化而发生改变[7]。例如，爆炸场面虽然能吸引很多人，但看多了爆炸的电影特效工作师却可能会觉得很厌倦；一个人本来对化学完全没有兴趣，但一部关于美食与化学关系的片子却可能让他产生兴趣。

一般来说，相对于枯燥的课堂学习，学生在真实环境下更容易产生兴趣。随着新技术的发展，教师很容易利用在教学环境中为学生创造一个更加真实的学习环境。如果学习内容包含大量真实的和有意义的信息，就可以增强学生的学习动机[8]。例如，外语学习是一种十分依赖真实情景的学习内容，学生在课堂上通过书本学习的单词、语法只有在见到真实物体时才会变得生动，也更容易在头脑中建立链接。例如，学生学习英语时，有很多单词是跟美国社会独特的文化现象有关，在另一种文化下学习，没有真实情景的配合，就会显得非常枯燥。以"Drive-through"这个词为例，这是美国特有的一种商业现象，即允许顾客不用离开他们的汽车而直接购买食品或商品。如果仅仅用文字解释，外国学生对这个词很难产生兴趣。但如果采用视频、图片等方式呈现 Drive-through 的场景，学生会感到好奇，也更容易理解。

图 4.2　什么是 Drive-through?

随着网络的快速发展，尤其是各种在线视频网站的兴起，几乎生活中所有方面的视频材料都能够在这些网站上找到。从动物世界到机械工程，从海洋到天空，从烤面包到自己打针的教程，网络上的材料包罗万象，大大方便了学习者从中寻找适合自己的内容。很多视频教程借鉴游戏设计和电影导演的方式，使教学者和学习者可以用音频的、视频的、有生气的且精心讲述故事的方式呈现信息或刺激，充分利用游戏、谜语和其他的创造性的方式来在学习过程中赋予乐趣和兴趣，综合使用网络的多媒体功能来帮助学生理解和记忆课程内容。

（2）工具价值。工具价值是指学生根据学习任务与自己的日常生活和未来目标的联系而确定该任务的重要性。例如教师在课堂上强调某个物理知识能够帮助我们解决航天中的某个问题，帮助学生理解新概念的现实意义。除了极少数对某一主题有浓厚兴趣的学习者，大部分学生只是一种泛泛的兴趣，因而难以坚持下去。对于网络学习者来说，他们能够忍受枯燥的学习、坚持到底的是针对那些实用性极强、工具价值高的课程。例如，现在很多网络学习者选择网络课程的学习目的是为了能够将课程的内容应用到自己的工作或者生活中，很多人是来自工作中需要进一步进修的继续学习者，这些人能够更清楚地看到课程的工具价值，也才能够在网络学习中坚持下去。

根据课程能够满足学生的需求，又可以将课程分为两类。

第一类是与学生的生活有关的课程，此类课程大多是人文学科，例如哲学、历史、艺术、心理相关的课程。前几年哈佛大学的公开视频课程《幸福》和《公正—该如何做是好?》就是属于这一类课程。学生选择这类课程是因为能够帮助自己理解在社会生活中遇到的种种问题，满足学生在生活上的精神需求。例如《幸福》一课是关于个人生活的思考，而《公正》一课则是关于整个社会的公正、平等和民主的思考。人文类课程容易引起广泛的兴趣，课程目标的设置则需要关注学习者普遍关心的问题。

第二类课程是与学生的工作有关的课程。这类课程的专业性更强，与学生正在从事的工作或即将从事的工作息息相关。学生从事这个专业可能是因为对此专业有兴趣，但更可能只是为了工作而选择该专业。不管哪种情况，如果没有工作的压力，大多数人难以坚持下去。因此，“实用性”是很多学生对专业课程最重要的要求。例如，一个学生在网上选择了一门《会计学》的课程，是因为他希望从中学到如何完成会计工作的知识和技能，学生对“会计学”本身的兴趣难以支持他的学习活动。

不管是第一类还是第二类课程，课程与生活和工作之间的关系，都是影响学生网络学习动机的最重要的因素。因此，课程目标的设置要能够从实用的角度激发学生的学习需求，体现教学对他们的有用性。需要注意的是，“有用性”意味着是对于学生“有用”，而不是教师所认为的“有用”，才能够激发学生的兴趣。每个学生的能力水平不一样，有时候教师设置的学习目标可能不符合学生的现有水平，导致实用性大大下降。另外，学生也可能因为视野所限，难以理解学习内容的价值，他们看不到课程与以后工作的关系。尤其是对一些基础性强的课程，例如很多学生认为“高等数学”对以后的工作没有什么用，但迫于考试的压力不得不学习，这导致学生容易采用表层学习策略。

因此在设置教学目标之后，教师还在教学中应向学生强调其工具价值。除了教师的演讲之外，邀请行业专家做报告，带领学生参观工作现场，让学生参与校外专家的实践活动，在校内和校外建立起紧密的联系，这些措施能够帮助学生更好地认识学习任务的工具价值。有了现代技术的帮助，这些措施可以变得更加方便、容易操作。例如，学生通过工作现场的视频了解到真实的工作状态；校外专家的报告可以通过录像的方式在多个课堂播放；学生可以通过视频会议与真实工作环境中的工作者进行讨论，向他们提问；在网络论坛上参与某行业圈子的讨论，从前辈的交流中了解更多的行业相关信息。

2. 自我效能感

自我效能感(Self-Efficacy)指人们对自己是否能够成功地进行某一成就行为的主观判断[9]。自我效能感的概念最早是由美国心理学家班杜拉提出的,他指出人的行为受行为的结果因素与先行因素的影响。结果因素类似通常说的强化,但与传统的强化观不同,班杜拉认为行为出现的原因是人们的期待。期待分为两种,一种是结果期待,是指人对自己的某一行为会导致某一结果的推测,例如一个学生感到今天背两个小时的单词,明天的英语考试就能及格,那么他就有可能去背单词;另一种是效能期待,指个体对自己能否实施某种成就行为的能力判断,即人对自己行为能力的推测。例如,当面临一道难题时,有的学生认为自己有能力做出来,有些学生则认为自己肯定做不出来。当人确定自己有能力进行某一项活动时,就产生了高度的自我效能感。不同的自我效能感会导致不同的行为,当遇到挑战的时候自我效能感高的学生会努力去尝试解题,而自我效能感低的学生会很快放弃。

自我效能感比较类似通常说的自信,实际上自我效能感可以看作是对自己是否具有成功完成做某事的能力的自信。学生只有对某种活动具有自我效能感,才有自信去从事这项活动,克服困难,获得成功。新技术环境下(如网络)的学习对学习者自身的动机、计划和自我能力提出了更高的要求,自我效能感高的学习者正是适合这种新环境下的主动探究式学习。研究表明,较高的数学自我效能感、计算机自我效能感、自我学习的自我效能感都将使学生选择网络数学课程学习方式,对这些能力感知低的学生则倾向于选择传统学习方式(Dianna,2004)。高自我效能感的学习对网络学习有浓厚的兴趣和较强的学习动机,倾向于设置较高的学习目标,选择具有挑战性的学习任务,在学习策略上采用深层策略。

新技术环境下的自我效能感包括两个方面:对学习内容的自我效能感和对技术的自我效能感。

(1) 学习内容的自我效能感。这种自我效能感是与特定的学习任务相关联的,有学科属性,数学、语文、物理、英语等具体学科内容不同,学生的自我效能感也不同。例如,数学自我效能感是指学习者对解决数学问题时的自我效能感,英语自我效能感则是学习者对自己英语学习能力的主观判断。有些学生很擅长数学学习,在数学课上表现比较积极,也愿意选择挑战性的任务,但却可能不擅长英语学习,认为自己永远学不好英语,对英语课的态度就是“得过且过”。这就是不同的学科自我效能感。

(2) 技术的自我效能感。这是指个体对自己使用某种技术能力的一种判断。在当前,则主要是指使用计算机和网络能力的判断,又被称为计算机自我效能感或网络自我效能感。例如,教师想在课堂上采用以 Excel 为技术手段的项目学习法,让学生将收集到的数据输入电脑中。但是如果学生从来没有用过 Excel,没有做过电脑输入,可想而知就会对这种学习方式十分反感和抵触。对于成人尤其是年龄较大的学习者来说，技术自我效能感的作用就更为显著。很多老年人拒绝学习使用计算机和网络，原因是："我学不会，太麻烦了！"这就是技术自我效能感低的表现。

技术自我效能感不仅是针对学习者，对于教学者也有同样的作用。当某大学在全校推行网络教学时，也遇到这样的问题：很多教师拒绝使用网络学堂，他们认为这个工作太困难，太麻烦，需要的时间太长，还不如采用原有的教育技术。由于师生双方对技术的畏惧和不熟悉，使得其走入课堂变得困难重重。

技术自我效能感与先前经验有密切的关系，以网络自我效能感为例，学生的网络经验对网络自我效能感起着非常重要的作用。新手在使用网络时舒适感低，对自身的网络技能不满，使用过一段时间之后，网络自我效能感即会上升。

技术自我效能感对学生是否愿意在学习中使用某项技术有决定作用，因此成为网络学习等相关教育技术领域关注的一个焦点。那么如何才能够提高教师和学生的技术自我效能感？除了增加学生和教师使用新技术的经验，还与新技术本身的特点有关。如果用户觉得一种新技术需要学习才能使用，或者用起来很麻烦，用户认为"这个太难了，我学不会"，会降低用户对该技术的自我效能感。以中文输入法为例，五笔字型输入法曾经在我国风行一时，其使用非常简便，但有一个致命的弱点，即学起来十分费时费力，所以并不是所有的人都能够掌握五笔输入。可想而知，如果要在教学中用到文字处理软件，五笔输入法就会成为一个障碍，大量学生会因为学习五笔输入的门槛过高而放弃在学习中使用文字处理软件。这一问题直到拼音智能联想输入法兴起之后才解决。由于加入联想功能，拼音输入的速度显著变快，降低了学生使用文字处理软件的门槛，提高了学生使用这类技术的自我效能感。

用户对新技术的接受程度受到内部动机和外部动机的双重影响，然而决定用户对新技术接受程度的主要是外部动机。虽然在教育工作中，认为应该以激发学生的内部动机为主，但是在使用新技术的时候，外部动机才是决定用户是否会使用该系统的主要因素，内在动机并没有决定性的作用。用户是否会使用某个系统，取决于他们是否认为这个系统有效果（可用性），是不是好用（易用性）而不是认为这个系统是不是有趣。

Davis 的技术接受模型（Technology Acceptance Model，简称 TAM）[10] 认为，一个用户的使用行为可以直接由其使用倾向决定，而使用倾向是指用户是否愿意使用某一个信息系统的意愿，反映了用户对系统的接受程度，是由用户的对系统的易用性和可用性的认识所决定的。可用性指用户对使用系统是否能够提高自己的工作效率的判断，易用性是指用户对使用这个系统是否容易的判断。

人对一个信息系统易用性和可用性的判断决定了他对该系统的态度，进而决定了他的行为意向，最终影响对该信息系统的使用情况，如下图所示。

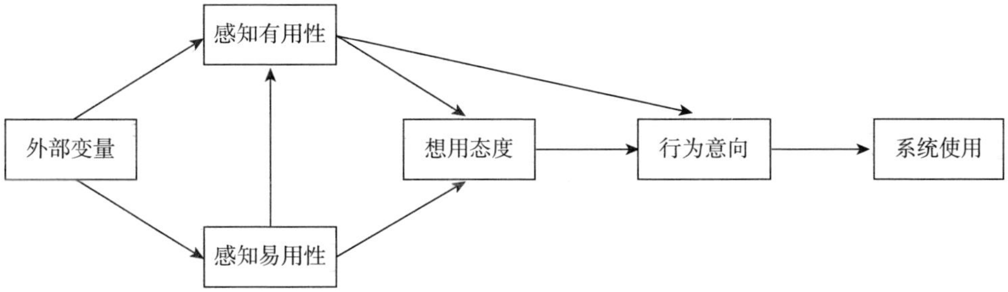

图 4.3 Davis 的技术接受模型

☞ 拓展阅读

计算机焦虑

虽然计算机越来越普及，但是高科技并不一定会受到所有人的欢迎，每当一种科技在进入教育时，在产生变革的同时也给人们带来了焦虑情绪，阻碍新技术在教育中的应用[11]。尤其是计算机整合教学要求教师不仅要熟练掌握计算机技术，还要转变教学方式，从教师为中心的教学转为学生为中心的教学，这种转变可能会造成教师对自我角色认知的混乱，影响新技术在教学中的应用。从上世纪 80 年代开始，研究者就提出了“计算机焦虑”的概念。

80 年代，Raub 将计算机焦虑定义为“个体认为受到威胁而唤起的一种复杂的情绪反应”，焦虑者认为自己在计算机面前很笨，不能有效使用计算机，在计算机面前感到挫败，感到自己落后于时代，在使用计算机或者想到计算机时都会产生紧张的情绪体验，包括恐惧、失望、愤怒等[12]。随后的几十年发展，随着计算机普及程度加大，人们对计算机操作越来越熟练，大部分人每天都要跟计算机打交道，但是焦虑情绪依然存在，只是从对计算机操作本身的焦虑转为对计算机意义的担心。例如计算机引入教学之后对教师角色所产生的威胁，这种焦虑是一种存在主义性质的焦虑，与相比年轻教师而言，老教师更容易产生计算机焦虑，因为计算机技术的进步非常迅速，被看做是属于年轻人的技术。老年人认为自己反应慢，并不适应技术发生如此之快的变化，难以跟上时代的脚步，从而更容易产生排斥和恐惧的心理。以计算机 PPT 为例，当学校刚开始在教室里使用“电脑＋投影仪”的方式进行教学时，要求老师懂得使用计算机编辑 PPT 文件的技术，需要教师学习使用键盘输入文字的技术，这对很多老教师来说特别困难。学习打字就像学骑车一样，小时候学习比较容易，年龄越大学习难度就越大，老教师不愿意花时间去学习这种在他们看来毫无必要的新技术，从而阻碍了计算机技术在课堂上的应用。

学校提供的支持环境是影响教师计算机焦虑的重要因素。如果校长支持在学校发展计算机技术，有专门的部门负责帮助教师解决计算机的技术问题，向教师提供培训的机会，同事之间能够相互学习，这些都能够显著降低教师的计算机焦虑[11]。

3. 人际沟通：社会交流的动机

在传统课堂上面对面学习的最大好处就是学生能够与教师和同伴进行积极的交互。这种积极的交互是满足学生归属和爱的需要、尊重需要的基本条件。这两者都是基本的社会性需要，每个人都希望来自父母、教师、同学的关心、爱护、赞美以及尊重，这只能通过人与人的直接交往获得。对于学生来说，课堂上与教师和其他同学的交往是最主要的途径。在课堂上，教师以语言、行为的方式与学生进行交流，表达对学生的关注和尊重，让学习者的归属感能够得到满足。与同伴协作的机会也可以提高学生的兴趣和投入的努力。

在学校教育中，教师不仅要承担传递知识的教学任务，还要起到教育的作用，即帮助学生的个性和社会性发展。因此行为管理和情感沟通也是教师与学生交流的重要内容。教师对学生良好的积极行为予以鼓励，对学生的异常行为进行分析，然后根据情况加以处理。当学生感受到教师的关注时，学生的心理和行为就受到了影响，教育因此开始发挥作用。

与面对面的学习相比，引入技术以后最容易产生的问题就是减少了缺少教学者与学习者之间的交流。尤其在网络学习、远程教育中，由于师生在时间和空间上的分离，无法进行适当的交流。加上很多新技术学习环境的设计者将注意力放在如何激发学生对学习的主动探索、主动发现，但却忽视了教师通过指导而与学生的情感交流。

学生和教师之间本质上属于一种人—人的交流模式，交流的主体都是人，双方通过语言、行为、文字等方式进行信息交换，也进行情感交流。新技术引入教学过程，主要从两个方面来参与：人—机交互和人—机—人交互。

人—机交互，也就是用机器来代替教师的教学活动。这是行为主义最早的教学思想，当年斯金纳发明的程序教学机器，就是一个典型的例子。这种设计可减少教师的工作量，用机器来代替教师对学生做出反馈。以前的人—机交互只关注对学生学习结果的反馈，例如学生回答问题是否正确给出错误或正确的判断，但是并不考虑学生在学习过程中可能产生的挫折感、无聊感、兴奋感等情绪，而且所给反馈也比较生硬，大多是以文字或者图画的方式呈现，例如“答对了！”“你真棒”这样语句。虽然从反馈内容上来说这类语句是正面积极的，但是与真人教师所做的正向反馈相比，缺乏语气语调、表情的反馈，学生缺少人际交互的意识，难以产生在人—人交互中的情感交流。

当前的教育技术研究比以前有所进步，比较重视对人—机交互中的情感交互过程。要达到这个要求，虚拟的机器教师必须能够做到两点：首先能够将重点放在对学生的学习过程、学习状态和学习结果进行更加全面的判断，例如通过学生的语音语调变化、面部表情变化判断他们当前的情绪状态；其次能够做出更拟人化的反应。例如，日本东京理工大学设计了一个用于课堂教学的机器人教师，这个教师模拟人的模样，尤其是面部的皮肤是高度拟人的精细橡胶，皮肤后的 18 台电机可以让面部表现出高兴、惊讶、厌恶、害怕、生气、悲伤地六种表情，使得机器教师可以根据学生的提问和回答做出不同的情绪反应。

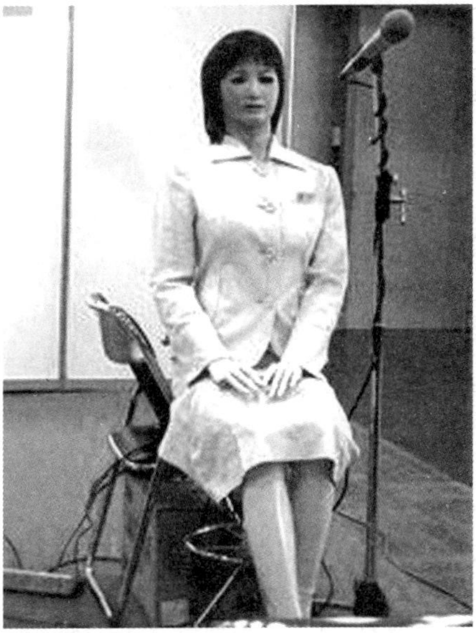

图 4.4 东京理工大学研制的教学机器人

（图片来源：http://www.chinadaily.com.cn/language_tips/news/2009-05/12/content_7768507.htm）

技术引入教学交互过程的第二种方面是将人—人交互变成人—机—人交互，也就是说教师和学生通过各种新技术进行交流。这种做法在网络远程学习中非常常见，人—人之间无法做到面对面，那么就要借助技术手段来完成人—机—人的交互。第一代的网络交流主要是教师和学生之间通过 E-mail，论坛（BBS）来进行非实时的交互，第二代网络交流则加入了网络在线聊天工具（如 QQ），视频会议，社交网络（如微博）等手段进行实时性更强的交互。教师通过检查学习进程、频繁发送电子邮件来反馈和鼓励学生的学习确实可以提升学生对教学者和学习过程的情感卷入。教学者可以利用基于网络的交流技术如聊天室、电子邮件、网上办公时间、音频、在线辅导提供与其他教学者和同学的人际接触，促进学生的合作和社团归属感。在线的学习社区并不一定仅用来分享学习，还可以用来分担挫折和焦虑。

除了远程学习环境，有的面对面的课堂教学也引入网络来协助师生之间的交流，这时候技术成为了人—人交互的协助手段。例如，教师在讲课的同时，教师在课堂上通过询问学生意见，掌握学生对课堂教学的吸收效率，课后教师在平台论坛上积极发帖，引导学生参与互动，并在课下通过 Email 向学生布置作业。网络技术手段的引入使得人—人交互变得更加丰富，也不受时间和空间的限制。学生和教师通过课程论坛，课程 QQ 空间或微信、微博，教师个人空间等加强师生互动和生生互动，让学生体会到网络学习的乐趣。

4. 学习过程：及时高效的反馈

在学习过程中，个体、环境、行为之间相互作用，个体的行为影响环境，而环境对个体的反馈信息则会反过来影响个体，因此反馈是学习中必不可少的环节。在学习中给予合理的反馈，让学习者知道他们在学习新的内容、完成新的任务时表现得多么好，可以激发学习者更多的努力。持续的和及时的反馈可以帮助学习者更好地理解学习内容并丰富他们的使用经验。

根据反馈内容的精细化程度，可以分为五个水平：无反馈；结果对错反馈；正确反应反馈；精细反馈（告诉为什么对错）；重试反馈（告诉被试答案是错之后，给机会再次尝试）。一般来说，反馈的精细化水平越高，对任务表现的促进越明显，有助于学生更好地理解规则。单纯的对错反馈对学生学习的作用并不大[13]。

反馈在自我调节学习中起着重要的作用。反馈能提高学习者的学习动机水平，但并非所有的反馈都有作用。一般来说，积极的反馈会提高其内部动机，消极的反馈则会降低学习动机。这一点很容易理解，如果学生完成一个测试之后得到了高分或积极评价的反馈，学生会对学习更有动机；但如果测试之后得到了消极的评价，学生的动机则可能降低。此外，学习者对目标的认同以及目标定向在反馈与学习动机之间起着调节作用。更进一步分析，对于学习者“想要做”的任务，积极的反馈能提高其学习动机；对于学习者“不得不做”的任务，消极反馈则会降低其学习动机。在消极反馈条件下，表现—趋近型学习者内部动机水平高于表现—回避者，但在积极反馈条件下，二者差异则不显著[14]。

现代技术在教学中应用的一个重要特点就是能够提供多种更为即时的反馈，甚至能够在教室里建立一个共享的信息场，从而促进高效、个性化的学习。例如，一种称为“互动反馈系统”的教学媒体，让学生可以利用手中的遥控器，参与教学。当教师布置练习题之后，让学生用遥控器选择自己认为正确的答案，然后各个选项的选择比例和正确答案都出现在大屏幕上，学生们可以看到全班的回答情况，这是一种师生共享的信息场[15]。这种即时反馈激发了学生的学习兴趣和求知欲，提高了他们对课堂教学内容的投入。

第三节　网络环境中的自主学习

一、什么是自主学习

1. 自主学习和自主意识

自主学习就是指学习者自觉确定学习目标，选择学习方法，监控学习过程评价学习结果的过程[16]。如果教师允许学生自己选择学习任务，选择学习方法，制订计划，学生有机会进行选择或者在自我指导活动中发挥作用，就可以产生自主意识，学生也更愿意接受挑战。这是自主式选择性学习的基本思想。

自主学习的主要目标就是要学生产生学习的自主意识。自主意识(Sense of Agency)是一个人意识到他自己正在计划、执行、控制自身的过程。这是一种内在的感受，是在潜意识里的认为“我”正在对自身的行为或思想进行操作的感觉。例如，如果有人移动你的手臂，你会感觉到手臂还是自己的手臂，但是移动手臂却不是你自己做出来的行为。在学习领域，自主意识则意味着学生认为学习活动是由自己做出而不是被动执行的，就像是自己抬起了手臂而不是有人帮他抬起来。

自主意识对学生在学习上的认知投入起着至关重要的作用。设想一下，如果有人抓着你的手臂打了另外一个人，那么你不会认为这是你的责任。同样，如果学习任务是由其他人(主要是教师)操纵的，那么学习结果变成什么样跟你也并没有太大的关系。传统的教学环境下，学生对学习目标、学习内容、学习过程、学习方法没有权力发表意见，造成很多学生缺乏对学习任务的自主意识。例如，在计算机课上，教师希望让学生学习 Word 的编辑命令，学生却并不感兴趣；在语文课上，老师将《美丽的小兴安岭》作为重点内容进行讲解，但学生却更喜欢《黄山奇石》这篇文章。可想而知，学生在学习这些内容的时候，就会出现被动的学习，采用表层的学习策略，缺乏深入思考的动力。

2. 自主学习的判断标准

Zimmerman 认为，确定学生的学习是否是自主的，应该看以下六个方面的任务条件：为什么学，如何学，何时学，学什么，在哪里学，和谁一起学，如果这六个方面都是由学生自己选择决定的，就是充分的自主学习，如果均不能由自己选择，那么学习就是非自主的[16]。

关于自主学习要澄清两个误解。首先自主学习并不是独立学习，不能否认教师的指导监督功能，不能使学生放任自流，自生自灭。自主是教师指导下的自主，教师除了负责构建该部情境外，还需担负起监督指导作用[17]。教师应当根据教学的要求和原则，积极创建不同的自主学习情境，强调学生根据个人实际情况，自主确定学习目标、选择学习方法、监控学习过程评价学习结果。

其次，自主学习也不是自习。有些教师认为给学生布置一些课外的作业，让学生在课后自己选择时间完成作业，这就是自主学习。这跟传统教学并没有什么本质的区别，学生除了完成作业的时间之外，依然没有能够自主的选择学习内容、学习过程和学习同伴。自主意识关键在于学习者在学习过程中能否自觉地、能动地做出选择和控制。

然而在实际教学中，自主式选择性学习具有一定的操作困难。学生的认知水平、生活阅历、先前经验、个性特点、兴趣爱好都不同，如果让他们自主选择学习内容，就会出现各种不同的结果，教师没有足够的时间和精力针对每个学生的选择进行有效的教学。在我国大班教学的背景下，这个问题就更为严重。面对一个班35～40个学生，教师难以做到真正的个性化教学。

另一个挑战是学生往往倾向于关注表面现实问题而忽视背后的规律，他们选择的内容往往与课程大纲有一定的距离。例如，物理课上，学生说："我想学习怎么样才能造一架火箭。"或者在生物课上说："我家旁边的河污染很严重，我想知道怎么解决。"针对这种情况，一个有效的方式是教师先给学生确定一个大问题的框架，再允许学生在这个框架下选择自己感兴趣的内容。例如语文教师让学生从四篇课文里选择一篇来学习。除了学习内容，每个学生都有自己喜欢的学习方式，有些喜欢独立学习，有些人喜欢合作，有些喜欢先思考，有些喜欢直接动手。在合作学习时，让学生自主选择学习同伴、制定小组学习计划，也能够增强学生的自主意识。

在现代技术的帮助下，自主式选择性学习变得更加容易操作，可行性大大提高。利用智能教学软件，学习者可以自主选择学习的内容，由电脑对每个学生的学习过程和学习结果做出反应和评价。在网络课堂上，学习者则可以选择自己喜欢的学习小组，与同一内容的学习成员通过网络聊天工具、论坛或者 Email 来讨论、交流学习中遇到的问题。

二、网络自主学习

1. 网络自主学习的要素

网络自主学习是指学习者在计算机网络提供的学习支持服务系统中进行的意义建构、问题解决与社会化交互的整合活动过程，在此过程中学习者能积极有效地对自己的意义建构和问题解决活动进行监视、控制、调节、反思和评价[18]。目前的网络学习分为两大类，一类是作为现有教学的补充形式，即在面授的课堂之外，教师构建网络任务环境，以便于学生在课后学习；一类是一种新的教学形式，主要用于远程教育，没有面授这个环节，学生完全依靠网络课程来学习。前者的网络环境下的学习与传统的学习相比，对学生的自主学习能力要求更高。

远程教育类的网络学习由于缺少面对面的交流，网络环境下的教学模式比传统教学模式更需要学生的自主学习，即学生在教师辅导下的自主学习、上机学习。在当前，网络开放大学、慕课等概念风风火火地席卷教育界的时候，学生的网络自主学习成为一个重点讨论的话题。在线教育由于网络学习存在时间、空间上的自主性,学生可以选择自己合适的时间,让学习者可以更加灵活地安排自己的学习过程,但是也带来了学习动机的问题。由于没有强制性地坐在教室里学习,学习者需要有更强的自主性,也需要有更强的自我约束能力。但在实际操作中,教师发现很多情况下学生凭兴趣选择网络课程,却难以坚持到底,教师也需要在课程设计中更多地考虑如何激发、保持学生的学习动机。网络环境中学生的学习动机和学习策略,成为在线教育设计者必须要考虑的问题。

庄科君根据活动理论提出了一个网络自主学习行为系统的模型,将学习行为系统设计成一个有输入、输出和反馈的系统,其中,学习目标是系统的输入,影响和指引学习行为的发生、发展和变化,学习行为的发生、发展和变化将直接或间接产生学习结果,学习结果作为反馈信息用于指导下一阶段学习目标的制定和学习行为的开展[18]。在网络自主学习行为系统中,核心要素之间通过交互产生联系,因此,交互是学习行为系统的核心,只有核心要素之间发生了交互,学习行为才会发生。但是,核心要素之间的交互不是直接进行的,他们受到学习环境的影响和制约,并以工具为中介来实现交互。

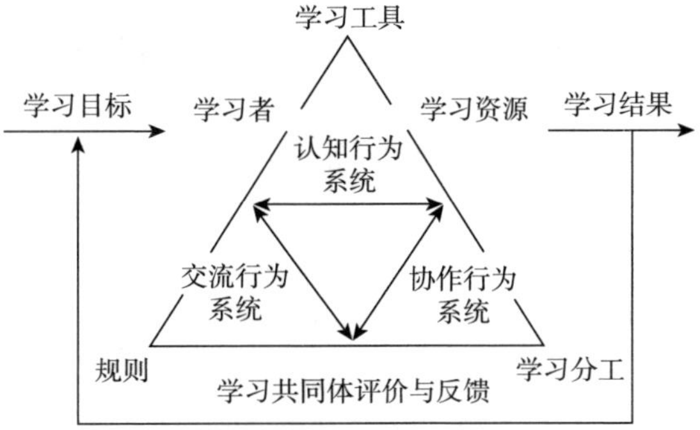

图 4.5 网络自主学习行为系统

自主学习各内在要素表明这种教学方法的特点是为学生创建不同的学习环境、管理模式,鼓励学生进行自主选择,通过个性化学习,达到个性化发展的目的。

2. 网络自主学习的行为

学生都很喜欢上网,但是教师组织网络教学时却往往发现学生的参与积极性不够。为了更好地理解学生的网络自主学习,彭文辉等人将网络学习行为分为五类:

(1) 基于信息浏览的自主学习行为,学习者自觉通过网络检索获取学习资源和信息;

(2) 基于信息加工的自主学习行为,学习者自觉对网络资源进行取舍、保存、整理、归档等处理;

(3) 基于信息发布的自主学习行为,学习者自觉利用网络工具发布学习信息;

(4) 基于人际交流的自主学习行为,学习者自觉利用网络与其他人进行讨论交流;

(5) 基于问题解决的自主学习行为,学习者为解决学习问题主动利用网络寻求帮助和合作[19]。

徐恩芹的研究表明,基于信息检索的自主学习行为发生频率最高,所有学生都曾经从网上查找有用的学习资源;基于信息发布的最低,约72%的学生从来不向网站上传有用资料,也从不评价同学的作业。这是因为学生认为这些工作应该是教师的事,只要教师不提出要求,他们自己很少会去做。基于人际交流的自主学习行为明显不足,超过半数的学生从来不参与讨论。虽然学生很喜欢在网上与其他人聊天,但是却不愿意交流学习内容,而更愿意交流生活或者情感问题。基于问题解决的自主学习行为频率较为可观,绝大多数学生在学习中遇到问题时会上网求助[20]。

从以上的研究结果可以看出,现在学生在进行网络学习时,仍然是以教师所给的学习目标和学习内容为主,他们已经较为熟练地掌握了在网上查询信息并寻求帮助的技能,而且也愿意在学习中使用这种技能。但是对于网络交流和信息发布,大多数学生仍然比较消极。学生只是在有需要或者被要求的时候才会与其他人交流,很少主动发起交流。这成为困扰网络教学的问题之一。有人认为这是因为我国学生长期进行被动学习,缺少主动学习的经验,不习惯通过网络交流来学习。

如果我们把网络学习社区看作一个社交网站,我们会发现,也只有少数网民会选择性地在某些社交网站上发言,大部分人仍然只是浏览或者仅仅与朋友对话,只有少数时候会愿意与陌生人一起讨论一个问题。也就是说,在完全没有目标压力的情况下,大多数人并不热衷于提供信息,参与讨论严肃问题。由于互联网本身的用户众多,因此只有少量比例的用户积极参与,就已经能够提供大量的信息。但在网络学习社区,参与的人数较少,一个班的讨论区也一般只有几十人或者上百人,大多数人不愿意自发的发言讨论问题,无法提供足够的信息,吸引大家观看。因此网络学习社区不可能像一般的社交网站那样完全自发的由用户自己上传信息,发起话题,而是需要教师构建一个任务环境,提出一系列的问题和要求,才能够保证学生能够在网络上讨论和交流。

3. *网络学习者的自主学习能力特点*

(1) 重实践,目标性强,内部学习动机强

大多数的网络学习者都是有一定的工作经历之后回到校园进行深造,他们一般对自己有一个比较清晰的定位,对自己的职业有一个明确的规划,能明确选择自己报读的专业以及选修专业相关的课程,因此内部学习动机较高,而且目标性较强[20]。他们希望看到网络课程内容与工作中的实际需要有关,能够清楚地回答

“我能从中得到什么”的问题[21]。

(2) 自主学习能力的个体差异大

虽然很多网络学习者有强烈的学习动机，但是相应的自主学习能力参差不齐。很多学生具有一定的网络操作技术，但是对元认知策略的掌握程度较一般[22]。而且学习者个体间的自主学习能力差异较大，有的能够熟练操作网络，选择适合自己的学习策略，积极在网上进行讨论和交流，但有些人缺少相应的技能，不能很好地适应网络学习。

(3) 自我监督较弱

网络学习一个普遍存在的问题是学习者缺乏自我监督和反思，但是比较愿意做自我奖励。研究者发现当学习者在取得学习的成功后，会对自己进行自我奖励，以激励自己继续学习，但是在学习没有达到预期目标时，却不会通过“减少娱乐节目和娱乐时间等”来惩罚自己。对自己每一个小阶段的学习结果进行评价和总结，并能根据其结果进行调整，这是一个主动的过程。当学习动机不太强，学习积极性不高，自我意志不强的时候，做到这点有一定的难度。

三、网络自主学习的影响因素

网络自主学习受到三个方面的影响：个人、环境和经验[23]。个人是指个人的特质，包括个人自我效能感、成就目标、学习动机、学习风格等个人特征，学生要实现自主学习，需要有足够的成就目标及自我效能感；环境是指学校、教师提供完成任务的环境，或者通过自身的努力获得这样的环境；经验包括完成任务过程中所得到的经验，对后继行为、完成整个学习任务有重要的影响[24]。

1. 个人特征

学习者自身的特征对自主学习有直接影响。学生要实现自主学习，需要有足够的学习兴趣、成就目标和自我效能感，还需要具有元认知能力[24]。前面三项已经谈过，这里主要谈一下元认知能力。

元认知，就是指个人具有自己认知过程的知识和调节这些过程的能力。元认知包括元认知知识和元认知控制。其中，元认知知识是在实施任务前的一种认识，学习者在实施任务前就应清楚了解完成该任务需要什么技能和策略，即知道自己想做什么和怎么做；而元认知控制则是对认知行为的管理和控制，学习者应具有运用自我监视机制确保任务完成的能力，即知道何时做和做什么，从而对学习过程进行积极、自觉的监控和调节。总的来说，元认知控制过程包括对目前认知任务的认识、制定认知计划、监视计划的执行及对认知过程的调整和修改[25]。

网络环境下，学生获得了前所未有的自由，他们可以以自己喜欢的顺序选择想要阅读的材料，根据自己的节奏来学习。然而自由的同时也意味着学生自己要对自己的学习承担更大的责任，稍不注意学生就会陷入网络浩瀚的信息海洋中而迷失方向。在网络环境下，学生对任务的了解和计划、调节、监控的能力，直接影响着学生的网络自主学习效果。培养学生元认知能力最直接的办法是写“学习反思日记”,即每天将自己学习的收获和遇到的问题,以及自己的思考记录下来,通过将日记这种外在的文字记录方式迫使学生反思这一段时间的学习,准备下一步的行动,达到计划、监控、调节的目的。

网络技术的发展为学生的反思提供了很多便利的条件。例如很多在线笔记类的软件(如“印象笔记”、“有道云笔记”等),让学生随时随地可以利用手机、个人电脑、平板电脑等工具记录下重要的学习活动,且能够以非常方便的方式进行检索。而各种电子日历、词典等软件可以帮助学生计划自己的学习日程,提醒自己某个课程的学习进度,例如某款软件在手机上显示“您今天需要复习30个单词”。这些技术手段为学习者提供了一种外在的监控机制,在一定程度上代替了教师作为监督者的功能,协助学习者自身进行学习的自我监控,减轻学习者的认知负担。

2. 学习环境

良好的学习环境给学生的自主学习提供支持,使学生更愿意去寻求帮助。一方面学习环境是由教师、学校提供的任务环境,另一方面学生通过自身的努力也可以获得这样的环境。

网络环境下的自主学习,学生不再只依赖传统的教材,他们能够从网络上更快更好地获取更多的信息。但是对于课堂教学来说,如果让学生直接到互联网上寻找,往往会浪费大量的时间。于是很多学校利用网页的形式将相关的学习材料组织起来,建立网络环境的下的资源库,包括各种教学多媒体素材,如文本、影响、图片、课件、录音、案例库等内容。学生在这样的学习环境中学习,更容易寻求帮助,可以大大提高学生的自主学习效果。

学生也可以依靠自己的力量获得环境的支持。通过不断的实践,学生的网络搜索能力越来越成熟,对网络资源的判断能力也得到加强,他们甚至可以自己建造一个属于自己的学习资料库,以自己的知识结构组织各种学习材料,方便自己的学习。

3. 经验

学生在学习的过程中获得经验,包括成功的经验和失败的经验,也包括如何进行学习的经验。经验告诉学生怎样进行自主学习才是有效的,学生根据经验来判断自己是否能够顺利完成自主学习的任务。

学生的自我概念、自我效能感,都是建立在经验的基础之上,而自我概念是自主学习的重要影响因素,通过学习归因及学习环境适应进一步影响学习的自主性[24]。

在网络教学变得越来越普遍的今天,学习者虽然对网络学习有积极的态度,但却普遍缺乏自主学习的能力,这已经成为推行网络教学的一大障碍。有人用一句话形容当前在校大学生网络学习现状:“最不具有自主学习能力的人,在利用最需要自主学习能力的资源和环境进行学习”[26]。究其原因,一方面在于我国学生已经习惯了以教师为中心的指导式教学，在学习内容、学习方式上一直缺乏自主选择的机会，导致自主学习能力没能得到发展；另一方面，很多教师一时也难以从传统的知识传授转到能力培养的教学目标上来，对网络学习如何进行合理组织和有效指导缺乏认识。教和学的双方都需要一段时间来适应网络自主学习的新要求，而教师则应该更多地考虑在利用新技术的同时，如何通过有效的组织和引导，来激发和维持学生的学习动机，促进学生网络自主学习能力的发展。

参考文献

[1] 钱颖.论学习动机[J].应用心理学，1986(01)：28－29.

[2] 陈琦，刘儒德.当代教育心理学[M].北京师范大学出版社，2007.

[3] 陈俊，张积家.中学生成就动机与成功恐惧的研究[J].心理科学，2003(01)：102－105.

[4] Newmann F M，Wehlage G G，Lamborn S D. Student Engagement and Achievement in American Secondary Schools，Newmann F M，New York：Teachers College Press.，1992.

[5] 孔企平."学生投入"的概念内涵与结构[J].外国教育资料，2000(02)：72－76.

[6] Biggs J B. Student Approaches to Learning and Studying[M]. Melbourne：Australian Councile for Educational Research，1987.

[7] 涂阳军.论情境兴趣与个体兴趣及其教育意义[J].长春教育学院学报，2011(11)：55－56.

[8] Garner R，Alexander P A. Interest and Learning From Text[J]. American Educational Research.1991.643－659.

[9] 张鼎昆，方俐洛，凌文辁.自我效能感的理论及研究现状[J].心理学动态，1999(01)：39－43.

[10] Davis F D. User acceptance of information technology：system characteristics，user perceptions，and behavioral impacts[J]. International Journal of Man-Machine Studies.1993.475－487.

[11] 管益杰，王昌海，董奇.教师的计算机焦虑[J].当代教育科学，2006(05)：52－53.

[12] 李宏利.计算机焦虑的研究进展[J].中国心理卫生杂志，2004(07)：483－485.

[13] 张俊，刘儒德，贾玲.反馈在自我调节学习中的作用[J].心理发展与教育，2012(02)：218－224.

[14] 周晶，张承芬，傅宗国，等.成绩反馈对不同成就动机取向的学生后继成绩的影响[J].心理发展与教育，1997(04)：29－33.

[15] 李蕾.应用互动反馈技术开展有效教学的探索[J].中国电化教育，2008(05)：68－71.

[16] 庞维国.90年代以来国外自主学习研究的若干进展[J].心理学动态，2000(04)：12－16.

[17] 陈美华.计算机网络环境下大学生英语自主学习要素研究[J].外语与外语教学，2007(03)：33－36.

[18] 庄科君，贺宝勋.网络自主学习行为系统框架和自主学习行为层次塔[J].中国电化教育，2009(03)：41－45.

[19] 徐恩芹，胥旭.活动理论指导下的网络自主学习研究——大学生网络自主学习行为现状的个案调查[J].远程教育杂志，2012(04)：87－92.

[20] 周丽红，吴筱萌，尹欣.网络学习者自主学习状况的研究——以北京大学网络教育学院的学习者为个案[J].中国电化教育，2010(06)：46－54.

[21] 魏淑华，张大均.国外网络学习动机研究的趋势[J].电化教育研究，2007(04)：33-37.

[22] 王焕景，张海燕.对网络学习者自主学习能力现状的调查与思考[J].现代教育技术，2005(01)：33-36.

[23] 王润兰，李铮铮，张晓鑫.大学生网络自主探究学习能力培养[J].电化教育研究，2010(10)：56-60.

[24] 王静琼，张卫，朱祖德，等.大学生自主学习影响因素的中介效应模型[J].心理学报，2010(02)：262-270.

[25] 龙芸.元认知策略提升学生网络自主学习能力的作用和途径[J].教育教学论坛，2013(29)：102-104.

[26] 朱艳侠.网络自主学习低效现象的原因及对策[J].中国远程教育，2005(10)：41-44.

第五章 现代技术与知识、技能学习

对于学校教育来说，日常教学工作中最重要的工作恐怕就是进行知识、技能的教学。学生学习牛顿运动第二定律、动植物的种类、数学定律等，这些都是属于知识的学习；学生学习写字、写作文、动手操作物理化学实验、练习广播体操，这些属于技能学习。随着现代技术进入学校的日常教学，也改变了教师教授这些内容的方式。各种可视化工具和多媒体工具帮助学生更好地掌握知识，而虚拟现实等技术则使学生可以在虚拟环境中进行技能训练。

第一节 技术支持下的概念转变

建构主义认为，学习过程是学习者在自身旧经验的基础之上，发展和建构新的经验。当学习者的原有经验与新经验不一致的时候，学习者需要做出必要的调整和改造，使新旧经验一体化，这就是一种概念转变的过程。现代技术为概念转变的教学过程提供了新的思路和工具支持。

一、概念转变：认知冲突理论

1. 什么是概念转变？

概念转变指个体原有的某种知识经验由于受到与此不一致的新经验的影响而发生的重大改变[1]。这里的"概念"并不是指"桌子""地球"这样的狭义概念，而是在指关于某一对象的观点、看法，比如，"地球在绕着太阳转"便是一个概念。从这个角度来说，概念转变更像是"理论建构"，即建构一个用于解释客观世界的理论。

随着个体的经验不断增加，头脑中的经验也在不断发生变化。在变化过程中存在两种过程，同化和顺应。同化是指在原有的知识框架中不断加入新的知识，通过积累新知识的方式使原有的知识变得更加丰富，从而发生变化。在这种情况下，新知识与原有知识之间基本是一致的。这种概念变化比较容易实现，奥苏贝尔的有意义学习理论强调认知同化论，就主要是从这个角度来解释学习。

当新获得的信息与现有的信念、假定或有关理解之间存在着冲突，往往需要对原有知识框架做出调整，是新经验对已有经验的改造，这称之为"顺应"。概念转变主要就是针对这种情况。个体在面临与原有经验不一致的信息时,对现有的理解、解释做出的调整、改造,而不是针对细枝末节的变化。由于概念转变涉及新旧概念之间的冲突和转化,所以概念转变的过程就是认知冲突的引发及其解决的过程。

"概念转变"是学校教学的核心问题。学校通过教学活动,纠正学生头脑中已有的错误概念,建立科学的概念。但事实上并不是只有在学校里才会发生概念转变。一个人从出生开始,就通过直接创建一些简单的理论,用来解释周围世界的各种现象。随着经验的积累及不断的反思,人对以前创建的理论也进行重新组织,逐渐形成更系统的理论体系。例如,儿童对光影现象的解释,最开始不认为影子是因为光线的存在而产生的,只知道影子是黑色的。当生活经验丰富以后,儿童会逐渐意识到,影子的产生与光源和物体有关,最终在头脑中建立一个关于三者关系的理论模型[2]。然而个体经验毕竟是有限的,通过自己的体验和反思获得的知识并不完整。相比之下,学校里所教授的知识,则是由科学家将人类众多个体的经验整合起来,利用系统的科学研究方法和严密的逻辑思维,不断进行检验,形成更加系统、解释力更强的科学知识。学习者来到学校学习,实质上就是通过教学的作用,使得头脑中与科学概念相悖的先前经验、概念发生转变的过程。如果错误概念没有得到纠正,学生也难以真正掌握新的知识,甚至对新知识产生错误的认识[3]。

前面提到,学生在日常生活中已经形成了大量的经验,他们自己通过直觉和思考总结出了一些理论用来解释生活的现象。这些经验中有些是与科学的理解基本一致的,但有些理解却是与当前科学理论对事物的理解相违背的,这就是错误概念(Misconception)。例如,儿童形成的大小—距离假设就是与事物相符的正确概念。但"重的物体会更快落地"却是来源于直觉但与科学理论不相容的错误概念。当教师向学生传递科学概念时,由于直觉经验的影响,学生可能既不能理解也不相信这个科学概念。在考试的压力下,学生有可能会将这个概念用死记硬背的方式记下来,但是在教学之后,往往仍然信奉原来的观点或者并没有对新概念有深入的理解。例如,学生在学习圆周长计算公式时,即使记住圆周长$=$直径$\times\pi$,但也可能对"π"的含义并不理解,那么就不知道圆周长和直径的关系。

教学的主要目标之一,就是寻找学生的错误概念,并采用各种方法促进错误概念发生转变。随着技术的发展,越来越多的教师开始利用技术工具建立模型,来表征学习者的内在认知。学习者在建立及改变概念模型的过程中,实际上也在改变自己的观念,建构属于他们的知识。

2. 认知冲突

当学习者接触到与原有知识结构不相符的新经验时,发现不能用原有的观念来解释新的经验,感受到了自己当前的观念和新的认知之间的矛盾,这时候就发生了认知冲突。学习者如果意识到这是由于自己的知识结构不够完善所造成的,那么就能够意识到需要改变自己的原有概念。只有经历了认知冲突或已有的概念受到挑战,学生才有可能改变原有的错误概念,因此认知冲突是概念转变的必要条件。学生需要被证实:科学概念比他们已有的概念更清楚、合理、有效。在教学过程中,教师需要使用矛盾事例或评论事例,让学生产生对自己现存概念的不满,引发认知冲突。如果学习者对学习非常积极,有较高的责任感,就更容易产生认知冲突[4]。

除此之外,认知冲突还与学生已有的相关知识有关。大量的特定领域的知识对于概念的理解是有帮助的。如果缺乏相关的知识,是难以体会到认知冲突的,比如下面这个例子:

学生在学习电路知识的时候,"原电池中的电解质的导电原理"的教学过程中,教师提问:"原电池能够提供电能,使得外界电路中通过金属导线连接的灯泡亮起来。那么在原电池内部,是靠什么东西来导电的?是什么东西形成了电流?"学生 A 回答:"在原电池的电解质溶液中,自由电子从负极流向正极,从而形成了电流。"这个理解是错误的。那么如何让学生产生认知冲突呢?教师用实验来证明,在 NaCl 加入前后测定水的导电性,实验事实表明水的导电能力很弱,纯水不导电。这与概念理解 1 相矛盾。因为如果电子不需要离子援助,为什么纯水不能导电[5]?在这个例子中,如果学生连"离子"的概念都不具备,也就根本不会产生认知冲突。

即使体会到认知冲突,学生也不一定就能自动进行概念转变。人们在面对认知冲突的时候,心理上会感受到一种不一致带来的紧张和不舒适感。这种紧张感是进行概念转变的动力,但概念转变并不是消除不舒适感的唯一方法。在面临认知冲突的时候,个体倾向于用两种方式来进行自我调节,一种是对新经验予以否认、忽略、排斥或者重新解释。例如,当学生在学校里学到"地球是圆的"的概念,但是日常的直觉经验却告诉他"大地是平的"。这时候学生就可能将"地球是圆的"认为是"学校里考试要考的内容",并不认为这跟实际的日常经验之间有关系。另一种解决认知冲突就是概念转变,即用想办法改变旧的观念,用新认知代替旧的认知,重新获得心理平衡。

个体之所以不愿意用调整已有知识结构的方式来解决认知冲突,一方面是因为这种做法需要放弃原来的观念,耗费大量的心理能量,另一方面是因为背后有另一个更深层次的概念难以被抛弃,例如学生认为"如果地球是圆的,那住在下面的人就会掉下去。"因此概念转变并不仅仅是将单个概念转变过来,而是要将整个概念体系中相关的概念或规则都重新进行建构,例如,要从"地球是平的"这个错误概念转变到"地球是圆的"的正确概念,就要转变另一个错误概念,即"人在头朝下的时候会往下掉",正确的认识应该是"宇宙中没有上下之分,人之所以会往地面掉是因为地球的吸引力"。只有正确认识"引力"之后,学生才能真正理解地球是圆的这个概念。

二、技术支持下的概念转变

1. 网络协作学习与概念转变

概念转变的关键在于产生认知冲突，通常教师是通过在课上呈现图片、视频或实验等方式来向学生展示与其原有经验不符合的概念。但有些概念如“经度与纬度”、“天气和气候”、“沸点”、“温度与热”等，如果没有地理上的巨大差异，就很难看出不同特征，因此，也就不会引起学生的疑惑。例如，当学生们学习温带地区、热带地区、寒带地区的差异时，由于学生们只有在温带地区生活的经验，对热带地区一无所知，即使教师呈现不同地区的视频，学生们也很难形成直观的感受。而且，一个班级甚至一个学校的学生由于其生活环境、社会经历等相差无几，其知识结构也大致相同，很难有不同的经验和认识，互相之间也难以通过交流和讨论来产生认知冲突概念。由于环境限制，学校也很难组织学生真的到这些地区去体会。幸运的是，在计算机网络的帮助下，不同地区的校际协作成为可能。东北、华北、华南、西南地区的学生可以通过网络的方式共同完成一个项目，视频聊天、文字聊天让生活背景存在差异的学生们通过讨论产生认知冲突，这种冲突引发学生的动机，激发了学生求知的欲望。

徐晓东曾在小学组织了一次关于“温度和热的概念辨析”的网络协作学习[6]。参加者来自不同的地区，其地理气候环境存在较大的差异。学习活动让每个学生和其他学校的学生组成一个学习小组，共同完成用温度计测量环境及各种物体的温度，然后通过聊天软件分析和讨论地区间的观察结果差异。学生发现，新疆的学生觉得25度的水很温暖，但海口却觉得这个温度很凉爽，由此引发了认知冲突。在好奇心的引导下，学生们展开了对原因的探究学习，最终明白了温度和热的区别。学生的知识经验可以促进学习，而不同背景的学生通过交流和沟通可以互相学习。学习者之间的差异可以让学生接触到不同的经验，实现知识的互相补充，共同建构新的知识框架。

2. 计算机辅助设计工具与概念转变

学习者通过活动在头脑中建立其关于世界的模型，也就是通常说的认知结构。模型是由元素、关系、规则组成的概念系统，模型可以是外部的，通过文字、图形、表格、动画等方式表示，也可以是内部的，即存在于头脑中的模型。内部的模型可以通过适当的方式表现出来，例如常见的历史课上要求列出年代大事记，这就是一种模型表达方式。根据分布式认知理论，学习者通过利用外部表征，将头脑内部的一部分认知任务分配给了外部中介物，使脑内外建立起了一个统一的心理操作空间，大大降低脑内的认知负荷，提高了认知效率。另外，在外化表达的过程中，人们会意识到内部模型的不完善，逐步对其进行修正，使其渐渐变得成熟。

因此，为内部模型建立外部表征的模型，可以有效支持和促进概念转变。在外化过程中，学习者会使用一定的工具。最原始的就是纸和笔，学生在学习的时候用笔在纸上画出本节内容的知识结构图，这就是一个将内部模型外化的过程。在新技术支持的教育环境下，则出现了更“聪明”的外化技术工具。计算机成为学习者的伙伴，学习者将某一部分认知任务交给计算机，而自己则承担更多的思考任务，这是很多思维辅助工具设计的主要思路。

计算机和人相比，两者各有各擅长的任务。计算机思维工具的主要作用是帮助学习者进行有效的思维，这并不意味着减少学习者的思维工作量，相反，在思维工具的帮助下，学习者要进行更深入的思考，以促进自身对知识进行意义的建构。需要注意的是，思维工具不是让学生将教师教给他们的知识直接呈现出来，而是要让学生对自己所知道的东西进行展示、操作和反思。

(1) 概念图

概念图又称为语义网络，是概念和概念之间互相关系的空间表征。这里所说的概念是狭义的概念，即人对事物的本质特征的认识。例如，“鸟”这个概念，本质是有羽毛，无齿有喙的动物，这些本质属性使鸟跟其他动物区别开来。毛色、大小、是否会飞不是鸟的本质属性，“鸵鸟”并不会飞，但它也是属于鸟，“蝙蝠”会飞，但它不是鸟。概念让人们能够透过事物的表面认识到事物的本质。

人在日常生活中，头脑中存储了大量的概念，在学校里还会接触到了更多的科学概念。日常的概念和科学的概念有重叠，但是也有不同。例如，有些人会认为“大熊猫”和“小熊猫”是同一种动物，实际上这是属于不同的科，大熊猫属于熊科，小熊猫则属于小熊猫科，与浣熊比较接近。心理学家认为，大量的概念在人的头脑中以节点的形式存储，每个概念具有一定的特征，各种类属概念按照逻辑关系组织在一起，概念之间通过连线表示他们的类属关系。

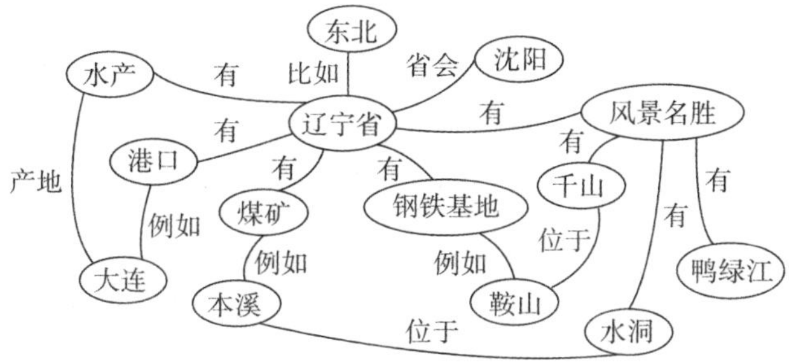

图 5.1　概念图

头脑中的认知结构与外化的概念图有相似之处，借助可视化的概念图呈现策略可以帮助学生减轻认知负荷，把学习者认知结构中与所学知识关联的部分表示出来，以便于发现新旧知识之间的联系，促进信息的整合加工。概念图作为一种组织框架，也可以帮助学习者将自己所学的知识按照一定的结构组织起来，改善学习者的认知结构，有效地促进学习[7]。研究表明，在学习发动机的运作原理时，如果学生自己一边学习一边画图，通过将概念关系外化，能够更好地帮助内部表征的形成和巩固[8]。

以前学习者通常会使用纸和笔做笔记、画图来帮助自己的思考和记忆。在计算机时代,越来越多的学习者开始使用软件来制作概念图,更有利于保存、修改、管理和交流。例如有一款名为Inspiration概念图软件,主要就是帮助学生组织和管理知识概念、命题和各类教学信息。这个软件允许学习者通过点击鼠标来建立概念图,加入概念符号和文字,再通过"Link"功能在各个概念之间建立链接,并标注关系的简短关键词。学习者可以按照一定的模式来排列概念图的结构,最后自动生成一张概念图[9]。

在教学中使用概念图可以有不同的教学策略,例如采用比较式的师生协作学习,比较教师设计的概念图和学生自己做的概念图,通过讨论让学生领会概念的内涵。学生还可以将图片、视频、文章连接到概念图上,用生动有趣的形式将概念图的内容贯穿起来,使整个主题变得更加丰富。教师也可以基于概念图对学生的活动做评价[10]。

(2) 电子数据库

数据库是在地理、生物、社会学、经济等课程上常用的分析工具。当学生面对大量的内容进行分析时,需要一种工具来帮助他们从杂乱的内容中发现不同的趋势、规律和主题[11]。例如,在学习各国的地理面积、人口数量、国民生产总值、识字率、人均寿命时,可以用数据库的方式将数据组织并进行分析。

表5.1 各国基本数据表

国　家	地理面积 平方公里	人口数量	GDP美元	识字率	预期寿命	人均GDP 美元
美　国	963万	3.1亿	16.8万亿	99%	79.8	5.42万
俄罗斯	1 707.5万	1.52亿	2.31万亿	99.5%	70.5	1.52万
中　国	960万	13.6亿	9.24万亿	95.9%	76	0.67万
加拿大	998万	0.35亿	1.82万亿	99%	82.5	5.2万

电子数据库是将数据库的内容用电脑记录的一种存储方法,例如Excel、Access等电子表格软件。电子表格中的每一个空白单元可以包括文本、数字、公式等信息。电子表格内可以进行自动计算,并且在某个单元格内容更新之后自动重新计算与之有关的表格内的信息。例如上表中,人均GDP的表格内是一个公式,由总GDP除以总人数得出,那么当总GDP或总人数被修改时,人均GDP也会自动发生变化。电子表格还提供将数据用图形方式展示的功能,例如Excel里可以根据用户选择的数据区域和图表类型,绘制出相应的图形。

自动计算和图形化的功能使得电子表格可以用来帮助学生的认知思维。例如,学生在学习地理课时,老师提问,如果十年之后某国的人口下降20%,GDP

上升30%，那么他们的人均GDP会发生什么样的变化？学生可以只修改某几个值，就能马上看到结果。在数学课或者物理课上，电子表格的自动计算功能也起着重要的作用。例如，当学习浮力定律的时候，学习者利用电子表格来展示浮力和体积以及密度的关系，从而可以对几个变量之间的关系进行更深入的思考和理解。

(3) 超媒体

超媒体是用超链接的方式将文字、图形、动画、声音等方式组织起来。最常见的超媒体组织方式就是网页，通过网页上的链接，可以访问任意一个节点，并且可以跳转到再下一个节点。节点和链接组织起来一个网络结构。超媒体的特点是允许用户按照自己的喜好随机进入系统，并且在整个系统网络中自由跳转。现在很多超媒体也允许用户增加、修改属于自己的个人网页。

建构主义认为，学习者通过建构属于自己的知识来进行学习。让学习者用超媒体来构建属于自己的知识库，这是一种新的学习方式。与其他思维工具不同，超媒体最终的设计结果是一种对外的展示，因此超媒体也特别需要设计者从读者的角度考虑产品如何才能吸引人。因此如果让学习者通过建构一个超媒体来学习，那么学习者特别需要反思自己对学习主题的看法，组织自己表达的方式，要能够在概念之间建立起有意义的联系。使用超媒体的学生能够更熟练地对概念进行组织和归纳，也能够更好地表达复杂的观点。

第二节　多媒体与知识的学习

一、什么是多媒体？

随着教育技术的发展，各种各样的多媒体出现在教室中。教师在课堂上使用多媒体课件已经成为一种常见的教学手段，关于多媒体环境下的学习过程和学习效果的研究也成为教育技术心理学研究的重要主题。

那么，到底什么是多媒体呢？多媒体是指不同类型信息的整合。根据学生接受信息的感觉通道，教学情境中教师要传递的信息大体可以分为以下三类：

1. 用视觉或者听觉信息呈现的语言信息

语言是人们用以交流沟通的工具，包括书面语言和口头语言两种基本形式，通过视觉和听觉两个通道传递信息。在学校环境中，绝大部分知识都是以视觉的语言信息形式存在的。翻开课本，密密麻麻的文字就是用视觉形式表现的语言信息，教材用文字表述一个概念、一个事实、一个定律，学生则通过阅读这些文字来获得理解。因此，对书面文字的阅读能力是保证学生能够顺利学习的基础。

☞ 拓展阅读

阅读障碍和“听书”

如果学生在阅读书面语言方面存在障碍，那又该怎么办呢？阅读障碍又叫读写困难(Dyslexia)，特点是智力正常，但是在读写能力上落后同龄人，具体表现为难以理解书面文字，对口头言语的理解则没有问题。例如，当看到一个书面的单词“dog”，阅读障碍的学生很难理解这个词的含义，但是如果听到“dog”这个单词读音，阅读障碍学生的理解则跟正常学生没有区别。大量的研究表明，这是由于阅读障碍儿童处理语音信息有困难，即难以根据读音规则将单词读出来，并根据语音理解这个单词的意义。由于汉语是表意文字，不存在形音对应规则，早期人们认为汉语阅读障碍发生率应该低于英语国家。但是越来越多的研究表明，汉语儿童中也存在阅读障碍，且比率与英语儿童接近，但表现上与英语儿童不同，主要表现视觉上的障碍[12]，例如，难以只看一个方块字，而是容易把周边的字混在一起，造成混乱。或者是在写字时经常将各个部件的位置搞反。

不管英语还是汉语的阅读障碍，都会大大阻碍学生对知识的获取。但是阅读障碍的学生本身并没有智力问题，他们的思考能力与正常人相比毫不逊色。因此摆在教师面前的问题就是如何帮助他们克服阅读障碍对学习带来的不良影响。多媒体技术是其中一条主要的途径，因为它能够为这些学生提供另外一条获取知识的道路——听觉语言信息。例如，现在非常风行的有声读物就是一种通过听觉通道传递的语言信息，非常适合有阅读困难的学生。随着技术的发展，能够直接将书面文字转化为语音的软件技术也逐渐成熟。这种软件能够将指定的文字信息自动朗读出来，读写困难的学生可以通过该软件帮助自己阅读各种电子文件。

将文字转为语音，不仅能够帮助读写困难的学生，也能够提高注意力障碍学生的学习效率。对于正常人，语音通道的信息比书面文字信息听起来更轻松，压力也更小，而且可以与其他工作一同进行，节省时间。例如，人们可以一边洗碗一边“听书”，或者是睡前听书，学习也变得更加轻松。

2. 静态或者动态图形信息

图形信息分为两种，一种是表示真实情景的图像，例如照片或视频，也包括模拟的动画图。真实情景的照片或视频可以增加学生的学习兴趣。例如教师讲到一篇描述九寨沟景色的文章，给学生呈现几张相关的图片，能够让学生对文章内容有更加深刻的认识。或者当学到发动机的工作原理时，用一段动画演示让学生更容易理解。

另一种是用于表示数据关系或概念关系的结构图。上一节提到的各种概念外化支持工具，产生的就是这种图形。

3. 声音信息

除了语音，在教学情境中使用的声音主要包括两种，一种是有意义的声音，一种是没有意义的声音。有意义的声音主要来源于一个事件，例如火山爆发时发出的轰鸣声。在自然界中，声音信息都是来源于一个特定的事件，这个事件产生声波，通过空气的传播，人们就听到了声音。例如一个球掉到地上，撞击地板，发出了声音。这个事件往往同时还产生了视觉信息的变化，例如球掉到地板上的画面。球撞击地面这个事件产生的视觉信息和声音信息几乎同时被人们感觉到，所以人们在实际生活中感受到的周围环境信息总是声音和画面的结合。当教师要在课堂上向学生呈现一个真实场景，往往就需要同时呈现声音和画面，才能给学生一种身临其境的感觉。

另一种没有意义的声音主要是用来做标志或提醒的声音。例如，教师呈现下一张幻灯片的时候，让电脑发出一种短促的声音，目的是为了提醒学生将注意力集中到幻灯片上。在很多电脑游戏、教学软件中，也会大量使用声音作为辅助。例如在风靡全球的“切水果”游戏中，出水果和出炸弹的声音都是吸引玩家的重要因素。

理论上来说，多媒体主要包括三种不同类型的信息整合，不过在教学领域，多媒体主要是指第一类言语信息与第二类图像信息或声音信息的结合，例如，一段关于火山的录像配合一段描述火山的文字或者解说；一张关于发动机工作原理的图片和一段文字说明。

以下是一个典型的多媒体学习实例，即用说明原理的插图＋文字说明，向学生解释雨是如何生成的。通常，由于多媒体是放在计算机环境中呈现，能够有一定的动画和声音效果，而且比纯文字和图片更具有交互性。想象一下你坐在屏幕前，看到屏幕上出现左边的图画，同时听到了关于下雨原理的解释。随着解说的进行，图像上出现相应的变化。例如，当降到“池塘里的水被太阳蒸发”时，图像上的水蒸气开始变化，让学生能够马上注意到这个过程是如何进行的。学生还可以移动鼠标，点击乌云，系统便会开始讲解水蒸气如何凝结成水。

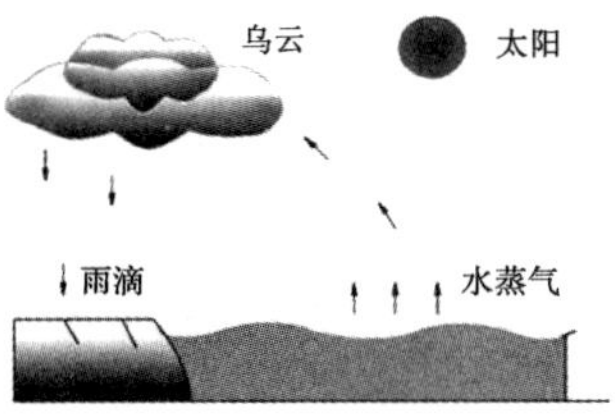

池塘里的水被太阳蒸发
水蒸气跟着热空气上升
水蒸气在高空遇冷液化
液化水聚成云温度更低
乌云过厚水滴下落成雨

图 5.2 雨的形成原理

多媒体系统通常会允许用户在不同类型的信息之间自由切换，所以一般会采用超媒体的结构来组织信息。有时候即使只有一种类型的信息（例如文本），如果用了超媒体的结构，也被称为多媒体。

二、多媒体学习的认知机制

随着多媒体越来越多地应用在教室中，很多教师也产生了困惑，多媒体真的那么好吗？多媒体学习到底有没有效果？在实际应用中，有些教师发现多媒体会分散学生的注意力，阻碍学习，有些教师则认为确实多媒体有助于提高学生的学习兴趣，也可以帮助学生更好地将新知识整合起来。那么，多媒体的实际效果究竟如何呢？

由于学习是一个受多种因素影响的综合过程，单单是一种多媒体技术的应用显然不能完全决定学习的效果，而是会受到内外多方面因素的影响，例如课程内容的安排、教师的教学方法等，或者学生的先前知识、学习动机、学习方式及学习控制能力等。对多媒体效果的探讨必然要涉及一个更深的层次，即人们对多媒体信息的加工机制，也就是说，人们如何将不同通道的信息整合起来的？心理学家们针对这个问题提出了不同的理论。

1. 双重编码理论

Paivion 的双重编码理论认为人有两种认知系统——言语系统和表象系统[13]。言语系统中，信息是以言语符号为单元进行存储，这是一种抽象的表征。例如对于“苹果”这个概念，存储内容就包括文字、读音和定义。如下图。

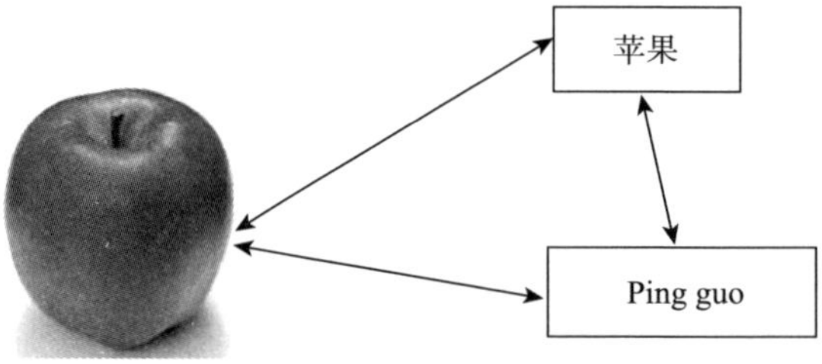

图 5.3　苹果的心理表征

表象是指事物在头脑中的映像，表象包括图像表象和声音表象。例如当看到一个苹果，即使这个苹果不在眼前，人们仍然能够回忆起这个苹果，就像在头脑中又出现了苹果的图像似的，这就是苹果的心理表象。两个系统之间有相互的联系，也能够进行相互转换，例如，在“苹果”这个概念的存储中，即包括文字和语音，也包括苹果的表象。

双重编码理论认为，当学习者用言语和表象两种认知系统表征相同的材料时，如果言语信息和图画信息在时间和空间上一致，则在编码的过程中就会形成言语表征和视觉表征的连接，从而提高学习效果，并且能够增加学习者提取信息的路径。例如，当学生学习“苹果”这个词的时候，如果同时呈现一张苹果的图片，那么有利于帮助学生在头脑中形成“苹果”与画面信息的联接。当学生需要写出“苹果”时，可以通过头脑中的图画信息再联接到其字形信息，从而将两个字提取出来。

Paivio 所做的实验还发现，如果给被试者以很快的速度呈现一系列的图画或字词，那么被试者回忆出来的图画的数目远多于字词的数目，这个试验说明，表象的信息加工具有一定的优势。也就是说，大脑对于形象材料的记忆效果和记忆速度要好于语义记忆的效果和速度。

从幻灯片进入教育技术以来，教师就开始大量使用“图形＋文字”的呈现方式。根据 Paivio 的双重编码理论，这是因为图形和文字同时出现，可以增加学习者提取信息的路径，使学习者更好地记住所学的知识。

2. 认知负荷理论

Sweller 的认知负荷理论来自于经典的记忆理论，这种理论将人的记忆分为工作记忆和长时记忆，长时记忆的容量是无限的，存储时间也是无限的，而工作记忆的容量则是有限制的，时间也只能保持短短的几分钟。所有的信息在进入长时记忆之前，要经过工作记忆的加工[14]。有时候老师也会抱怨，给学生讲的话，学生“就是记不住”，“左耳朵进右耳朵出”，从认知过程上来理解，这就是教学内容没有被学生存储到自己的长时记忆中。在完成任务的过程中，工作记忆承担着类似“工作台”的作用，在这个工作台里对信息进行加工和操作，但“工作台”的容量是非常有限的，通常只有 5～9 个组块的容量。研究者者将需要加工和保持的信息量称为认知负荷。认知负荷如果超过工作记忆的容量，就会产生“认知超载”。例如在计算“12＋23”的时候，认知负荷是没有超出容量的，学习者可以直接在工作记忆中进行计算。但如果要计算“34 895 702＋12 975 622”，就超出了工作记忆的容量范围，难以在头脑中进行。

长时记忆的作用则类似于“仓库”，是用来存储各种知识，也包括各种复杂的认知结构，也称为“图式”。这些认知结构可以让学习者对信息进行组织，可以用更少的认知资源进行加工，降低认知负荷，为其他活动释放空间。学习的过程就是学习者通过工作记忆对新的材料进行理解加工，最终纳入到长时记忆中。

Sweller 将认知负荷分为内在认知负荷、外在认知负荷和生成认知负荷。

内在认知负荷：是学习材料本身所含的概念以及关系所决定的，与学生自身的经验水平也有关系。学习材料如果很简单，包含的概念数量较少，概念之间的关系也简单，那么内在认知负荷就小，反之内在认知负荷就会很大。同样的学习材料，如果学生自身的经验不足，长时记忆中缺乏相应的图式，那么对于这个学生来说，内在负荷也会很大。例如，与一个不熟悉历史的学生相比，对一个熟悉历史的学生来说，194918742008 的内在负荷就要小很多。对于后者，这组数字只有三个组块 1949 1874 2008，但对于前者来说，这组数字有 12 个组块，超出了工作记忆的范围。

外在认知负荷:外在的认知负荷是指因外在的信息呈现和教学处理而导致学习者耗费在与教学目标无关的操作(如信息搜索)上的认知负荷。这一般是由于教学设计不合理,教学信息呈现不当,导致工作记忆偏离形成图式的认知操作,使工作记忆需要承受额外的负荷。例如,学习者要用 Excel 表格来构建一个数据库,但学生对数据库的操作不熟练,导致学习者在操作上耗费了大量的时间和精力。外在认知负荷对学习起着干扰作用。

生成认知负荷:在图式获得和规则自动化过程中投入的认知资源的量,与学生的认知努力有关,对学习起着促进作用,是图式建构和自动化的工具。

认知负荷的这三种成分之间是一种相加的关系,所加之和不能超过工作记忆资源总量。一个学习任务的内在认知负荷是相对固定的,一般认为不能被教学设计所改变,但可以通过自动化的图式减少其总量,使更多的认知资源用于建构新的图式。外在认知负荷来源于教学增加有关认知负荷。

根据认知负荷理论,多媒体学习就是试图通过言语表征和图像表征互补,减少学习者的外在认知负荷,使学习者尽快从浅层语义表征与视觉影像达到命题表征与心理模型,增加生成负荷空间,促进深层理解。

3. 多媒体生成学习模型

如果同时呈现两种表征方式,这两种方式是怎样相互作用的?学习者从文本和图中得到的信息是怎样整合的?梅耶(Mayer)吸取了双重编码理论的观点,提出了多媒体生成学习模型(Generative Theory)[15]。

梅耶认为,言语信息和图画信息在不同的认知系统中进行加工。当学习者学习言语信息(例如阅读一段文字)时,选择相关词语建构成命题表征,组织成言语心理模型;当学习图形信息(例如看一张关于发动机工作原理的示意图)时,选择重要图像形成图像表征。这是两种平行的心理加工模式,是一对一的映射联系。例如,学生学习关于发动机工作的原理,如果他们只阅读文字说明,那么他们需要一边阅读,一边在头脑中自己建立一个图形表征。如果只阅读插图,学习者要将插图中各个部件的关系用语言表征抽象出来,形成言语心理模型。如果同时学习言语信息和图画信息,这两种信息同时出现在工作记忆中,学生可以直接在工作记忆中将两个模型进行整合加工[16]。

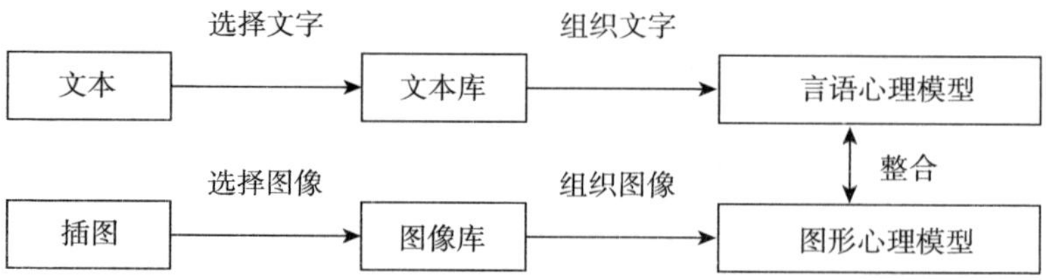

图 5.4　多媒体生成学习模型

多媒体的整合加工包括三个过程：选择、组织和整合。学习者是知识的建构者，首先要积极地先从视觉和言语信息中选择需要的内容，使这些内容进入工作记忆，这是一个信息筛选的过程。将重要的词语进行言语表征，其结果是建构命题表征或文本库。对于呈现的视觉信息，学习者则选择重要的图像进行视觉表征进入工作记忆，其结果是建构表象表征或图像库。

当学习者选择了视觉和言语材料之后，接着就会把进入工作记忆中的信息组织成一个连贯的整体，这个过程称之为组织。组织包括了言语短时记忆中言语知识的变化和视觉短时记忆中视觉知识的变化。经过组织，学习者形成了关于文中所描述情境的言语心理模型和视觉心理模型，言语信息和视觉信息以符合逻辑的方式联系在一起。

在分别建立言语模型和视觉模型之后，学习者要在这两种表征之间建立联系，并将所组织的信息与记忆中已有的、熟悉的知识结构联系起来。为使整合过程得以发生，视觉信息必须保持在视觉短时记忆中，同时，相应的言语信息需要保持在言语短时记忆中。

以前面的图5.2，“雨的形成原理”为例来看一下其中涉及的认知过程。首先学习者从右边的文字材料中选出重要的词语，包括主要物体如水、水蒸气、池塘；主要运动如蒸发、上升、遇冷液化等。与之同时，学习者从左侧的图中选重要的内容，如表示水蒸气的箭头，乌云等。

然后，将经过选择的言语和视觉信息组成连贯的表征。组织文字的过程需要依靠各个事件之间的因果链，如“水蒸气在高空遇冷所以液化”。同时也将图像组织成一个因果链，可以想象左边的图像变成动态的图画，显示水的变化过程。最后，学习者将水变化的言语表征和视觉表征一一匹配，整合起来。在整合过程中，意识到文字叙述的动作之间的关系和由图像呈现的动作之间的关系是对应的，例如“乌云过厚水滴下落成雨”对应从乌云到降雨的图像。这样两者就建立起了联系，在学习者头脑中发生了有意义的学习。

三、多媒体学习效果

当多媒体出现在课堂上时，以前基于语言的教学也逐渐让位于多种表征形式的教学。人们预期多媒体将会极大地促进学习和教学。但是，多媒体是否真的能够促进学生的学习？多媒体究竟在什么情况下是有效的？

大量关于多媒体的研究表明，如果学生同时接受听觉言语和视觉形式的解释，在问题解决迁移测验中确实能够更好地做出创造性的解决方案，比仅接受言语解释的学生平均高出75%[16]。但是这与言语和视觉信息呈现的方式有关。当文本和插图相邻呈现而不是分离呈现（对于基于文本的教学材料），或者同时呈现而不是先后呈现时（对于基于计算机的教学材料），学习者产生更多的创造性问题解决方案，这被称之为“邻近效应”[15]。

邻近效应与学习者的先前经验有关。邻近效应仅对先前知识较少的学习者有较明显的效果，对于先前知识经验较多的学习者效果不明显。这是因为将言语解释呈现给先前知识经验较多的学习者时，由于这些学习者已经具备有相关的心理模型，在面对新材料时也更善于形成自己的心理表象，进而在言语和视觉表征之间建立联系。但是对于先前知识经验较少的学习者，之前没有任何相关的心理模型，仅靠言语材料很难独立形成有效的心理表象，因此他们更容易从相邻呈现的视觉和文字材料中获益。例如，如果一个学生在气象方面有一定的知识，那么在学习雨的形成时，就不必依靠图形的帮助。

言语解释可以用文字方式或者语音的方式呈现，那么声音讲解是否比文字短文更有效？Matt 等人在研究中让学生观看一个描述汽车刹车系统的动画，同时听一段描述因果过程的讲解或者内容相同的文字。虽然两组学生都要经过构建言语表征，构建视觉表征，整合表征的过程，但言语信息通过视觉文字和听觉声音的方式呈现，效果是不同的，声音讲解＋动画比文本说明＋动画的学生多产生了50％的创造性问题解决方案。这是因为当文本和动画都以视觉方式呈现时，视觉注意需要在两者之间进行分配，容易造成视觉信息超载，损害言语表征和文字表征建立联系的过程。而当言语信息用声音方式呈现时，学习者可以在听觉工作记忆中加工文字内容形成的表征，减少视觉注意的负载，使言语心理模型和视觉表征之间更容易建立联系。

由于多媒体对先前知识较少的学生更有帮助，对先前知识较多的学习者帮助并不明显，那么学习者的空间能力是否会影响多媒体学习的效果？Mayer 用心理旋转的纸笔测验测量了学习者的空间能力，发现高空间能力的邻近效应显著，低空间能力者的邻近效应不显著。这是因为空间能力低的学生在记忆中保持和操纵视觉表征时会感到困难，这阻碍了学生对言语和视觉表征信息进行整合，使他们不容易从邻近呈现的视觉和言语材料中获益[16]。

四、多媒体学习环境中的元认知监控

元认知是指关于个人自己认知过程的认识和对这些过程的调节，也就是对思维和学习活动的认识和控制。人们常说“学会如何学习”，就是指的元认知过程。学生阅读一篇文章，理解文章的含义，这是属于认知过程，而如何将注意力分配在阅读材料的内容上，什么时候跳回到上一节细看，如何知道自己有没有看懂这篇文章，这些都是属于元认知过程。元认知监测活动可以提高学习迁移效果[17]。学生如果元认知能力较低，就会出现对自己的知识、技能认识不准确，对自己的成绩估计也不够准确的情况。缺乏元认知监控，学生就难以把握、掌控自己的学习过程。

多媒体学习环境与传统学习环境不同，其学习过程有更高的灵活性、自由度和控制力，对学习者的自主能力要求也更高。学习者需要自己选择适合自己的学

习内容，制定自己的学习计划。例如，超链接可以让学生在不同的学习内容之间跳转，学习者可以根据自己感兴趣的内容来制定自己的学习顺序和进入路径。但是这经常会导致学生对学习的过程控制失误，比如没有跳转到重要的主题页面，或者自认为自己已经搞明白就过早地结束学习，或者觉得例子不够有吸引力就快速地略过。当学生无法控制自己的学习进度和过程时，就会出现学习不足的情况[17]。只有拥有足够元认知技能的学生才能够完成在这种多媒体环境下的学习任务。但是并非每个学习者都具有能够在多媒体环境下进行自我控制学习的元认知能力。

学习者从传统学习环境进入多媒体学习环境，但并未具备多媒体环境所需要的元认知监控能力，通俗的说，就是还没有掌握在多媒体环境下学习的方法。学生是否能够自己发展多媒体环境下的认知监控能力，与其在传统学习环境下学习者的元认知监控能力有关[18]。也就是说，在传统学习环境中"会学习"的学生，到多媒体环境中会很快学会新的学习方法，但那些原本就"不会学习"的学生，很难自动做到多媒体环境下的自我监控。

为了帮助学习者尽快掌握多媒体环境中的学习方法，发展元认知监控能力，可以向学习者提供元认知帮助，就是在多媒体环境中提供能够帮助学习者自我监控的提示。根据元认知提示阶段的不同，可以分为以下三类：

(1) 学习前的元认知提示。在学习者开始学习活动之前，教师可以向学生呈现整个系统的知识结构图。这就像是让学生独立去做一次旅行之前，先给学生一张旅行地图，让学生对整个旅程有一个大致的了解。教师还可以和学生一起规划学习的过程，就像是规划一条旅行线路。学生可以根据自己的兴趣、爱好，结合教学要求，确定在这次学习中要重点学习的概念、理论和事实，自己为自己制定学习目标和学习过程。学习者如果能够观看有关如何使用元认知策略的示范录像，并对学习过程进行自我解释，就能够提高学习者的元认知监控水平。

(2) 学习中的元认知提示。在学习者进入学习活动之后，系统根据学习者的学习情况，为学习者提供反馈和提示。例如，当学习者在阅读一篇关于雨的形成原理的文章时，系统提供一个问句："请想想水怎样才能变成水蒸气?"，促进学生对问题的解决。或者是提让学习者解释自己的学习过程，例如："你为什么跳转到这一个概念?"通过这些提示，让学生逐渐自己学会控制自己的学习过程。研究表明，接受提示的学习者比没有提示的学习者的表现更好。但是，过多的提示会干扰认知活动的进行，使学习者从当前的任务上分心，尤其对于难度较大的学习任务。所以，这个阶段的元认知帮助更适用于任务难度较小的学习过程。

(3) 学习后的元认知提示。学习者完成学习活动之后，还需要对前面的学习进行总结和反思。系统可以向学习者提供引导反思的问题，这可以是以单元测验的形式出现，也可以是要求学生写一段反思总结文字的方式，或者让学生利用前面所学的知识解决一个新的问题。我国学生比较熟悉单元测验，但是对写反思性总结不够了解。撰写反思性总结对促进学生对学习活动进行整理非常有效，尤其在研究性学习、探究式学习中尤为重要。系统可以给出反思性总结的提示问题，例如“刚才的学习活动中，你是怎么得出最后的结论的?”或者“你认为你的方法还有什么不足之处?”等等，以此来引导学生对学习活动进行反思。

第三节　虚拟现实技术支持下的技能学习

虚拟技术是在多媒体技术上的进一步发展，结合了计算机图形学、多媒体、人工智能、人机接口、传感器等多项关键技术，创建了一个更加真实的虚拟环境，对于教育界来说，这无疑是一场革命，因为这将使学习突破以往停留在纸面或屏幕上的限制，为学习者呈现一种更加逼真的虚拟环境。这种新技术在技能教学中尤其具有应用价值。

一、虚拟现实技术(Virtual Reality)

虚拟现实技术最早起源于 20 世纪 20 年代的飞行模拟器，80 年代之后 Virtual Reality 的概念正式出现，是利用计算机技术产生一个三维空间的模拟世界，向使用者提供视觉、听觉、触觉等感官的模拟，让使用者可以产生身临其境的感觉[19]。

虚拟现实技术具有沉浸感(Immersion)、交互性(Interaction)和想象性(Imagination)的三个特征，其中沉浸感和交互感是虚拟系统的关键特征。所谓沉浸感就是通过多种传感器和多维度的环境，给用户提供一种近乎真实的感受；交互性则是指系统会根据用户的反应做出反馈，例如用户转头，呈现场景也相应发生变化，用户说话，系统也给出回应。虚拟现实的技术关键在于创建一个现实世界在计算机世界的映射，并使用户得到直观的感受。现阶段大部分虚拟技术还是通过计算机视频的方式出现，配合音响或耳机发出的声音，向用户提供两个维度的感觉信息。只有一些高级的系统包括了触觉信息，这些系统通常在医学和游戏领域内使用，会通过数据手套或者受力特殊的键盘、握柄向用户提供力的反馈。理想的虚拟现实系统可以形成一个高度逼真的虚拟现实环境，由于计算机技术、图像分辨率等技术的限制，目前还无法达到。不过在 2014 年，著名的社交网络 Facebook 公司以 20 亿美元收购了一家名为 Oculus 虚拟现实公司，预示着虚拟现实技术正在步入一个新的时代，一个眼镜式的装置使图像和声音非常逼真地出现在人们面前，从而提供一种完全沉浸式的体验。

二、虚拟现实技术与技能训练

虚拟现实技术对教育界的吸引力在于可以将教学活动放在一个模拟真实的情景中进行，这种情景与学习者将来真正应用所学技能的环境具有高度的相似性。利用虚拟现实技术，可以更好地按照建构主义的思路，为学生设计一种适合情景式学习的环境。

虚拟现实技术的应用一般有两个方向，专业技能训练和社会交往技能。在专业技能训练方面，目前应用最多的就是医学技能的训练。

1. 虚拟现实技术与实验室

在远程网络教学中，由于空间距离的限制，难以通过网络系统向另一端的学习者提供身临其境的体验，导致学生的技能训练不足，这成为很多实践性教学课程走进网络的瓶颈。如何才能让远程网络学习的学习与在校学生一样体验到实验室的环境，并能够亲手去做实验，观察实验结果？虚拟现实技术为此提供了一种新的途径。虚拟实验室主要是采用虚拟技术仿真或虚构实验情景，利用鼠标、键盘，操作计算机上虚拟的各种仪器，按照实验要求，完成一个实验过程或者组装一个实验系统，并完成数据的采集和实验结果的处理分析。一般的虚拟实验室主要利用计算机的数据处理能力，建立一些符合逻辑的实验对象用于虚拟操作。高级的虚拟实验室则利用虚拟现实技术，通过虚拟现实眼镜、数据手套等来呈现和操纵真实性更强的虚拟环境，直观性、真实性更强。

目前虚拟现实技术在物理、化学学科里使用较多，比如美国俄勒冈大学 Vlab 的物理实验网站，麻省理工大学用于微电子学和电子电路设计的 Web Lab 远程实验室网站，我国的中国科技大学的物理仿真实验软件，浙江大学的虚拟化学实验室等[20]。

2. 虚拟现实技术与临床技能训练

虚拟现实技术在临床医学技能培训领域的广泛应用是由于临床医学的特殊性所决定的。临床技能需要通过在大量的实践中不断练习获得，但是由于其实践的对象是病人，面对又往往是生死攸关的大问题，容不得学生在操作中犯错误。在患者自我保护意识不断增强的情况下，实习医生直接用病人进行临床实践活动和技能训练的传统培养模式受到严重阻碍，直接影响了临床医学人才的培养[21]。尤其是对于一些危重病人的急救，由于病情发展迅速、治疗复杂，致死率又高，对医生的临床技能要求极高，但是学生又无法在实践中练习。虚拟现实技术能够提供一个模拟真实的环境，比如北京大学第三医院的临床技能培训中心利用计算机虚拟现实技术，提供了一个超级综合模拟人、标准病人、模拟急救设备、临床技能操作模型等，为实习医生提供了一个技能实践的场所。

根据虚拟现实程度的高低，计算机虚拟现实技术在临床医学技能培训中的应用可以分为以下三种：

（1）建立在计算机交互系统基础上的治疗过程训练

这类模型主要是通过计算机的交互功能，向学生呈现一些病例，学生在计算机上完成问诊、写病历、初诊、开药等过程，并由计算机及时给出反馈。学生可以随时控制过程进度和速度，并可以反复训练。这类模型主要是让学生训练处理病例的能力，对系统的交互性要求较高，但是对情景的真实性要求一般，计算机甚至可以用文字的方式呈现案例。当然如果能够用一个虚拟模型呈现一个病例，训练效果肯定会更好，只是对系统的要求会比较高。

另一种是对一些突发病症进行处理，比如对新生儿模型在出现黄疸等疾病之后要进行的气管插管、心外按压等操作，或者对心内病人进行抢救，这类也是治疗过程的训练，但由于涉及技能训练，真实性要求很高，通常会使用一个真人模型。对于学生的操作效果，计算机难以给出反馈，需要教师对学生的技能操作正确与否做出判断。

(2) 建立在虚拟现实和触觉感知系统基础上的操作技能训练

加入触觉感知的虚拟现实系统能够使学员在一个更加真实的虚拟三维环境中与计算机进行实时交互，主要针对一些手术技能的训练。例如支气管纤维镜模拟器，胃肠道内窥镜诊疗模拟器，等等，这些模拟器除了能够提供一个模拟的器官画面，还有操作模块，学生可以进行切割、缝合等操作，在模拟状态下练习诸如胆囊切除之内的手术。这种系统能够模拟真实的阻力、手感，病人的解剖位置也会随机变化，培养学生的病情诊断能力。

(3) 建立在模拟生理系统上的训练模型

结合最新的计算机技术和医学技术，可以建立一个模拟的病人模型，这个模型具有人体真实的病理生理特征，能够模拟出各种临床病历，表现出符合临床逻辑的体征，通过模拟监测显示生理参数，对相应的治疗措施做出实时的反应。这种系统比较灵活，可以根据教学需要设计相应的病例。比如模拟一个急性冠脉综合征的病人，学生需要对病人的主诉做出反应，并在需要的时候实施电除颤，如果学生对除颤时机把握不对，病人就会惊呼[22]。

三、虚拟学习社区与建构主义的情景学习

建构主义提倡学习者在真实的环境中学习，以获得解决复杂问题所需要的背景性知识，因此提出了情景式学习的概念，鼓励在教学中为学生提供尽可能接近真实的学习环境。但是在实际操作中毕竟受到现实的限制，比如将学生都带到海边去感受天际线并不现实，让学生与来自另一个国家的同龄人交流的成本也很高。但是通过虚拟现实技术，这些活动可以以非常低的成本实现，大大提高了教师采用情景式教学的可能性。

在虚拟现实技术的支持下，虚拟学习社区成为一种可能。这种虚拟情境与学习者将来真正应用所学技能的环境具有高度的相似性，在虚拟情境中，学习者可以不再以真实的身份进行活动，而是以化身(Avatar)的身份与虚拟世界中的其他人打交道、开展探索活动。这种系统为学习者提供了一种跨距离的、模拟真实的人际互动方式。

"第二人生"(Second Life)系统就是这样一个基于互联网和虚拟现实技术的

虚拟世界。这是由 Linden 实验室开发的一个系统,用户通过下载一个客户端程序,以“居民”的身份进入这个系统。第二人生实际上是结合了联网游戏和在线虚拟社区的概念。和网络游戏一样,它具有三维场景模拟真实、玩家控制游戏场景和游戏角色,并用一个可以运动的化身(Avatar)到处走走,与其他用户的化身交流、沟通。同时第二人生也是一个以社交为导向的在线游戏社区,在这个世界里,用户在虚拟可以与其他人打交道、参加社交聚会、开展探索或冒险活动。系统甚至发展出了与真实世界类似的经济活动和社区活动[23]。

虽然具有虚拟社区的特点,但第二人生并不像 Facebook 这样专注社交的社交网站那么受欢迎,相对于 Facebook 有 10 亿活跃用户来说,第二人生只有 500 万左右的注册用户就显得微不足道,而且其中大多数还是非活跃用户。使用第二人生的用户多是一些企业培训机构或者大学。在第二人生的“开放大学”区域,学校可以购买属于自己的教学场所,在这个模拟真实学习场所的虚拟环境中,学生如同身处传统的教学空间,进行实时交互,完成学习任务,参与集体活动。有些大学已经开始尝试把课程放在第二人生里,让学生们通过虚拟的课堂,通过化身的交流来进行学习。后来人们发现,由于第二人生的交流性很强,特别适合进行外语教学。尤其对于我国学生来说,由于距离、时间、成本的限制,缺乏外语语言环境,使很多学生难以感受到真正的英语社会和文化的存在。第二人生可以为学习者提供一个真实而自然的语言环境,例如通过虚拟形象和文字聊天进行互动,或者与远在国外的母语伙伴进行交流,通过这些措施大幅度提高外语学习者的外语技能,特别是听说技能,并弥补外语学习动力的不足[24]。研究表明,虚拟世界确实可以为外语学习者提供一个增强自信心和舒适感,克服学习英语的文化障碍的空间[24]。

为什么虚拟社区在某些课程上比现实环境更有利于学习呢?有人认为这是由于虚拟环境中“化身”的特点决定的。在现实生活中,人们会更多考虑到各种限制,尤其是基于自己的身份和个人形象管理的需要,难以自由的表达自我。虚拟社会情境中,化身可以根据用户的需要来进行设置,学习者可以尝试着更换身份和形象。用户真实身份的匿名性使得虚拟社区里个体之间的约束较少,更容易释放压抑,敞开心扉,更自由地表达自我。在现实中,害羞、内向的学习者可能不敢说出不同的意见,导致在一个学习团体中不容易出现不一致的意见,反而不利于学习者在理解上的深化和完善,虚拟社区则可以在一定程度上克服这个问题。

建构主义认为,学习者需要在一个具有挑战和悖论中的环境中来寻求对规律和意义的新理解,但是在真实世界中这样做却是一种非常危险的事,可能会造成伤害。虚拟环境为学习者提供了一个大胆尝试的机会,学习者不必担心会犯错误。同时,虚拟环境也可以非常有利于激发学习的欲望,因为角色扮演是一种古老的、有力的核心情感体验方式,古代人们喜欢戏剧就是出于这样一种心理需求。

虽然人们对虚拟社区的教育应用非常乐观,但是创造一个基于虚拟现实技术的建构性学习环境并非一件容易的事。除去技术上的限制,如何运用想象力为学习者设计一个学习环境,以促进他们对现实世界的解释,发展解决问题的能力,这是一个艰难的任务。为了确保学习者从虚拟环境的学习中获益,需要研究者和教育者的共同努力,创造出一种能够支持学习的建构性的、合作性的学习环境。

参考文献

[1] 张建伟.概念转变模型及其发展[J].心理学动态,1998(03):34-38.

[2] 徐杰,张俊,王树芳,等.幼儿光影概念转变的个案研究[J].学前教育研究,2008(02):42-47.

[3] 章旭东.物理概念转变的认知过程[J].浙江师范大学学报(自然科学版),2008(01):117-120.

[4] 吴娴,罗星凯,辛涛.概念转变理论及其发展述评[J].心理科学进展,2008(06):880-886.

[5] 丁伟.基于"认知冲突"的化学知识建构[J].上海教育科研,2009(09):93-95.

[6] 徐晓东,任英杰.计算机支持的协作概念改变的实证研究[J].电化教育研究,2009(05):5-13.

[7] 李红梅,刘宁,李世改.利用概念图减轻远程学习者认知负荷的策略探析[J].中国远程教育,2007(08):31-34.

[8] 刘儒德,牟书,舒华.学习者生成图解对说明文阅读理解和应用的效果[J].心理发展与教育,2005(03):74-77.

[9] 齐伟.概念图/思维导图(2)——用 Inspiration 制作概念图[J].软件导刊,2005(06):9-11.

[10] 张湘.基于概念图的可视化交互在英语阅读教学中的应用研究[J].中国电化教育,2013(03):106-110.

[11] 乔纳森 D.H.技术支持的思维建模[M].华东师范大学出版社,2008.

[12] 孟祥芝,舒华.汉语儿童阅读障碍研究[J].心理发展与教育,1999(04):54-57.

[13] 刘儒德,赵妍,柴松针,等.多媒体学习的认知机制[J].北京师范大学学报(社会科学版),2007(05):22-27.

[14] Sweller J. Cognitive load theory,learning difficullty and instructional design[J]. Learning and Instruction,1994(4):295-312.

[15] Mayer R E. Mutimedia Learning[M]. New York:Cambridge University Press,2001.

[16] Mayer R E. Multimedia learning:are we asking the right questions? [J]. Educational Psychologist,1997,32(1):1-19.

[17] 龚德英,刘电芝,张大均.元认知监控活动对认知负荷和多媒体学习的影响[J].心理科学,2008(04):880-882.

[18] 刘儒德.CAI下小学低年级学生的学习控制水平与元认知监控水平的关系[J].心理学报,1997,29(2):166-171.

[19] 商桑,顾德均,姜茂仁.虚拟现实技术在网络教育中的应用——浅析远程虚拟实验室的建设[J].中国远程教育,2000(07):49-50.

[20] 陈小红.虚拟实验室的研究现状及其发展趋势[J].中国现代教育装备,2010(17):107-109.

[21] 霍刚，张福春，郑亚安，等.计算机虚拟现实技术在心内科临床技能培训中的应用[J].中国高等医学教育，2009(09)：82-100.

[22] 霍刚.计算机虚拟现实技术在临床医学教育中的应用初探[J].继续医学教育，2008(02)：24-27.

[23] 王旭卿."第二人生"与数字化游戏式学习环境[J].远程教育杂志，2007(04)：76-78.

[24] 郭晓宁，王小雪，刘金侠，等.虚拟教学环境下的英语外语学习：探索"第二人生"[J].开放教育研究，2012(05)：104-112.

第六章　现代远程教育

随着网络的普及，原来以广播电视为依托的远程教育也转向了网络传递，以开放性和多媒体化为教学特色，充分体现出其巨大的发展潜力和发展前景。目前，世界上已有100多个国家开展了远程教育，视频公开课、网络开放大学成为教育界热议的话题，这表明现代远程教育无疑已成为国际教育发展的重要趋势。

我国早期的远程教育主要是以广播电视为主，包括中央广播电视大学和44所省级电大、690多所市级电大、1 600多所县级电大，以及13 000多个教学点，共同组成了一个遍及全国城乡的统筹规划、分级办学、分级管理的远程教育系统。远程教育，以突显自主式、交互式、协同式的个性化学习的独特优势，在素质教育的推进过程中起着不可低估的重要作用，成为现代远程教育的主力军和提高国民素质的新亮点[1]。

随着互联网和信息技术的普及发展，远程教育融入了新观念和新理论，人们倾向于选择网络进行学习，向网络要取信息和资源，现代远程教育作为构建终身学习型社会所必需的工具，受到了前所未有的重视，随之也出现了MOOC(慕课)、移动学习等新的概念。远程教育者们更加关注远程学习的质量和效果，重视现代远程教育在搭建学习者深造平台、共建终身教育体系、推进信息化社会发展的重要作用[2]。本节主要介绍现代远程教育的概念、特点、发展历程以及发展趋势，并介绍当前流行MOOC和移动学习。

第一节　现代远程教育概述

一、现代远程教育的概念

埃德加·富尔[3]说：人类发展的目的在于使人日臻完善；使其人格丰富多彩，表达方式复杂多样；使他作为一个人，作为一个家庭和社会的成员，作为一个公民和生产者、技术发明者和有创造性的理想家，承担各种不同的责任。我们再也不能刻苦地一劳永逸地获取知识了，而需要终身学习如何去建立一个不断演进的知识体系——“学会生存”。通过埃德加·富尔的话，我们可以体会到在当今社会终身学习的必要性和重要性，而要达成终身学习的目标，就需要以现代远程教育作为主要的教学方式。“什么是远程教育”是我们在运用和发展现代远程教育之前要清楚了解的问题。

“远程教育”从术语上讲，源于英文“Distance Education”。20 世纪 70 年代末，受英国开放大学的影响，远程教育的概念开始引入我国，大陆将其翻译成“远距离教育”，而香港和台湾地区则翻译成“遥距教育”和“隔空教育”，后来演变成“远距教育”。20 世纪 90 年代后期，我国大陆出现了“远程教育”作为新型教育形态称谓的趋势，并且影响了香港和台湾地区。

☞ 拓展阅读

关于远程教育概念不同的观点

早期联合国教科文组织认为：“远程教育是通过邮政服务、广播、电视、电话或报纸进行，在学生和教师之间没有面对面的接触；教学是通过寄送给个人或学习集体的特殊准备的材料进行的，学生写下或录下寄给教师，教师进行批改，加上评语或忠告，再寄给学生。远程教育就是这样来监控学生进步的。”

美国学者穆尔认为，远程教学可以定义成教学方法大全。在这个教学方法家庭中，教学行为与学习行为是分开实施的，也包括有学生在场进行接触的情况。结果在学生和教师之间的交流中通过印刷的、电子的、机械的及其他手段来促进。

瑞典学者霍姆伯格认为，“远程教育”包括所有层次的各种学习形式。在远程教育中，学生和教师不出现在同一教室，同一地点，因而学生并不处于教师连续的、直接的教学指导下，但学生仍然从教育组织的计划、措施和教学媒体中受益。

德国学者多曼认为，远程教育是一种有系统组织的自学形式，在这种形式中学生的咨询、学习材料的准备以及学生成绩的保证和监督都是由一个教学小组进行的。这个小组的每一个成员都具有高度的责任感。通过媒体手段有可能消除距离，媒体手段可以覆盖很长的距离。与“远程教育”相反的是“直接教育”或“面授教育”，这是一种通过教师和学生直接接触发生的教育类型。

国际著名远程教育专家、国际远程教育理事会研究委员会前主席德斯蒙德·基更提出了远程教育特征的描述性定义，得到国际公认。基更在 1986 年出版的《远距离教育基础》一书中给出了一个描述性的定义，对远程教育的基本特征进行描述。他认为远程教育是一种具有以下特征的教育形式：(1) 整个学习过程期间，教师和学生处于准永久性分离状态（以此与常规面授教育相区别）；(2) 教学组织透过规划和准备学习材料以及提供学生学习支持服务，对学生学习产生影响（以此与个别学习和自学计划相区别）；(3) 技术媒体（印刷媒体、视听媒体或计算机媒体）成为课程内容的载体，它们的使用把教师与学生联系起来；(4) 提供双向通信，使学生可以主动对话并从对话中受益（以此与教育技术的其他应用相区别）；(5) 在整个学习过程期间，准永久性地不设学习集体。人们通常不在集体中学习而是作为个人在自学，但为了教学和社会两方面的目的，有可能组织必要的集中面授和集体讨论[4]。

亚洲开放大学协会（AAOU）章程对远程教育的定义显得更为简洁实用：远程教育是指学生与教师、学生与教育组织之间主要采取多媒体手段进行系统教学和通信联系的教育形式。这一定义综合了基更定义中的五大要素并强调采用多媒体手段进行系统教学和通信联系，更突出远程教育的现代化教学和教学管理特征。

我国著名远程教育学者丁兴富教授认为，远程教育应从广义和狭义两个层次来理解：广义的远程教育是指通过远程教学和远程学习实现的教育（包括各类学校或其他社会机构组织的教育和社会生活情景中的教育）的总称；而狭义的远程教育则是指通过远程教学和学习实现的各类学校或其他社会机构组织的教育，也可称为机构远程教育或学校远程教育[5]。他认为远程教育是一种虚拟教学（Virtual Instruction），是对基于计算机和电子通信技术进行的双向交互式教与学的一种概括。

教育部在《现代远程教育资源建设指南》中明确提出：现代远程教育是利用网络技术、多媒体技术等现代信息技术手段开展的新型教育形态[6]。这表明教育部对远程教育定位定性的转变，远程教育是建立在电子信息、通信技术基础上的网络教育，以面授教学、函授教学和广播电视教学为辅助。

由于不同人对远程教育的不同理解，加上远程教育本身是一种发展变化的活动，因此，不断发展的远程教育使得不同时期具有了不同的称谓和含义或相同的名称不同的含义。“远程教育”从本质上讲是一种教的行为和学的行为的准时空分离的新型教育形式，是指使用电视及互联网等传播媒体的教学模式，它突破了时空的界限，有别于传统需要住校舍安坐于课室的教学模式。远程教育是师生凭借媒体所进行的一种不同于学校面对面教育的教育，是随着科学技术的发展，为了满足那些无法进入学校又想接受教育的人们的需求而产生的教育形式。总之，远程教育概念应包含教师和学生在时空上相对分离，对各种教育技术和媒体资源的开发和应用，由各类院校或组织机构组织实施教育，以及自学为主、助学为辅、通过双向通信实现教与学的行为的联系、交互和整合等四项基本要素。

通过分析上述观点，我们可以看到，早期远程教育其实跟我们所说的函授教育在形式上较为相近。随着科学技术的不断发展，更多的新媒体、新技术被运用在远程教育中，使得远程教育具有更强的时代性，衍生出新的远程教育形式即现代远程教育。

现代远程教育是利用多媒体技术、网络技术等现代信息技术手段开展起来的新型教育形式，是将信息技术与现代教育思想有机结合的一种新型教育方式。它能够集面授、电视、网络于一身，融合了图形图像、声音视频等各种要素，通过通信媒体媒介实现师生的异地交互，创造一个师生可以自由交流的虚拟课堂环境，更好地完成远距离、跨时空的课堂教学任务，实现了优质教学资源的共享，从而达到培养人才的目的。在科技高度发达的今天，现代教育已成为人们进行继续教育，实现自身知识水平提高的新型教育方式，为教育大众化和终身化开辟了广阔的前景。

二、现代远程教育的特征

远程教育区别于传统课堂教育的不同之处是学习者不需要在指定的地点和指定的时间上课，学习者通过不同媒体的帮助完成相应课程的学习。这样的学习方式给予了学习者自由的学习空间，更适合已脱离学校的成人教育，是继续学习的一种主要形式，为终身教育的实现提供了可行性手段。作为一种得以全球认可的教育形式，远程教育所具有的特点应该是十分明显的。当然，对于特点分析完全可以见仁见智，也可以从不同的技术或应用层面，以及不同的角度和需要来分析。通过特点分析，最终目的是为了如何更好地发挥其特点优势，使远程教育真正能实现提高人类教育水平之目的。作为一种新的教育形式，现代远程教育具有如下特征：

1. 学习方式自由灵活和自主性

现代远程教育以多媒体技术和网络技术作为主要手段，借此实现课程的远距离传播，突破了学习时间和空间的限制。学习者不受职业和地域的限制，可以自主选择课程的学习，教师和学生不用面对面也可以进行相互交流。任何人在任何时间都可以根据自己的需要接受教育信息，实现实时和非实时的学习。现代远程教育的这个特点，使得教育机构可以根据受教育者的需要和特点开发灵活多样的课程，提供及时优质的培训服务，为终身学习提供支持，有利于学习型社会的形成，具有传统教育不可比拟的优势。

现代远程教育遵从“以人为本”的教育理念，用以学习者为中心的自主学习方式取代了以教师为中心、教材为中心、课堂为中心的传统教育方式，使学习者摆脱多年来在传统教育模式下所形成的对教师的过分依赖，实现由被动学习到主动学习的转变，有利于培养其独立探索精神和开拓创新意识。

2. 学习资源高度共享

现代远程教育的一个重要特点就是可以实现资源共享。现阶段，我国的教育资源相对匮乏,教育资源共享已经成为当前学习的基本要求。现代远程教育利用网络通信媒体为学习者提供了丰富的信息,这些信息放置到资源库中可以供不同地域的不同学习者随时学习,做到“一课多用”,降低教学成本,提高了教育资源的利用率,同时满足了学习者自主学习选择信息的需要。现代远程教育可以实现优秀师资、高质量教学课件和各类媒体资料等教学资源共享,基于 Internet 的远程教育系统平台的部署和实施为提高教育水平和教育资源的优化配置提供了有效的途径。

3. 双向性

所谓多维双向性是指基于网络的远程教育在技术上是可以在同一时间里实现多个维度的信息双向交流和传递。正如人们也将 Internet 的 3W 称作“万维网”的概念是一样的[7]。多维双向性的特点反映在远程教育上就是指教与学活动可以在同一时刻里实现“教师与教师、教师与学生、教师与教学资源、学生与学生、学生与学习资源,以及资源与资源”等之间的信息相互交流和传递。这一特点不仅可以使某一学科的多名(或理论上的无数名)优秀教师同时在网上传授(包括研讨)同一门专业课程(或专题)成为可能,无数名学生也可以同时共享这些优秀教师的讲授和观点,包括此时此刻学生与教师、学生与学生、学生与资源之间的交流也成为可能。从技术上讲,就是在同一时刻可实现一对一、一对多、多对一、多对多的概念。尽管其他教育形式也同样可以实现双向性交流,但通常只能是一对一(或有限的一对多)的形式为主。

远程教育的多维双向性的特点使得教与学的交流范围在较大程度上可实现最大化。从某种意义上讲,交流的范围越大,人们获得的信息和知识也就会相对的更充分和更全面。虽然计算机网络在技术上已完全具备了信息交流的多维双向性的功能,但在远程教育的实际应用中真正充分发挥和挖掘多维双向性的作用和功能还并不是轻而易举之事。就目前而言,我国大多数远程教育的系统和平台,在设计上还没有完全能实现上述的多维双向性的功能。所以作为从事远程教育研究和开发的专业人员,首先是要了解和意识到多维双向性功能的存在,然后才能在具体研究和开发过程中考虑如何将这一特点充分地结合到远程教育的实际应用中去。

4. 实时性与时空性

远程教育的实时性(On-time)通常被认为是实时地转播教学的内容,也可简称为教与学活动的“现场直播”。这一特点基本上已得到人们的认可,因为网络技术的性能已完全可以满足实时性的要求。但是从严格的意义上而言,“现场直播”还不能称得上是现代远程教育显著的特点之一,因为传统意义上的远程教育(广播、电视等)也完全可以实现“现场直播”的功能。现代远程教育的实时性更重要的特点是要体现在“最新教育内容”的“及时”传播方面。这不仅仅是因为计算机网络具备了实时传播的技术条件,而是现代社会要求当今教育应该是将最新的知识(包括科学技术和社会发展的最新信息)及时向全人类传播。知识经济时代新知识和新科技层出不穷,知识更新要求远比人们想象的要快得多。远程教育具有对新知识的实时传播能力,正好符合和满足社会对人们知识不断更新的这一要求。世界发达国家的许多著名大学和学术机构正是充分利用现代远程教育的方式来及时向全世界传播或公布他们的最新研究成果和在不同学科领域的进展。而在我国,许多著名大学(尤其是已开展网络远程教育的六十多所大学)在这方面是有很大差距的。各个学校在网上开设的课程大同小异,许多教学内容几乎就是将"书本或黑板"搬上网络,而绝大多数课程似乎任何一所普通大学都有能力开设。这从某种意义上已失去了现代远程教育应该体现出来的对新知识实时传播的特点和优势。所以说,现代远程教育的"实时性"不仅应该反映在"现场直播"功能上(这最多也只是一种"硬件"的功能和特点),更重要的是应该体现出如何实时地传播"最新的知识和科技发展"(这才是远程教育实时性的真正特点所在,与现场直播相对应它似乎是一种"软"的功能特点)。

与实时性特点相关(或对应)的特点是时空性。一般而言,时空性通常被人们认为是学习者对学习时间和空间选择的任意性(Any-time & Any-place)。毫无疑问,时空性给学习者带来的益处是明显和重要的。这不仅为学习者自由选择学习的时间和地点提供了可能,而更重要的是使学习更加适合学习者的个性化(原有基础、兴趣爱好、内容选择、时间长度安排、学习进度控制等)。然而,时空性特点对教学者(教师)也同样起着很重要的作用。教学者对教学上时间和空间选择同样需要更多的任意性。实时性和时空性特点的结合为人们在最早时间将最新的成果传播和共享提供了可能。开展远程教育的院校只有在充分发挥出实时性和时空性的真正优势时,教育和学习才能实现"及时、最新、符合个性、学习自主、学有所用、提高效率"等目标。

5. 交互性

人们将交互性视为现代远程教育与传统远程教育的主要差别之一。从严格意义上说,交互性是一种互动性(相互、主动、交流),简单说是指双方(主要是指教师与学生、学生与学生、或学生与学习资源)进行的一种主动交流。交流的越主动,个人获得的收获也可能就越大。所以学习上的"交互性"不仅要发生在双方,更重要的是要体现"主动"。远程教育的特点之一正是为这种主动的交互或互动提供了最大的可能性。这种可能性是指"以学生主动交互"的可能性。从另外一个角度讲,学生主动交互也表示为学习者在学习过程中所具有的控制程度。目前远程教育系统提供了丰富的交互手段,如 E-mail、电子白板、留言板、聊天室、论坛、可视电话、视频会议,这些交互手段可以使教师和学习者、学习者和学习者之间进行充分的交流,学习者既可以向教师求疑解惑,也可以同其他学习者交流探讨,实现探究式、发现式学习,从而达到共同提高。

虽然传统的课堂是教师与学生同在一个空间,为面对面的交互提供了可能,但实际上“当教学在一个大教室中进行时根本无法进行师生交流”。道理很简单，一个教师是无法同时与众多的学生进行交流。即使有交流，也是非常有限，而学生往往也是一种被动地回答提问。此外，从心理学角度讲，学生面对面地与教师交流往往会存在一定程度上的心理障碍，不仅会担心提问或回答有误，也同样会担心自己在众多同学面前出丑。这种心理上的障碍造成的实际结果是：虽然课堂在“物理上”没有距离，但学习者“心理上”是有实际距离的。远程教育可以使得学习者的“心理距离”变近。正是心理距离的变近，学习者的学习才能更为自主和主动，与他人之间的主动交互成为可能。尽管远程教育具备了交互性的特点功能（异步或同步方式），但真正意义上的学生主动交互是不会自动发生的。尤其是目前多数的“书本或黑板搬家”式的远程教育课程，不仅无法引发学习者主动交互的动机，甚至使得学习兴趣荡然无存。所以为了真正发挥出远程教育交互性（学生主动交互）的特点，开展远程教育的院校不仅要进一步更新教育理念，更要从课程结构形式和内容安排上（包括如何体现本校的学科特色和教学内容的最新性等）下大工夫。

6. 可控性

远程教育的可控性特点往往会被人们忽略，这是因为传统的远程教育由于“距离”和“单向传播”等原因使得人们通常认为远程教育往往是不可控的。实际上，远程教育与其他形式的教育一样，都必须对教与学的过程和质量给予必要的控制和监控。正是基于网络的远程教育具备了“双向、实时和时空、交互”的特点，这为可控性的实现奠定了技术基础。

三、远程教育的发展历程与发展趋势

在当今的国际背景下，世界经济、技术的国际化对教育的国际化影响产生了巨大的推动作用，技术手段的不断发展，使教育国际化成为可能，教育范围的不断扩展也给教育带来了更为强大的生命力。借此契机，以教育技术手段为主要依托的现代远程教育也在教育国际化的发展中显示出其深远的影响力和极具生命力的发展趋势。

1. 现代远程教育的产生背景

(1) 现代远程教育产生的时代背景

随着收音机、电视机尤其是计算机的发明和普遍应用，人类的教育形式发生了巨大的改变。通过利用各种传播媒体，人们在家里就可以学到学校课堂教育的内容，这样的学习和教育方式打破了地域的壁垒，催生了出了一种新的教育形式即远程教育。尤其在互联网得到广泛应用后，多媒体技术和网络通信技术的综合运用，使得现代远程教育的优势得到淋漓尽致的发挥，可以说教育正经历着一场轰轰烈烈的巨大变革。

(2) 现代远程教育产生的技术背景

进入 20 世纪 80 年代后，人类的知识总量在以指数级数的速度急剧增长，知识更新的周期也在迅速缩短。人们在学校里学到的知识已远不能满足要求,必须继续不断地深入学习才能获得更大的发展机会,因此,怎样利用技术手段拓展教育的范围、延续教育的生命力已然成为整个社会都在思考的问题。

在以知识经济为代表的信息化社会,人们将更多的技术手段应用在教育教学的过程中。例如,目前的网络技术已为教育资源的自治与共享(例如通过 HTTP 和 HTML)、学习活动的合作(如通过各种通信工具)提供了基本的技术条件。

除了上述提及的多媒体和网络技术,卫星数字通信技术的发展和运用同样推进了教育形式的变化。卫星数字通信以其时空自由、资源共享、系统开放、便于协作等优点成为支持现代远程教育传播的新型技术手段。

2. 现代远程教育的发展历程

远程教育的发生和发展始终都与信息技术、教育技术的发展紧密联系在一起,并形成一系列历史发展阶段。追溯远程教育研究发展的起源,我们可以将目光放到英国的开放大学。20 世纪七八十年代,远程教育在许多国家的教育系统中已经作为教育的独立组成部分脱颖而出,成为一个相对独立的系统。迄今为止,我国远程教育的发展经历了由函授、广播电视以及多媒体、网络技术为核心的现代远程教育三个发展阶段[8]。

第一代远程教育:函授教育。远程教育发源于 19 世纪中叶的英国。当时,由于产业革命促进了社会经济的迅速发展,英国原有的高等教育不能适应形势的需求,1849 年伦敦大学首创校外学位制度,促进了函授教育的发展。

在我国,早期函授教育是随着近代中国印刷业和邮政业的发展产生的。1953 年,中国人民大学和东北师范大学开始举办函授,此后逐渐扩大到理、工、农、医各类高等学校,在 20 世纪 70 年代后期曾经达到高潮。函授教育是以印刷课程材料为学习资源,以邮政传递书写作业和批改评价为主要手段的教育,主要代表是独立设置的函授学校和传统大学开展的函授教育、校外教育。

第二代远程教育:广播电视教育。进入 20 世纪以来,随着视听技术的广泛应用,视听教育在成人教育和学校教育中迅速发展起来,并导致远程教育从单一的函授教学形态向多种媒体教学的形态转化。广播电视教育所依赖的媒体即广播和电视,利用微波技术、卫星技术、录音、录像等技术进行教育和教学。1969 年,英国开放大学的建立标志着世界上第一所第二代远程教育大学的诞生。进入 70 年代以来,在英国开放大学创新精神的鼓舞下,一批自治的多种媒体教学的开放远程大学在西欧、北美、亚洲、中南美洲和中东等地兴起,成为 20 世纪后期世界远程教育发展的主流。同时,独立的函授院校以及传统大学举办的函授部在新的历史条件下有了新的发展,包括开始采用新的教育技术和视听媒体作为辅助教学手段[9]。

20 世纪 80 年代第二代远程教育在我国兴起。它是在邮政通信和印刷技术基础上,利用广播电视、录音、录像、电话、电传等多种大众传播媒体开展的远程教育,其主要形式是广播电视教育。我国的这一远程教育方式和中央电视大学在世界上享有盛名。这一时期远程教育技术主要用于从老师到学生的信息传递,远程教育技术(如打印机、收音机和电视)的特征是单向传输。这种传递模式没能起到学生之间沟通的作用,仅实现了师生之间有限的交流。这种传输技术还受到时间的限制。80 年代中期,远程教育开始使用个人计算机技术,不久,又出现了双向视频会议系统。

第三代远程教育:现代远程教育。现代远程教育起源于 20 世纪 80 年代的继续教育,是通信技术发展的产物。1988 年在挪威首都奥斯陆召开的世界教育会议将远程教育研究问题设为会议主题,之后,随着技术的不断进步和人们对远程教育认识的加深,现代远程教育的范围从高等教育逐步扩展到了中小学教育领域和企业的职工教育,从学历教育拓展到非学历教育培训和社区教育,与终身教育体系紧密相连。

现代远程教育集面授、电视、网络教育的优势于一身,融文本、图片、音频、视频为一体,在不同的时间和空间下,创造一个师生可以交流的虚拟课堂环境,从而实现在远距离中推行教学计划、实施教学环节,达到“传道、授业、解惑”的目的。1998 年我国首次批准清华大学、湖南大学、浙江大学、北京邮电大学 4 所高校开展现代远程教育试点工作。1999 年,教育部在《面向 21 世纪教育振兴行动计划》中提出实施“现代远程教育工程”的计划,到目前为止进行现代远程教育已覆盖全国 31 个省市、自治区和直辖市,试点的高校已增至 68 所,学生注册人数已增至数百万人。随着“现代远程教育工程”的实施,国家对现代远程教育的不断投入,现已初步建成计算机和卫星网络相结合并覆盖全国城乡的现代远程教育网,标志着网络学习环境逐步走向成熟[10]。

第三代远程教育技术同以前相比,教员可以传送大量更加复杂的信息给学生,使学生之间、师生之间可以通过电子邮件、聊天室和电子公告牌进行交流。计算机辅助教学,计算机模拟以及其他通过计算机磁盘、光盘和因特网等途径的电子资源,进一步表现出这一代远程教育的特征。

☞ 拓展阅读

英国远程教育概况[11]

1849 年伦敦大学首创校外学位制度,促进函授教育发展,各种私立的函授学院为伦敦大学校外的学员提供函授辅导,这是世界远程高等教育的开端。

英国现代远程教育以英国开放大学的创建为其里程碑。创办于 1969 年,1971 年正式开始授课的英国开放大学,被誉为最具创新意识的大学。1995 年以来,英国开放大学投入巨资开发 E-learning 课程,仅

2001年一年就制作了77 300张光盘和3 000张DVD，并用计算机会议系统支持远程教育。成立于1970年的英国开放大学教育技术研究所(IET)30年来，该校已向200多万国内外求学者提供了接受高等教育的机会，大约每22个英国人中，就有1人，在该校学习过，目前，在校生已超过20万人。

美国远程教育概况

美国函授教育最早可推至19世纪50年代至60年代，其教育载体主要还是通过印刷教材，20世纪30年代后，发展到使用收音机进行远程授课。五六十年代，才出现利用电视台播出课程，学院通过收看电视节目进行远程学习。60年代以后，又出现了利用录像机观看录制好的课程内容进行自主学习的形式[12]。

根据新浪网2000年9月4日的报道，美国目前有44%的高等学校向全社会提供各种远程教育，此外，还有21%的高等学校计划在此后3年内开展远程教育学历学位教育，接受远程高等教育的学生约占全日制在校生的32%，这是美国高校远程教育的主要形式。163.2万多名远程教育注册学生中，有134.3万名攻读学历或学位课程，其中本科生为108.2万，研究生为28.1万。美国已经有100多所大学能从网上拿到学分，还有一些学校能从网上拿到毕业文凭[11]。

3. 现代远程教育的发展趋势

伴随着社会的不断进步，新技术对教育的影响越来越深刻，知识经济时代人们对教育的要求也变得越来越严苛，现代远程教育作为一种利用信息技术发展教育的新型教育方式，其发展趋势备受人们的关注[13]。

(1) 从学历教育向构建终身学习体系转化

现代远程教育发展初期的重点是放在高等教育的学历教育上，主要是为那些错过接受高等教育的学习者提供学习和提高的机会。而产生这一现象的根本原因是社会对于高等教育、高学历人才的巨大需求。随着社会需求的不断变化，现代远程教育在学历教育方面也开始向着多层次化发展，从本科教育发展到硕士、专升本、专科等不同层次的学历教育。远程学历教育的成功促使现代远程教育向着远程非学历教育方向不断扩展，同时，现代远程教育的研究视野，也逐步从对远程教育的单纯研究扩展到构建终身教育体系领域的研究。

可以说，现代远程教育已逐步从教育的边缘模式发展成为教育的主流模式，互联网时代的现代远程教育已不再作为一种替补式的教育形式存在，而是服务大众的终身教育需求，为人们提供更多、更自由的学习机会，向着构建终身教育体系方向转化。

(2) 技术应用向实用化、智能化方向发展

现代远程教育是建立在现代教育技术平台之上并以高新技术为支撑的新型教育模式，其离不开信息技术的支持。每一次信息技术的重大突破都能推动现代远程教育上一个新的台阶，因此，现代远程教育的发展必须持续跟踪信息技术发展的前沿。

但是，在技术运用时我们应当意识到并不是越新的技术越好，应注意学习者的感受和意见，学习者在选择媒体时是自由的，不同的学习者会选择不同的媒体，因此，在开发远程教育系统时要注意不偏废常规媒体，重视多种媒体的综合应用。智能化要求重视知识媒体的研究、开发与应用，将其有效地整合到现代远程教育资源的建设与教学应用中，组织引导学习者学会应用知识媒体促进自己的学习。如何利用技术手段满足远程教学的实际需求，帮助其完善教学组织的管理使其能更适应学习者的要求，从而达到提高教学质量的目的，已成为现代远程教育研究的一个重要方向。

(3) 个性化学习与协作式学习的平衡发展

现代远程教育区别于传统教育的一个主要特点，就是学习者在媒体和网络环境的支持下可以根据自身的实际情况自行选择课程进行学习，个性化特点突出。学习者对于原有知识的掌握程度只有自己最清楚，因此能够很好地把握课程的进度，可以实行很好的自我调控，从而提高学习的效率和效果。但是，个性化学习并不意味着“与世隔绝”的独立学习，学习者在消化课程内容的同时通过网络与处在不同空间的学习者或教师进行交流，结成协作学习伙伴，相互探讨，发展批判性和创造性的思维。

这种师生间、生生间、教与学过程间的“准分离”状态决定了现代远程教育在学习的过程中有着多元化趋同的趋势，即我们常说的“求同存异”，使用这种分离状态的个性化学习和在此基础上形成的协作式学习正应人们的需求脱颖而出。

(4) 全球化趋势明显增强

当下，现代远程教育已形成了全球化趋势。在这一趋势下，现代远程教育的院校合作和国际竞争在不断地加强。远程教学的最根本的特点就是实现空间上的远距离教育，这一需求的实现为远程教育的全球化奠定坚实了的基础。随着世界各国联系的加深和全球知识经济一体化的发展，现代远程教育系统的全球化发展越来越蓬勃。

第二节　远程教育的系统结构与设计

远程教育网络是计算机网络技术支持的自由时间和空间，实现资源共享系统，具有开放和轻松学习等特点，使地理上分布在计算机网络的所有用户访问远程系统，并通过教育资源，实现学习成果。目前，已经有许多计算机远程教育系统

原型开发。然而，由于计算机技术、认知科学和教育事业的发展的制约，当前实现远程教育的技术远远落后于教育理论的发展。大多数远程教育网站除了一些推出基于 Web 的课件教学服务，多媒体课件形式，文本和图片网页仍然是远程教育学习主要为广大学生的教育方案。近年来，许多著名学者和专家对远程教育系统设计的理论进行了深入的研究，认为远程教育系统的设计，是指在对社会环境、市场、教育需求、学生、课程和资源等状况进行调查和分析研究的基础上做出决策，决定采用哪种类型的远程教育系统。

一、远程教育系统的结构

任何系统的构成都是由若干相互联系、相互作用的要素和子系统所构成，现代远程教育系统也不例外，下面我们对现代远程教育系统的主要构成加以分析[13]。

1. 教学系统

现代远程教育系统最基本的系统构成是教学系统。教学系统包括教师授课系统和教学资源库系统。

(1) 教师授课系统

传统的课堂教学是教师和学生共处同一空间，由教师根据事先准备好的课程设计和流程进行教学，学生根据教师的讲授进行线性学习，教师占主导地位。

而现代远程教育系统则是教师利用各种教学辅助设备完成课程教学，然后通过视频、音频录制等辅助设备将教师的课堂讲授记录下来，存储在现代远程教育系统的资源库中，供学生自行获取。教师授课系统是现代远程教育系统的一个主要组成部分，但老师并不占主导地位。教师授课常用到的视频、音频录制设备有录像机、视音频编辑器，教学辅助设备有电子白板、文件放映机、大屏幕投影、计算机、录放音设备等。

(2) 教学资源库系统

教学资源库系统是以计算机服务器为主要载体用以存储教师的授课内容、多媒体 CAI 课件、网络教学软件、VCD(DVD)教材等素材，从而达到集中教学资源的目的。现代远程教育系统通过运用网络技术，建立一个分布式、海量的教育资源库，为远程教育过程中的用户提供一个高效数据共享、有效管理的虚拟教学信息空间。资源库主要提供教学资源存储服务、资源检索查询服务和资源调用服务。

现代远程教育资源库的建设对硬件环境的依赖程度较高，针对不同的远程教育方式，所使用的资源载体也不一样，致使资源制作的形式表现出多样化的特征。为了保证优质教学资源在更大范围内更好的共享，要求在资源库建设过程中应采取较高质量的设备和较为先进的技术。

2. 通信系统

现代远程教育实现的关键系统是通信系统。只有依靠通信系统的信号传输，才能实现教育的远程化传播。

在现代远程教育系统中，通信系统的主要任务是高速度、高质量、准确、可靠地传递和交换各种形式的教学信息，简单地说就是起连接作用。通过通信系统的连接，教学组织可以完成教学系统中教学内容的传达，学生可以接收教学内容，完成课程的学习。

通信系统的主要技术有广播电视传播技术、互联网技术、卫星通信技术、光纤通信技术等。其中互联网技术的普遍应用，更是信息技术在现代远程教育系统中应用的重要体现。

现代远程教育系统利用先进的传播媒介和通信技术，突破了传统教学模式的单向、局部传播的限制，从以教师为中心的灌输式教育转向以学习者为中心的主动选择式学习，充分发挥了学习者的主观能动性，提高了教学效果。

3. 交互(反馈)系统

交互(反馈)系统是提升现代远程教育系统教学效果的重要工具。在一个完整的教育过程中，提高教学、学习效果的重要环节就是反馈，通过反馈教师能了解学生对知识的掌握情况，学生通过教师的反馈知道自己的欠缺之处。在开放的教育系统中，正反馈和负反馈都有助于系统的不断完善。师生通过相互的交流和反馈不断完善自己的教学和学习行为，及时纠正偏差，以提高教学效果。

在现代远程教育系统中，常见的交互是通过智能答疑、网上聊天室、BBS、E-mail、语音交流等具体形式完成的。

4. 学习系统

学习系统是现代远程教育的重要组成部分，主要是指现代远程教育的接收端。很多人在谈到现代远程教育系统时常忽略了学习者，学习者是整个现代远程教育系统转化过程中的最活跃因素，如果没有学习者，现代远程教育系统的建设就变得没有任何意义。学习系统主要包括接收课程信息的设备和学习者。常用的接收设备如计算机、电视机等设备，学习根据需要自行选择内容进行学习。

二、远程教育系统的设计

远程教育系统是一个进行教育资源综合管理的平台，能够支持教师和学生在网上交流，实现网上教学开放、互动的平台。学生和教师在教学过程中互动思想，采用统一的身份认证和授权管理，学生、教师和管理人员使用通过统一的接口进行系统登陆，以便确定用户的访问权限和用户界面。给访问的学生、教师和系统管理员提供个性化的服务。该系统以学生作为主要使用对象，以教师作为主导教学方式，在网络环境下进行教学活动，建立自学和互动协作学习相结合的教学体系。

1. 远程教育系统的需求分析[14]

(1) 功能分析

学校老师的功能：能够很容易地从事教学，进行课程安排的生成和发布，上传课件，对学生提出的疑问进行回复（实时和非实时），查询学生的基本信息，实时和非实时的了解学生动态，撰写和发表论文，登记和考勤，对学生工作提出的观点进行回答，登记分数，制作课件，公布作业答案和成绩考评。

学生的功能：登记，查看信息。参加网络远程教学的学生，在学习中能够实现在线直接交流或者通过论坛进行讨论，在线提交自己的课程论文和作业，方便地下载课程相关的资源。

管理员的功能：系统的管理员对于新注册用户进行审核处理，实现教师和学生账号的内容管理，自由的设置密码和个人资料，从事教学的老师方便地进行课程设置等。

（2）性能需求

远程教育系统是以网络为依托的，能够便捷地实现教学管理和在线业务，使教师和学生利用他们的完成正常教学和学习，其中远程教育系统的可扩展性、可靠性以及易用性作为最重要的几个因素需要重点进行考虑。

可扩展性：所谓可扩展性就是指系统能够满足功能的可持续增长，可以适应用户的需求和复杂的系统动力学模型的网络业务需求：他们通常从小做起，但随着需求增长而迅速增长，这种增长不仅表现在用户数量方面，还表现在为客户服务的复杂性和整合的要求方面。提高网络教学系统的功能是一个循序渐进的过程，需要与管理、技术开发和不断改进需求用户的要求和教学相适应。因此，可扩展性尤为重要。

可靠性：可靠性是指系统能否完成规定功能的能力。一般故障率高的系统，就认为其可靠性低。系统的设计必须与硬件和软件支持环境的协调，以确保操作时系统的可靠性。

易用性：易用性是指系统对用户友好，用户使用简单，操作方便。

2. 远程教育系统的设计原则

（1）整体性原则

远程教育是一个系统，系统的最大特点在于整体的功能大于各部分之和，研究或设计任何系统首先要从整体出发。要使网络教育管理系统能够很好地发挥作用，就不能只是将教育环节中的各个过程要素简单集合，它必须围绕质量目标进行统筹规划，以全局观念来协调各要素之间的关系，使系统从整体上达到最优，这样才能起到质量控制的作用；反之，如果各要素互不协调，就会作用力与反作用力抵消，使系统的整体功能小于各部分功能的总和。因此，远程教育机构要在系统运作中追求整体最优而不是局部最优。

（2）发展性原则

网络教育系统是一个高度开放的系统，它与外界环境不断地交换资源、技术等要素。系统要素间的联系随着时间的不断变化，经过有效的组织、管理、协调，达到平衡状态，但随着系统的运动变化，又会出现新的不平衡。一个设计完善的系统应该能够促进远程教育机构的可持续发展，其持续的改进要根据情况的变化和学生的需求及时调整目标和策略，从而实现更高的质量标准和学生满意度，这是建立质量保证机制的关键和要求。

（3）全员参与原则

网络教育的质量与网络教育系统中所涉及的每个人都有关系，要提高质量，离不开教师、学生、技术人员以及管理人员等各个角色的参与，因此，需要网络教育机构中所有部门各层次人员都参与到质量控制中来，并在远程教育质量标准和质量管理上达成共识。只有当教育质量观深入人心，每个人都具有有强烈的质量意识并积极参与各项质量管理活动，才能保证网络教育的最终质量。

三、现代远程教育系统的关键技术

与传统教育相比，现代远程教育是一种全新的教育模式，它可以突破时间和空间的限制，帮助人们随时随地学习，让更多的学习者共享优质教育资源。现代远程教育的开放性、交互性、自主性等特点和异步性、实时性、大容量等优势的彰显完全依托于现代教育技术手段的应用。

1. 数据库技术

数据库技术是现代远程教育系统的一个核心技术，是通过计算机辅助管理数据的方法实现数据的组织和存储，高效获取和处理数据。在现代远程教育系统中应用得较多的是关系数据库和多媒体数据库。

关系数据库是建立在关系数据库模型基础上的数据库，借助于集合代数等概念和方法来处理数据库中的数据。在现代远程教育系统中主要用于对学习者、教学活动的管理工作，如学生的报名、课程安排、教师和学生的管理、课程查询、身份认证等。

多媒体数据库是数据库技术与多媒体技术结合的产物。多媒体数据库从多媒体数据与信息本身的特性出发，充分考虑多媒体数据的存储、组织、使用和管理，实现多媒体数据之间的交叉调用和融合，同时实现多媒体数据与人之间的交互。多媒体数据库主要用于多媒体教学资源的管理，如包含有文本、图像、声音、动画、视频等信息的管理，便于教师查找素材，方便学习者选择多媒体教学资源进行自主学习。

Web 服务属于一种新的 Web 应用程序，它是自包含、自描述和模块化的应用程序并且可以通过 Web 来发布、定位和调用。Web 服务主要是由 IT 公司如 IBM、Microsoft、HP 及 SUN 等在 Internet 上定义或规范的一个开放的、面向 Web 应用的标准。虽然如此，但数据集成作为整个企业应用集成的底层，不仅可以向业务流程的集成做出有力的支持，而且对于新型应用快速有效地加入到整个集成平台中，形成新的整体应用有很大帮助。Web 服务技术是利用现有的网络技术基础，通过新的协议和标准构成的发展。Web 服务相关的协议和标准主要包括：

SOAP、WSDL、UDDI 等。

2. 现代通信技术

区别于过去的以广播电视为主要传播手段的远程教育，现代远程教育使用的是双向交互式通信媒体，是建立在网络技术、多媒体技术、双向电子通信技术的基础上的，是以交互性、网络化、实时性、综合性和适应性为基本特征的。其传播方式主要基于当今世界三大通信网络，即计算机网络、卫星通信网络和电信网络。

3. 计算机网络技术

计算机网络技术是通信技术与计算机技术相结合的产物。计算机网络是用物理链路将各个孤立的工作站按照一定的网络协议连接在一起，组成数据链路，从而达通信和资源共享的目的。

基于计算机网络的远程教学的实现方法是教师或教育组织将教学内容以超文本的方式进行组织，然后将其存储在网络服务器上，通过网络传输，学生下载到学习端的计算机上，浏览教学信息，达到学习的目的。

常见的数据高速传输网络方式有光纤分布式数据接口(FDDI)网、异步传输模式(ATM)网、交换式以太网和高速以太网。

4. 卫星通信技术

卫星通信技术是一种利用人造地球卫星作为中继站来转发无线电波而进行的两个或多个地球站之间的通信的技术手段。卫星通信系统是由通信卫星和经该卫星连通的地球站两部分组成。静止通信卫星，也称同步卫星，是目前全球卫星通信系统中最常用的星体，是将通信卫星发射到赤道上空 35 860 公里的高度上，使卫星运转方向与地球自转方向一致，并使卫星的运转周期正好等于地球的自转周期(24 小时)，从而使卫星始终保持同步运行状态。

5. 电信网络技术

电信网络是电信系统的公共设施，电信网络是由各种通信设备构成的使各级通信点相互连接的通信系统，它能够为两个或两个以上规定的点提供链接，以便在各点之间建立电信业务。利用电信网络，可以实现点对点传播的要求，也是现代远程教育系统信息传播的一大重要途径。

目前，随着技术的不断发展和人们需求的不断提高，三网融合已成为通信领域的发展趋势。

第三节 现代远程教育模式

现代远程教育是随着计算机网络技术和多媒体技术等新兴技术的发展而产生的一种新的教育方式，已逐渐成为知识经济时代人们进行终身学习的主要方式。现代远程教育不仅丰富了人们的受教育方式，更改变了传统的教学模式。

一、现代远程教育模式的分类

模式是对一定理论思想直观、简捷的描述，是对实践活动的规范性、程序性的概括。关于教学模式，乔伊斯和韦尔(美国)在《教学模式》一书中这样定义："教学模式是构成课程和作业、选择教材、提示教师活动的一种范式或计划。"我们可以以此为基础，对教学模式作进一步定义：教学模式是在一定教学思想、教学理论指导下建立起来的较为稳定的教学活动的结构框架和活动程式。作为结构框架，突出了教学模式从宏观上把握教学活动整体及各要素之间的内部关系的功能；作为活动程式则突出了教学模式的有序性和可操作性。

教学模式的数量之大、种类之多，达到了空前绝后的程度。但如果依据网络环境下教学过程中的教学组织形式和过程管理主动程度将其归类，现代远程教育教学模式目前不外乎有以下几种形式：

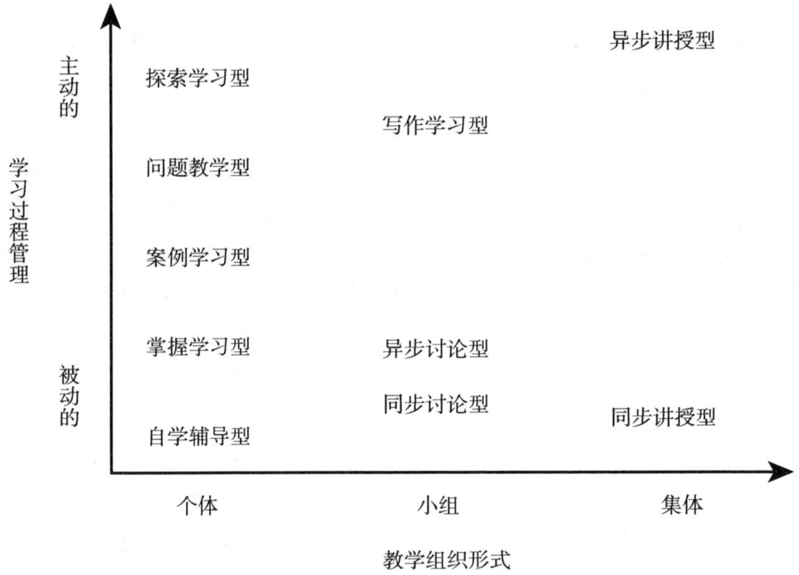

图 6.1 现代远程教育模式的分类

图中，教学组织形式作为一个维度(横向)，从个体、小组到集体；过程管理作为另一个维度(纵向)，从被动到主动。各种教学模式均可从这个平面上找到自己的位置。从理论意义上讲，自学辅导型、掌握学习型、案例学习型、问题教学型、探索学习型比较适合于个体学习；讲授型模式比较适合于集体学习；而介于两者之间的协作学习模式和讨论学习模式则比较适合于小组学习。

下面主要介绍以下三种教学模式：

1. 异步式远程教学

异步式远程教学是指学习者利用公众多媒体通信网，随时调用存放在系统信息服务器中的图像、文字、语音等课件进行学习[15]。异步式远程教学是相对于同步式教学而言的,是不局限于同一时间、同一地点、同一进度的学习。在这样完全开放的环境中,学习者不需要与教师面对面交流,只需依托通信媒介,根据自身的情况和需求自行选择学习时间、学习地点、学习材料,甚至是指导教师。可以说学习者与教师之间、学习者与学习者之间的交流不是实时的,是存在时空错位的。在异步式远程教学模式下,学习者可以充分发挥自己的主观能动性进行学习,这更适合有自主学习能力的学习者使用。异步讲授通常借助于网络课程和流媒体技术来实现。流媒体技术(如目前流行的 P2P 技术)是边下载边播放的低带宽网络视频技术。在异步教学中,学生学习的主要方式是根据个人的时间随时访问存放在 Web 服务器上的事先编制好的网络课程。当学生遇到疑难问题时,可以通过 E-mail 向教师或专家进行咨询,也可以通过 BBS 或在线论坛等方式同网上其他学习者进行交流。

2. 同步式远程教学

同步式远程教学是指学习者利用公众多媒体通信网,实现一点对多点或点对点的远程交互式教学[15]。同步式远程教学需要学习者面对教师,这里所谓的面对是指媒体系统在存储、发送和播放数据时保持时间同步(包括服务器端、传输及播放端三方面的同步),通过同步信号远程传输方式向学习者展示教师授课的真实场景。这样的教学形式与传统教学比较相似,教师在远程授课教室中用直观演示、口头讲解、文字阅读等形式,通过计算机网络向学生传递教学信息。学生在不同的远程学习教室,通过观察感知、理解练习、领会运用等过程接受学习。学生和教师也可以通过网络进行实时互动。不同之处只是空间距离遥远。其缺点是师生交流少、交互性差,不能实现学习者的协作学习、分组试验等教学过程。

同步式远程教学通过现代远程教育的教学直播系统实现了教学同步这也是现在大多数远程教学课程所采用的方式。

3. 交互式实时远程教学

交互式实时远程教学,是指利用网络通信技术和多媒体技术,以高速网络为载体,实现的一种多点对多点的远程教学。这种教学方式克服了地域和时间上的限制,使任何地方的用户都能够通过网络进行学习,虽然师生处在不同地点,但授课效果却与在同一教室上课一样,师生双方能进行实时、双向交互的教与学的活动。交互式实时远程教学为学习者提供了一个真实互动的学习环境,充分调动学习主动性,教师及时反馈信息,形成问题的解决方案。交互式实时远程教学受网络传输速度的限制较大。因为交互式实时远程教学的实施需要大量的多媒体信息,为保证视频多媒体的正常传输,要求有较高的网络带宽。此外,网络传输的安全性也成为交互式实时远程教学能否正常实施的关键。

根据学习对象的学习方式分类,现代远程教育可以分为以下两种模式:

1. 个体学习模式

个体学习(Individual Learning)是指个体为使自己的行为更有效,而获取知识与技能的行为。在现代远程教育中,个体学习模式是指学生为了满足自己的学习需求,利用通信媒介自行选择学习内容,完成知识获取的过程。

在现代远程教育系统中,师生处于相互分离的状态,学习者处在一个相对独立的学习环境中,没有教师的直接连续指导,由学习者自主规划并进行有目的的系统学习。在这样的学习模式中,学生成为教育和教学的中心,是完全的主体,他们根据需要自主制订学习计划,选择学习内容,进行自我效果评估,实现高度的学习自控。学习者通过利用丰富的远程教育资源,获取所需知识;通过多媒体通信媒介向世界各地的专家求教、交流,以获得知道和帮助。

以个体学习为主的教学模式,包括自学辅导型、掌握学习型、案例学习型、问题教学型和探索学习型,具体内容见表 6.1。

表 6.1　以个体学习为主的远程教学模式的部分要素比较

名　称	指导思想或目标	教学程序	策略及学习材料的要求
自学辅导模式	以学生自学为主的方式来培养学生的自学能力和学习习惯	阐明学习任务和要求——学生自学——讨论交流——教师启发答疑——练习总结	激发自学兴趣,传授自学方法,存放在网上的 CAI 软件库,直接在网上运行的网络 CAI 课件
掌握学习模式	布鲁纳目标分类学,认为每个人都可能完成教学内容	划分教学目标——划分单元教学内容——选取教材与教法——诊断性测验——安排相应的教学进度	每个单元的诊断性测验对应目标的单元学习任务、学习进度的建议
案例学习模式	从案例的应用和研习中获得解决问题的具体方案	阅览大量案例——对案例进行信息加工——接受教师指导——形成新的概念	利用存放在 Internet 上的案例库制作成 CD-ROM 形式的案例库,访问一些资源网站
问题教学模式	马赫穆托夫提出的,让学生自己提出问题和解决问题	创设问题情境,提供有关的信息材料,提供解决问题的一些提示	创设问题情境,提供有关的信息材料,提供解决问题的一些提示
探索学习模式	主要是布鲁纳提出的,通过具体的活动实例培养学生的归纳思维	问题分析阶段——信息收集阶段——综合阶段——抽象提炼阶段——反思阶段	设立适合由特定的学生对象来解决的问题,提供大量的与问题相关的信息资源

2. 协作学习模式

协作学习(Collaborative Learning)以建构主义学习理论和人本主义学习理论作为理论基础,指学习者为了共同的学习目标而组成小组或团队的形式进行学习的一种行为。学习者之间结成的学习小组是协作学习的基本要素，通过小组成员间的相互合作互助完成学习任务。

现代远程教育在强调学习者个别化学习的同时，师生、生生的交互协作也受到越来越多的关注。与个体学习模式相比，在协作学习中，学习者借助他人（包括教师和学习伙伴）的帮助，实现学生之间的双向互动，并利用必要的共享学习资源，充分发挥其主动性和积极性，进行意义建构。协作学习强调的是学习者的创造性、自主性和互动性。

随着新一代的通信技术（如视频会议系统）和以计算机为主要媒体的通信方式的普遍应用，现代远程教育的协作学习模式得到了更广泛的应用。

第四节　移动互联技术支持下的在线学习

自 2005 年以来，在社交媒体、移动设备发展的影响下，涌现了一些新的在线学习形式，其中 MOOC（Massive Open Online Course，大规模开放式在线课程）和移动学习尤其引人注目。

一、MOOC——大规模开放式在线课程学习

1. MOOC 的历史和现状

MOOC 课程模式起源于基于互联网的开放课程。本着互联网“开放”、“共享”、“协作”的理念，很多人将自己的资源，包括自己录制的视频放到网上与全世界的人共享。这种免费共享的理念也传到了高等教育界。早在 1989 年，美国凤凰城大学就开始推行在线学位计划。MIT 自 2001 年起实施 OCW（Open Course Ware）计划，将学校开设的所有课件资料上网免费提供给全世界的学习者。2007 年，美国犹他州立大学的 David Wiley 教授在 wiki 上发起了一门开放课程——Intro to Open Education；2008 年，加拿大贾纳大学的 Alee Couros 教授开设了网络课程 Media and Open Education。2008 年，西蒙斯在曼尼托罗大学联合开设了“联通主义与连通性知识”课程（Connectivism and Connective Knowledge），综合运用各种社交工具，让全世界的学习者参与到课程的学习和讨论中来。此后，各种强调开放、协作、网络化知识建构的课程不断涌现，但是对这种需要学生完全自主学习的课程模式是否真的能够替代传统的学习仍然有很多争论。

2011 年斯坦福大学的 Sebastian Thrum 与 David Stavens 等人合作，联合创办了以营利为目的的在线课程供应平台 Udacity。同年，MIT 也启动了在线开源学习项目 MITx；2012 年哈佛大学与 MIT 合作建立了 edX 平台；斯坦福大学 Daphne Koller 创办了 Coursera。这是目前世界最大的三个 MOOC 课程平台，截至 2013 年 7 月，Coursera 的注册超过 400 万人，有 83 所高校和机构加盟，提供

403门在线课程，很多课程都有数以万计的选课者[16]。在这些平台上，课程发布者(主要是机构，包括国际顶尖大学)将课程的视频、作业、习题发布上去，不管是身在何处的学习者，只要有一台电脑和网络联接，所有的人都可以接触这些课程。现在大部分MOOC课程不提供学分，学习完全是免费的，但有些MOOC可以在学生完成学习之后颁发证书，会收取一定的费用。

我国也有一些大学参加了国际的教学平台，如北京大学在2012年5月参加edX，复旦大学、上海交通大学也与Cousera签约[17]。我国也有很多学生自发选修了这些平台提供的课程，但是由于大多数课程是用英文教授，我国学生学起来较为困难。不过中国网民对这些课程有很高的热情，很快出现了自发翻译、介绍这些课程的网站或论坛。例如果壳网的MOOC学院，这是一个中文的MOOC课程点评讨论社区，为用户介绍国外在线课程平台上的热门课程，交流学习心得，为那些有超强学习欲望的学生提供机会和帮助。

☞ 拓展阅读

果壳网，一个民间自发的科普网站

果壳网是2010年由姬十三创办，网站上的介绍这样说："果壳网是开放、多元的泛科技兴趣社区，并提供负责任、有智趣的科技主题内容。"果壳网分为三个部分：(1) 科学人：介绍各种有趣的科技新闻；(2) 小组：加入兴趣小组展开讨论；(3) 问答：提出困惑你的科技问题，或提供靠谱的回答。果壳网提倡的是"科技有意思"，用通俗有趣的语言来描述一个科技问题。例如"常吃高脂乳制品，糖尿病风险更低"、"剑齿虎和乳齿象，灭绝也怪小行星"。果壳网善于结合新闻热点来为人民普及科学知识，例如针对美国影星安吉丽娜·朱莉宣布接受切除双乳手术，果壳网发布了"双乳切除术真能增加乳腺癌患者的生存率吗?"的科普文章；在中秋节前则发布了"中秋节那天，月亮并非是离地球最近的天体"。果壳网用最流行和最有效的方式来传播科学，试图唤起大众对科学的兴趣，取得了巨大的成功。

果壳网充分利用了新媒体、新技术和新的传播方式，很多果壳网发布的消息都被大量转发，起到了很好的科技传播的作用。但在成功的同时，也有人批评果壳网为了传播而丢失了专业性，内容不够充实[18]。

我国教育部从2003年开始建设国家精品课程，这是中国MOOC的前身。但早期并没有向全社会公开。2011年，受到全球开放教育思想的影响，教育部发布了《教育部关于国家精品开放课程建设的实施意见》，提到在"十二五"规划内建设5 000门精品资源共享课，实现由服务教师向服务师生和社会学习者的转变，由网络有限开放到充分开放的转变[19]。截至2014年9月,国家精品课程资源网上已有超过3.4万个教学录像,33.9万个教学课件,8.5万个实验实践。

2012年,教育部在原广播电视大学的基础上组建了国家开放大学,原来以广播电视为主的远程教育正式进入了开放网络的时代。开放大学努力建设一个面向全社会成员,提供学历和非学历教育的大学利用网络平台和数字化资源,向全社会提供丰富多彩的网络讲座、公共课,满足广大人民群众多样化的学习需求,构建终身教育体系、建立学习型社会[20]。

但我国不管是面向全社会的精品资源共享课,还是开放大学提供的网络课程,都存在一些弊端,如教学内容陈旧、教学形式呆板,大多数课只是将课程从教室搬到了网上,依然是采用原来一板一眼的教授方式,缺乏对自由学习者的吸引力。这主要是由于高校的精品课程建设是一种自上而下的工作,很多教师是为了完成项目任务而制作精品共享课,并没有站在网络学习者的角度去考虑,也没有想方设法吸引学习者的动力。

虽然国家精品课程的推行不尽如人意,在社会上却出现了大量由个人创建的知识共享视频。例如"万有青年烩"是从全国的志愿者中选出演讲者,用7分钟时间向观众分享自己的知识、技能和经验。"逻辑思维"则是一款知识性脱口秀节目,主讲者用生动有趣的语言与听众分享自己读过的书,一起来探索这个世界中有趣的事;"晓说"由音乐人高晓松主讲,主要谈他的海外见闻,中外历史。不过这些仅仅是节目视频+讨论分享,并不是一个正式的课程。但这些视频在网上非常受欢迎,这值得我国精品课程的制作者们深思。

2. MOOC的特点和缺陷

人们感受到了MOOC的冲击,但是为什么MOOC在这个时代会流行?有人认为,MOOC的流行有两个方面原因:一方面得益于高速、廉价的互联网在全球范围的蓬勃发展,产生规模效应。在线课程只需要极小的成本(50美分~1美元)就可以在全球播放,数以万计的学习者可以很轻松地从中找到志同道合的同伴,组成学习小组。另一方面,完全开放意味着高质量,上线课程不同于在学校内部的课程,一旦上线,就会面临来自全世界学习者、同行、专家的检阅,点击率和无数条评论也直接反映了学习者的感受。因此每个课程的制作者都必须要反复推敲教学讲稿,比平时的授课呈现出更高的水平[16]。除此之外,数字技术也为学习者提供了更方便的学习工具。学生可以随时记录自己的学习心得,并与其他人分享。

MOOC的理论基础是联通主义,这是George Siemens在2005年提出的一种互联网时代的学习理论[21]。联通主义认为知识是网络化连接的,学习将专门节点和信息源连接起来。学习者是学习的起点,多个人所获得的知识组成一个学习社区,反过来学习社区的知识又反馈到个人,个人从中获得新知识。根据联通主义理论,教师不再是提供资源和互动的中心,每个学习者都能提供资源,不同学习者的交互形成了新的知识，这使得整个学习社区的知识边界远远大于原来的课堂。由于学习内容是各个学习者在交互中产生的，处于动态变化之中，因此具有多样性、自主性、开放性、创新性的特点。在这种环境下，教师有时候难以把握学习内容的发展方向，而学习者也很可能无法阅读所有的内容，他们会根据自己的兴趣选择适合学习的内容。

由于极度的MOOC也存在一些缺陷，其中最主要的就是退出率太高。由于MOOC学习对学生的自主性有极高的要求，大多数人很难坚持下来，例如Google推出的"Power Searching with Goolge"，有15.5万学员注册，最后只有2万人完成课程[16]。一方面，这是因为很多人都是利用业余时间进行MOOC学习，精力有限，难以完成所有的课程任务；另一方面，学生在选课时也存在盲目性，选完之后发现课程难度太大或者缺乏前期的基础知识，难以坚持下去；最重要的原因，MOOC需要学生在没有学分激励的情况下进行自主学习，有一定自我管理的能力，对很多学生来说难度太大。免费、自由的学习会让学习者对学习内容的价值认识不足，造成责任心不够，不能积极投入[22]。

MOOC的另一个问题是个性化程度不够高。由于教师的精力有限，不可能对几万学员的问题一一回答，MOOC的学习也主要依赖学习者自学和互助学习[17]。在教学组织上，教师可以向广大学员布置作业、练习，进行自动化的作业批改，但是目前还不能针对学习者的反馈有针对性地给予指导。也许随着大数据和人工智能技术的发展，可能能够实现个性化程度更高的学习。

MOOC的检验性考试也比较困难。学生没有固定的学习场所，各种测验都是自己完成，教学组织单位难以监控学生的考试过程，无法避免作弊的问题。这也是MOOC的学分难以被社会承认的主要原因，即没有一个合适的、令人信服的手段来检验学生是否掌握了课程的内容。美国MOOC公司正在与考试公司合作，组织实体教室考试，也许能解决MOOC的检验考试问题。

二、移动学习

2012年底，中国智能手机用户达到3.3亿，大屏幕、大容量、有高速处理器的手机已经在广大网民中普及。2013年底，中国三大运营商推出了4G技术，这是第四代移动通信及技术的简称，能够实现高速上传和下载，网速比3G快20～30倍。设备和网络新技术的突破使得手机用户可以非常方便地在线浏览图片、视频，能够用手机进行远程视频会议，能够在驾驶中体验流畅的街景地图导航。云计算技术的发展，让用户可以快速、便捷、便宜地通过移动设备进入计算资源共享池（包括网络、服务器、存储、应用软件等），支持用户在任意位置使用各种终端通过网络服务来实现所需要的一切。新技术的发展为未来的科技应用提供了无限的可能，同时也为移动学习开启了一扇新的大门。

移动学习是指利用无线移动通信网络技术以及无线移动通信设备（如手机、

平板电脑)等获取教育信息、教育资源和教育服务的一种新型学习形式[23]。从2000年以来,国内外大学、公司都在开展有关移动学习的研究和推广。移动学习是一种碎片化的学习,学习内容短小精悍,相对独立,通过多次学习又可以形成连续的教学体系。目前移动学习已经开始应用在我国的高校教学和远程教育中。例如,利用微信公众平台对新生代员工进行继续教育培训[24],用移动学习促进农民工规范化培训[25]。

1. 移动学习的特征

美国肯特州立大学的 Mark van't Hooft 总结了移动学习的四个特征[26]:

(1) 具有便携性和无线连接

移动学习最早是在教室等固定场所里使用 PAD 这样的便携式设备,学习者可以带着数字设备移动,通过设备随时随地访问学习内容。但当时这类移动设备的价格较高,功能也比较单一,且网速受到限制。随着技术尤其是网络连接技术的发展,移动设备变得越来越小巧,连接速度也越来越快。从平板电脑、手机,智能手表、Google 的电子眼镜,这些设备都有通信、电子邮件、语音、上网、运行应用程序等功能。移动设备让人随时随地与整个互联网相连,将人真正地接入到一个大网络中。有人将整个现代社会看作一个移动的整体[26],学习就是在人和情景、工具、人际的交互中发生的社会化过程。

☞ 拓展阅读

Google 眼镜——一种新的智能移动设备

谷歌眼镜(Google Project Glass)是由谷歌公司于 2012 年 4 月发布的一款"拓展现实"眼镜,包括眼镜上的一个摄像头、一个位于镜框右侧的微型处理器、一个可以将数据投射到用户右眼上方的小屏幕上的头戴式微型显示屏,实现了在用户面前展现现实信息的功能。用户只需要眨眼就能实现拍照上传、收发短信、处理邮件等操作。Google 眼镜大大扩展了智能移动设备的范围,为未来的移动学习创建了新的条件。例如如果医生佩戴 Google 眼镜,就可以直播手术过程,让全世界的学生都可以通过互联网直接观看、学习手术的过程。

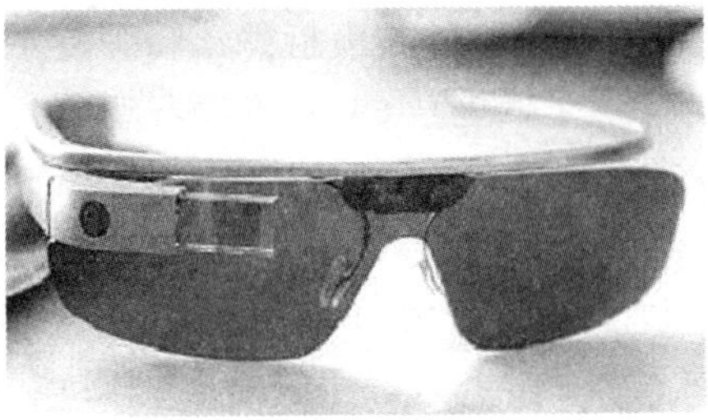

(2) 学习者有控制权,个性化程度高

移动学习不在教室这种固定的场所中发生,其过程完全由学习者自我控制,因此学习者对学习过程有较高的控制权,可以选择在自己想要的时间、地点,学习自己获取、建立、定制、汇总和分享信息,用户的个性化程度很高。

不过系统也可以根据学习者的特点、外在环境、学习对象的组合,给出最优的学习呈现方式。例如,系统根据对学习者和其所处的环境分析,了解到学习者在坐公交车过程中有20分钟左右的时间可以学习,有座位,但环境较为嘈杂,因此选择电子教案10分钟,剩下的时间用于做几道测试题,并进行答案分析[27]。

(3) 随情境变化的学习内容

在传统学习中,学习者主要在教室里学习,学习的内容主要来自书本,而书本大部分是关于抽象的概念、原理或规则,学生学习的目的是要掌握这些抽象知识,其基本假设是认为一旦学会这些知识,就可以应用在任何情景中。这类知识的特点是系统性较强。然而建构主义的情景学习强调学习应该在真实的情景中学习,例如做菜就应该在厨房学习,讨价还价就应该在销售场合学习。移动学习为情景学习提供了技术帮助,将学习变成随时随地发生的事。由于学习位置发生变化,学习者处于不断变化的情景中,学习内容也随着情景而随时发生变化,学习者在需要的时候通过移动互联直接获取学习内容。

(4) 整合信息获取、信息处理、创造新内容三个过程

移动学习不仅仅是一个学习者从情景和网络中获取知识的过程。根据情景认知理论,移动学习将整个社会看作一张大的知识网,每个学习者都是这个网上的一个节点,而这个节点本身不仅从网络中获取知识,也为网络提供知识。例如,一个学生到某地旅游,得知这里是一个古代战场的遗址,他通过移动设备找到一段关于这场战争的课程教学视频,于是当场观看、学习。同时,学生可以在现场进行实地考察,进行资料收集和研究,拍摄这个古战场的照片或视频,制作一段关于此地的介绍,并上传到网上,与该课程的学习者共享。移动学习中的学习内容通常是碎片化、模块式的,学习者需要自己将各种信息整合起来,对信息进行处理,再创造新的内容,反馈到大网络中,丰富整个网络的知识。

2. 移动学习的设计原则

在移动学习的概念刚兴起的时候,移动设备通常是由学校购买,学生在教室里进行“移动学习”,或者将设备租借回家,受到了学生的欢迎。例如英国Ultrallab实验室的m-Learning项目,该项目设计和开发了一系列的学习材料,选取了90个移动设备租借给学生,实验结果表明学习者非常欢迎移动学习,62%的学生表示使用移动学习之后,对未来的学习充满了渴望[28]。

尽管移动学习有很多优点,但也存在缺陷,主要问题集中在移动设备的可用性、用户界面以及使用环境上。与台式机相比,移动设备的屏幕小、分辨率低、计算性能有限、上网速率低,使用环境通常比较嘈杂,时间零碎,因此在学习系统的

设计上需要考虑学习者的认知规律和认知结构[29]:

首先,由于人使用移动设备进行学习时,通常是利用零散的时间,比如排队等候、甚至上厕所,此时注意力是分散的,时间也不会太长,因此,移动的学习是碎片式的学习,要求学习材料只能是小规模的,通常不超过10分钟。由于在移动中学习者容易受到外界干扰,难以保持注意力的长期集中,因此每个模块的持续时间在30秒~1分钟之间。现在很多人通过微信公众账号向学习者推送学习内容,其中语音内容的长度被系统限制在1分钟之内,这使教师不得不研究如何将学习内容分解、压缩、重新组合成短小而有趣的片段。

其次,由于移动设备屏幕尺寸较小,难以呈现大段的内容,因此设计者应在学习内容上尽量选取符合学习者兴趣爱好、较为时尚和流行的内容作为学习的主题。英国Ultralab设计的基于WAP技术的数字化学习课程内容有:(1)即时提醒与警告;(2)与同伴及教师交流;(3)即时反馈的多项选择测试;(4)每日提示;(5)概要信息;(6)按照小学习对象原则设计的数字化学习的课程材料;(7)主题信息搜索;(8)课程注册信息等[29]。很多研究者认为,并非所有的网上资源和内容都是用于移动学习。有些PC机上的资源可以直接使用,但有些由于手持平板电脑或手机与台式机的屏幕尺寸不同,很多页面会出现变形,无法阅读,因此在建设移动学习资源的时候尤其需要注意。

最后需要注意的是,移动学习并不仅仅是移动资源的建设,因为在完全自主的环境下,学生难以保证在移动学习内容上投入足够的注意力。再有趣的学习内容,如果缺乏合适的组织,学生也难以坚持下去。再者学生在整合各个片段知识的时候,也需要一定的引导。因此,除了建设移动学习的资源(如视频、课件、文字、图片等),还需要教师设计整个的教学过程,包括引言、讲解、实验、练习、测验、评价等。

随着移动技术的迅猛发展,未来的移动智能设备将越来越多地走进人们的视野,对学习产生了重要的影响。学习将从教室迁移到更真实的环境中,学习者、学习环境、学习资源之间将通过移动设备连成一张巨大的知识网。教育工作者的任务是根据学习者的特点,设计适合的学习系统,让移动技术能够在我们的日常学习和生活中支持学习者的各种学习,建设一个真正的学习型社会。

参考文献

[1] 李凤岐.关于现代远程教育的发展问题[J].海南广播电视大学学报,2002(04):48-51.

[2] 裴晓杰.远程教育中提升自我效能感的学习支持服务设计与实现研究[D].东北师范大学,2012.

[3] 韦钰.学会生存——教育世界的今天和明天[G].教育科学出版社,2000.

[4] 丁新泽.德斯蒙德·基更.远距离教育基础[M].北京:中央广播电视大学出版社,1998.

[5] 丁兴富.远程教育学[M].师范大学出版社,2001.

[6] 丁兴富.远程教育的微观理论[J].中国远程教育,2001(02):11-14.

[7] 张际平.网络远程教育的主要特点分析[J].华东师范大学学报(教育科学版),2004(02):37-41.

[8] 绍锦绣.现代远程教育的现状、问题与对策[J].苏州大学,2010.

[9] 丁兴富.远程教育学[M].北京师范大学出版社,2001.

[10] 裴晓杰.远程教育中提升自我效能感的学习支持服务设计与实现研究[D].东北师范大学,2012.

[11] 陈金龙.现代远程教育概论[M].科学出版社,2003.

[12] 赵娴.浅析国外远程教育发展的历史与现状[J].吉林广播电视大学学报,2004(04):45-46.

[13] 殷宝媛等.教育技术概论[M].2013.

[14] 薛剑云.远程教育系统的设计与实现[M].电子科技大学,2011.

[15] 吴玲达,等.多媒体技术[M].电子工业出版社,2003.

[16] 陈肖庚,王顶明.MOOC 的发展历程与主要特征分析[J].现代教育技术,2013(11):5-10.

[17] 张海珍,于冰.MOOC 的发展及我国远程教育的应对策略[J].教育探索,2014(03):24-25.

[18] 李争.微博及社交网络在科技传播中的应用——以媒介融合背景下果壳网的分众传播为例[J].科技传播,2014(02):190-192.

[19] 教育部.教育部关于国家精品开放课程建设的实施意见[N].

[20] 季明明.落实《教育规划纲要》的一项重大战略工程——关于构建国家开放大学体系的思考[J].中国远程教育,2011(05):18-24.

[21] 李青,王涛.MOOC:一种基于连通主义的巨型开放课程模式[J].中国远程教育,2012(03):30-36.

[22] 赵荣,马亮,张玉龙.MOOC 的理性思考:兴起、发展与未来[J].高等教育研究学报,2014(02):9-14.

[23] 刘建设,李青,刘金梅.移动学习研究现状综述[J].电化教育研究,2007(07):21-25.

[24] 张艳超,伍海燕.移动微型学习:新生代员工继续教育新模式——以微信公众平台为例[J].现代教育技术,2013(11):79-84.

[25] 李伊白.面向新生代农民工的移动学习:现状、需求与发展策略[J].中国远程教育,2010(09):37-42.

[26] 倪小鹏,张静然.移动学习的发展和趋势——访移动学习专家凡特霍夫特博士[J].中国电化教育,2009(07):1-5.

[27] 方海光,刘静,黄荣怀,等.基于学习对象化的移动学习资源自适应引擎的研究[J].中国电化教育,2009(07):51-55.

[28] 郭绍青,黄建军,袁庆飞.国外移动学习应用发展综述[J].电化教育研究,2011(05):105-109.

[29] 余胜泉.从知识传递到认知建构、再到情境认知——三代移动学习的发展与展望[J].中国电化教育,2007(06):7-18.

第七章 现代技术与学习评价

学习评价又叫学习评定(Assessment),是指运用适当的测验、仪器和技术搜集信息的过程,获得的信息将用于描述和分析学生的学习和行为状况,并对学生的课程、教学方法和培养方案做出决策[1]。学习评价是教学过程的必不可少的组成部分,不仅有助于对教学效果进行评价,还能够明显提高学生学业成绩,提高教学质量,使大多数学生取得优良的学业成绩[2]。在新技术的帮助下,以前难以在教学中使用的评价技术慢慢开始取代传统的评价方法,为学生的学习提供更好的反馈和帮助,有助于学生的成长。

第一节 学习评价概述

一、学习评价的概念

一般提到学习评价,就会想到各种考试或测验。教师通过试卷或者布置任务,要求学生回答,从而收集学生在学习方面的信息。这是一种测量(Measurement)的过程。但教学评价并不等于教学测量,评价应该包括测量和价值判断,其中的本质特征是价值判断。例如,一块蛋糕含糖量多少,这是属于测量。在教学评价中,学生对牛顿运动定律掌握什么?这也是属于测量。测量要根据教育目标,建立测量的标准,对学生的现有水平进行量化描述,就是要回答"学生掌握了什么知识和技能"这类问题。

价值判断则是对客体满足主体需要程度的判断,因此价值判断必然包含主观因素。如果说要对一块蛋糕进行价值判断,那就要问这块蛋糕是不是好吃。在教学中,则是回答"学生的表现如何,是好还是不好?"这类问题。价值判断可以通过与他人比较来开展,也可以与某个标准进行比较[3]。

二、学习评价的目的

学习评价的主要目的有三个:提供反馈、衡量教学、选拔。每一种评价方式,都会在不同的目标方向上有倾向。其中反馈是着眼于学生的发展,衡量和选拔则主要是考核。

1. 提供反馈

学习评价的反馈可以让教师了解到教学的效果，并根据效果随时调整自己的教学内容和方法；学习评价也可以让学生能够明确地了解自己对知识的掌握情况，知道自己已经掌握了哪些内容，还有哪些内容的理解不够明确，这样才能够在下一步有针对性地进行学习。

2. 衡量教学

学习评价不仅是对学生学习成效的评价，也是对教师教学效果的评价，在很多地方是教师收入的标准。教师的工作做得如何，教学行为是否达到了预设的目标？学生的学习评价成绩占了很大的比重。目前我国使用学生的成绩来作为评价教师工作质量的标准之一，这具有一定的合理性。但仅用学习评价来衡量教师的工作质量，也是不对的。每个学生的智力水平、个性特征不一样，学习目标不同，对学生的学习效果也有着重要的影响。

3. 选拔

一方面，通过学习评价，教师可以了解学生的兴趣和能力所在，并有针对性地对学生进行个性化培养。另一方面，对学生进行大学或者其他更高一级的学习进行选拔，起到筛选人员的作用。

这三种作用中，反馈作用是着眼于发展，衡量和选拔则主要是考核，每一种评价方式会有不同的作用。每一种评价方法都与相应的目标相适应。总的来说，基于发展视角的方法强调评价的动态性，认为评价应该和教学过程融为一体，能够对教学起到指导作用，因此强调学习评价应该在教学的各个阶段进行；基于考核视角的方法则强调评价的标准化程度，关注如何对学生现有水平在整个群体中所在的位置做出准确的判断，因此主要在学习结束的时候进行。

三、学习评价的方法

学习评价究竟应该怎样进行？根据评价的内容、评价的时间、评价的主体，我们可以对学习评价的方法进行不同的归类。

1. 评价目标

评价首先就要制定一个合适的目标。基于目标的教学才能够对学生的学习起到推动作用。理想的目标教学能使不同水平的学生都受益[2]。

总的来说，评价目标可以分为认知和情感两大类。

对于认知目标，现在基本采用的是布鲁姆的认知目标分类论。布鲁姆将认知目标分为两个维度，一个是知识，一个是认知过程。知识是指学习时涉及的相关内容，包括了从具体到抽象四个类别：事实、概念、程序和元认知。认知过程涉及学习时要掌握的学业行为表现（业绩），包括了六个类别：记忆、理解、应用、分析、评价和创造，这是依据认知复杂程度由低到高来排列的。

布鲁姆的认知目标分类法为学生学习、教师评价都提供了一个具体的可操作的框架。例如，在学习欧姆定律的时候，如何根据布鲁姆的认知目标的分类来进行细化？首先需要掌握事实性知识，即知道测量电流需要用到电压、电流、电阻等知识；程序性知识，会用欧姆定律的公式；概念性知识，知道“电压”等概念的含义；元认知知识，知道自己用什么样的方法来记忆和理解最有效。接下来，再根据教学目标对认知过程的定义来进行细化。如果教学目标只是要求记忆，那么学生只需要说出电压的含义、欧姆定律的公式等就可以了；如果需要理解，那么就需要能够用自己的话界定相关概念；如果需要应用，就需要用欧姆定律来解决问题，等等。

在教学过程中，教师把各教学单元知识点按这几个层次提出分类目标要求，制定教学目标，实施教学目标并根据目标进行评价和反馈，能够促进以思维为核心的能力的发展，并将体现在学生思维品质的发展中[4]。

情感目标包括学习动机和学习兴趣、性格特征和智力特征。认知活动是学习的动力系统，而情感因素是维持和调节系统[5]。在实际的教育实践中，更多的是通过记录学生的学习行为来评价其学习动机、兴趣等。例如，出勤率、作业率、上课参与讨论的积极程度，等等。

2. 评价阶段

布鲁姆根据学习评价在教学过程中的阶段，将之分为三类：学习前的诊断性评价，学习中的形成性评价，学习结束后的总结性评价[1]。在实际教学中，教师通常在单元、学期、学年开始时，进行诊断性评价；在教学过程中，进行形成性评价；在单元、学习结束后，进行总结性评价[6]。

(1) 诊断性评价

诊断性评价一般应当在教学活动开始以前进行，目的在于了解学生在学习活动开始前的知识、技能准备情况，也就是通常所说的“摸底”。在这个阶段，可以通过让学生填写学习计划表的方式，对学习态度、知识基础、学习策略等指标进行评价。

(2) 形成性评价

布鲁姆的观点主要是建立在教育目标学分类学上的思想，形成性评价主要强调的是在完成学习单元之后的形成性测验，教师根据测验结果了解教学效果，探索教学中存在的问题。

(3) 总结性评价

总结性评价主要是在学习结束时进行的为把握最终结果而进行的评价，包括认知和情感两大部分。在学校教学中，学期末或学年末的考试、考查就是一种总结性评价。其目的在于检查学生通过学期或学年的学习，教学目标的达到程度。该评价注重的是教与学的结果，借以对学生评定等级，全面鉴定，并对整个教学方案的有效性做出评定[7]。

3. 评价的主体

评价的主体是指由谁来参与评价，主要包括教师评价、同学互评、学生自评等三种基本形式[8]：

(1) 教师评价

教师是教学评价最重要的主体,因为教师是制定教学目标和教学计划的人,他们也负责制定教学评价的标准,并根据日常学习情况和学生在测验中的表现对学生进行评价。教师评价虽然也有对学生的学习进行考核和选拔的功能,但是更重要的是诊断学生的学习问题,发现教学中存在的问题,发现学生的个性特长,这是基于发展视角的过程性评价的主要思想。

由于过程性评价的日益流行,教学评价也成为教师的一种新的工作压力。以前教学评价主要是终结性的考核类评价,教师可以采用标准化测验的方法,快速、简便地开展评价。但是相对标准化测验来说,过程化评价的内容繁多,而且具有很强的实践性,例如要求教师记录学生在课堂学习内外的表现,包括对课堂讨论、课堂问答、表演、课堂预习、课后复习等活动进行判断[9]。这些评价的获得需要教师投入更多的时间和精力,也需要教师具有一定的评价能力才能够胜任。当前过程化评价成为教师必须具备的专业能力,是教师专业发展的一个重要部分。教师在过程性评价中需要不断地反思自身的教学活动,意味着教师自然进入了基于反思的教育行动研究之中,例如下面这个例子[10]:

> 一位学生的作业总是不能按时完成,质量也不高,但从表面上看学习非常认真,教师感到奇怪,于是在一次操作练习中通过监控功能记录了该生所有操作的屏幕录像,然后对操作屏幕录像回放,对他的操作情况进行分析后发现,主要问题在于操作前缺少必要的规划,在操作中出现问题后,又重新从头操作,结果一个"图表制作问题"他操作了四次才完成,浪费了许多宝贵时间,到提交作业时,还没有来得及仔细修改,最终导致作业质量也很一般。
>
> 教师找到问题后,一是通过留言方式,给他鼓励,肯定他的成绩,指出他的问题,同时在下次操作时注意对他做个别辅导。另外,针对有不少学生在操作过程中也出现过与这位同学相似的情况,教师在全班进行了集中指导。

(2) 同伴评价

在很多情况下,教师要面对大量的学生,几十个甚至上百个,教师难以进行逐一评价?尤其是在过程性评价中,很多评价项目需要长期的、大量的观察,教师也难以在短暂的教学时间里做到对学生的详细了解。相反,学生对学生的了解比教师更深入。因此可以采取同伴评价的方式,让学生对学生进行评价。同伴评价通常采用小组的方式进行,在规定的时间内,以学生学习小组为单位,以一定的评价程序和评价标准来实施的相对正式的过程性学业评价。被评价的学生进行自我陈述,展示自己的学习成果,小组同学根据评价表的项目进行评价,从情感态度价值观、过程与方法、学习成果三个方面给学生一个等级成绩[11]。通常学生非常重视同伴所给的评价。

即使是同伴评价，教师也不能放手不管。为了让没有评价经验的学生能够具备评价的能力，教师需要编制一份详细的评价量表，指定评价学习过程、方法和态度的具体项目。在评价方式上，通常采用等级评价而不是百分制评价。

对学生来说，不管是自我评价还是同伴评价，都是一种反思的过程，只有学会如何反思自己和其他人的学习，才能够更好地对自己的学习过程做出调整，因此参与评价的学生本身也掌握了评价的能力，有利于学生学会如何学习。

(3) 学生自评

学生的自我评价实质上是一种自我反思和自我监控，找出不足，改善学习。自我评价包括对学习内容的反思，即自己学到了什么？还有哪些不会的地方？有什么体验？也包括对自己的学习态度的评价[12]。

不管是教师评价、同伴评价还是自我评价，都要注意一个问题，即评价应该是强调不足还是以鼓励为主？学生的自我评价如果过低，会对学习动机、心理健康造成负面影响，教育的主要目的之一是要帮助学生建立一个良好的自我形象，即对自己有积极的自我评价。一旦学生给自己贴上"差生"的标签，就会陷入习得性无助的状态，放弃学习，走向社会化的对立面。

那么学生积极的自我形象是如何获得呢？在早期，儿童尚未形成自我评价，主要靠教师、家长和同伴了解自我。但我国学生的自我评价整体呈现一种随着年龄的增高而逐渐下降的发展趋势[13,14]。国外的研究者发现，对正常人来说，旁人的评价会比自我的评价要高一些。而那些自我评价与客观评价一致的人，陷入抑郁的可能性也更大[15]。也就是说，即使教师认为很客观的评价，也会比学生的自我评价要低一些，对学生的自信心有一定的打击。我国家长和教师对学生倾向于做负面评价，关注孩子的不足，认为这才能促进学生改进自己，"严师出高徒"；美国家长则更多看到孩子的优点，更注意保护孩子的自尊心[16]。教师评价和同伴评价中都必须要特别小心这一点，如果完全将自己的主观判断毫无顾忌地直接说出来，虽然本意是让学生进行改正，但却就有可能对自信心造成伤害。因此一方面，教师要积极地发掘学生身上的优点，加以表扬，以帮助其建立自信；另一方面，对学生的缺点要采用"对事不对人"的方式来进行，把焦点放在他的行为上，但尽量不要贬低他的人格。例如，学生没有交作业，教师在评价学生的时候，如果说"该生的作业未交"这就是一种客观的行为评价；如果说："这孩子特别懒"，那就是一种负面的主观判断，对孩子的自尊心是一种较大的打击。

第二节　计算机与现代测验技术

测验时通过观察少数具有代表性的行为或现象，来量化描述人们的心理特征[1]。随着计算机和网络的普及,越来越多的测验编制引入了新的技术,使得测验从编制、实施到评分和解释都发生了很大的变化。

一、测验的类型

1. 智力测验、学习能力倾向测验和成就测验

(1) 智力测验

智力测验顾名思义是对智力进行测量和评定,然而关于智力究竟是什么并没有统一的看法。在过去几十年里,研究者提出了不同的智力理论,并在此基础之上编制了多种智力测验。成熟的智力测验多是建立在心理地图模式理论上,即认为智力是一种心理结构,有不同的组成部分,例如斯皮尔曼认为智力由一般智力(G)和特殊智力(S)组成,Cattell 则将智力分为流体智力和晶体智力[17]。研究者根据对智力组成结构分析,编制了各种智力测验。比较有名的智力测验包括:斯坦福—比奈量表,包括词语推理、数量推理、图形/抽象推理、短时记忆等项目,是以智力年龄来表示智力水平;韦氏智力量表,分为言语分量表和操作分量表,是以同一年龄范围内的离差智商来衡量智力的水平。

(2) 学习能力倾向测验

这是对学生基本学习能力的测量,用于评估学生在不同学习能力方面的优劣并预测学生的学业成绩或在新学习情境中成功的可能性[18]。学习能力测验和智力测验都是属于能力测验,但学习能力测验主要强调对个体学习能力不同方面的测量,得出个体所具有的不同能力倾向的轮廓。智力测验则是针对个体的一般能力。

(3) 学业成就测验

这是对个体经过特定学习和训练后知识与技能掌握程度的测量[18]。如果说学习能力倾向测试主要测的是潜能,学业成就测验则主要是测量个体在某个领域内经过努力所取得的成就。学业成就受到智力或学习能力的影响,但并不完全由这两个因素决定。例如,一个学生在智力测验和能力倾向测验中可能得到低分,但是由于学习努力,很可能在学业成就中会得到高分。这就是我们所说的“勤能补拙”或者“笨鸟先飞”。

2. 非标准化和标准化测验

根据测验编制的过程,测验可以分为非标准化测验和标准化测验两类。

(1) 非标准化测验

这主要是指教师自编的学科测验,是在当前学校教育中应用最广的成就测验。例如教师自编了一个单元测验,针对刚刚完成的单元内容,考察学生的掌握情况,题目的类型、答案的制定、测验的场所、指导语等都没有规定,也没有对样本组进行测试来获得常模,这就属于非标准化的测验。

非标准化测验一般用于课堂教学效果诊断,其形式非常灵活,不需要漫长的

标准化过程，可以根据教师对学生学习情况的了解随时制定测验的内容，在测验形式和题型上也可以有较大的突破。例如生物教师将学生带到植物园，让学生在一个温室中辨认各种植物，并根据他们辨认的结果给出成绩；或者教师编制一道问答题，让学生说说对这一个问题的看法。这些测验方法都难以进行标准化，但是却能够更加真实、深入地反映学生对知识的掌握情况，而且也能够吸引学生的注意力，提高他们学习的动力。

非标准化测验的缺点在于缺乏规范性，难以真实反映学生的学业水平，测量结果不稳定，而且是无法对学生进行横向比较。不过非标准化测验更大的问题在于这类测验受教师的专业素养，尤其是教师测评能力的影响。自编测验是否能够充分发挥其诊断与发展功能，很大程度上依赖于教师是否能在试题编制过程中运用测量的理论和技术。

(2) 标准化成就测验

需要在测验项目的选择、测验过程、评分手续及评分标准方面都经过标准化。不仅测验的项目、答案标准化，对测验的指令、实践限制、测验情境都有详细的规定。标准化的目的是使所有参加的人都在同样的条件下接受测验。标准化还要根据标准样组在测验中的成绩制定常模，以便对被测者的得分与常模进行比较，使结果更有意义。例如，一个学生在一次学业测验中得了 85 分，全国的常模为 83 分，标准差为 4.5，根据这个常模，就可以知道该学生在全国所处的水平。如果一个学校的学生参加这个测验，则可以知道该校在全国的水平。可以看出，标准化测验最大的优点是进行横向比较，因此在诊断学生学科知识的掌握、低成就学生的安置、个性化教育和矫正教育计划制定等方面，都有它的应用价值。

一般来说，智力测验和学习能力测验都是标准化测验，例如前面提到的斯坦福—比奈测验和韦氏智力测验，而学业成就测验则包括为非标准化和标准化两种。非标准化测验主要是由教师自编自用。标准化成就测验一般是在全国范围内进行，主要用于对学校或地区进行教育评估，以监控国家的教育基础水平。应用学习能力倾向测验和成就测验可以预测学生的学科成绩，从而有针对性地采取补救措施，因而在日常教学中被广泛应用[18]。

美国最早的标准化学业成就测验是斯坦福成就测验(Stanford Achievement Test，简称 SAT)，主要是用于测量在中学课程中所应达到的结果，即美国小学和中学生在阅读数学、语言、自然科学、社会科学和听力理解等的基本学习水平。在结构上分为不同的年级水平，每个年级水平有不同的项目和常模。测验题目全部是多重选择题，很容易进行计算机作答和评分。除了综合性的学业成就测验，还有针对某个科目的测验，如阅读测验、数学测验等[19]。我国也发展了一些标准化的成就测验，如初中平面几何标准测验等。

标准化成就测验虽然使用方便，结果和解释都比较客观，但也存在一定的问题，比如题目数量少，覆盖面窄，可信程度低，对测验的评价标准缺乏一定的理论依据等[19]。不过对于教学来说，标准化测验最大的问题是一刀切的评价目标过于生硬，缺乏个性化，难以提高或促进学习，尤其对于原水平偏低的学生、班级、学校、地区会造成极大的压力。例如小学数学的标准化测验，在编制时已经确定了测评的目标，但是各个地区的教学水平有差异，如果想在标准化测验中取得高分，就必须按照测验的目标来制定自己的教学目标，使得标准化测验成为了教学的指挥棒，造成应试教育的泛滥。而且，标准化测验比较笼统，重结果而不重视过程，重比较而不重视反馈，所以只适合教师或者教育决策部门在较为宏观的层面上制定教育政策或措施使用，并不适合用于诊断每个学生的问题和支持学生的发展。

二、计算机化的自适应性测验

计算机技术的发展给教育界带来了巨大的变化，这其中也包括标准化测验。当前教育界标准化测验最新的发展就是采用计算机技术的自适应性测验（Computerized Adaptive Testing System，简称 CAT）。计算机化的标准测验不仅是利用计算机来呈现题目，而是在测验生成、组织测验、测后分析等方面都利用计算机来进行操作。所谓的自适应测验是指依靠大型题库，采用项目反映理论，自行去适应被试水平，灵活施测难度最恰当而且项目最优的项目，从而实现对被试的高校测量[20]。

以前的纸笔测验，多采用的是经典测验理论为指导思想，对所有的参与者实施同样的测验题目，不管个人的水平如何。题目在被测者接受测试前已经固定下来，在测试过程中无法更换。这种测验从表面看是公平的，因为每个人用的是同一个尺度的测量工具，但事实上并非如此。只有在题目对被测者来说属于中等难度时，才可能得到与学生的真实水平最接近的结果[21]。心理测量里有两个名词“天花板效应”和“地板效应”，天花板效应是指题目的难度太高，被测者都无法达到，那么也就无法知道他的真正水平。就像用一个 1.6 米的尺子去量一个身高 1.8 米的人，没法得到准确的数值。地板效应则是指题目的难度太低，被测者都能够正确回答，那也无法知道他的真正水平，因为所有的人都是一百分。如果两个能力不同的学生参加这个测试，一名学生水平较低，一连五道题都做错，表明这套题目对这个学生可能有点过难，那么有很大的可能后面的题目也无法完成。这套题目对这个学生而言并没有太大的意义。对另一个高水平的学生来说，一直在做他认为非常简单的题目，也是在浪费时间。

自适应测验的理论依据是项目反应理论。项目反应理论认为，人在某一个项目上的反应是由某一潜在特质决定的，可以通过数学模型来描述这一潜在特质水平与项目反应之间的函数关系。例如，项目是说出某英文单词的中文含义，学生的反应正确与否是由他的英文水平决定的，学生反应的正确率与英文水平之间可以用数学模型来描述。根据项目反应理论，可以通过项目参数和回答情况来描述能力水平，这一过程需要通过计算机来完成。

在具体的测试中，计算机测试系统根据被测者回答的情况，调节后面测试项目的难度，以此来决定被测者的水平。例如要测试被测者的单词量，并不需要测100个单词，而是先给被测者出示几个大学四级水平的单词，如果被测者回答正确，则下面呈现难度更大的六级单词，如果回答错误，则呈现难度更小的高中单词，这样可能只需要10～20个单词，就能够确定被测者的单词量。自适应的测试比传统的测试更短，在同样的测量精度下，CAT比纸笔测验节省约三分之一的试题，回答起来更容易，对被测的水平把握也更准确。

自适应测验的关键在于题目的选择。系统根据被测者的回答情况对其能力水平进行评估，然后采用某种选题策略到题库中调用或与其水平相匹配的试题[22]，这需要一个有大量题目的数字化题库，题库中每道题目都有其范围、难度、类型、预计测试时间等参数。由于每个学生接受的测试题目难度、类型、数量不一样，为了保证测试结果的可比性，题目的各项参数必须要经过分析。

目前采用自适应测验的大多是国外的大型学业成就测验，例如TOFEL、GRE都采用了CAT形式的测验。在我国学业成就测验上基本还是采用经典测验理论。国内最早开始CAT研究的是江西师大，在1984年编制了中学生使用的"数学水平自适应测验"，北京语言文化大学建立的HSK(汉语水平考试)适应性考试系统。在全国性的考试中，我国的英语四、六级正在开展CAT的研究。

由于CAT考试必须在计算机上进行，很多研究者认为在我国教育实践中不太现实[21]，尤其是在中小学的日常学业测验中。比如，很难想象一个小学数学教师为了完成一次单元测验，还得将全班同学拉到计算机机房去做。但是CAT具备标准化测验的优点，既可以横向比较，客观反应学生的水平，又克服了传统标准化测验个性化不足、过于关注结果的缺点，注重个性化评价，能够促进学生的学业成长，具有科学、公平、高效的特点，是未来学业测验的发展方向。

三、移动学习时代的教学评价

移动学习环境为教学评价提供了新的技术手段，使得教学评价变得更加高效、直观，个性化。当每个学生都拥有一台可以接入网络的移动设备时，意味着学生和教师、学生和学生跨越了时间和空间，连接成一个网络，这个网络可以和外界相联系，依靠其强大的计算能力，以即时的方式发送反馈。新技术的发展使教师课堂上布置在计算机上操作的测验也变得越来越具有操作性，为前面提到的自适应测验(CAT)走入课堂创造了有利的条件。例如，教师可以在课堂上随时布置一个小测验，学生通过移动设备从网上回答问题，系统不仅直接给出对错的判断，还会将学生的选择直接上传到网上，服务器统计所有学生的答题结果，并迅速给出一个结果分析。随后，再利用自适应测验的原理，系统根据前一道题的回答情况，自动选择一道合适的题目继续呈现。利用这种方法，教师可以在很短的时间内对全班学生的掌握情况有一个总体的了解，学生也可以知道自己的掌握水平。

移动教学评价也为学生提供了一个自主学习的途径。学生自主学习中，一个比较困难的环节就是缺少教学评价。缺乏教师对学生学习结果的反馈，学生难以了解对知识的掌握情况，影响了学习的效果。在斯金纳的程序教学法中，机器可以向学生做出反馈，告诉学生哪些题目回答正确，哪些回答错误。但当时的技术只能支持简单的问题，如选择题或填空题。现代计算机技术能够非常容易地进行这类教学评价，而且利用人工智能技术，有些系统还可以对问答题做出评价。网络技术则让学生和教师可以进行异地、异时的交流。利用移动智能设备，学生可以随时选择一套测试题来完成，回答结果被无线网上传到服务器，计算机直接给出反馈，甚至还给出其他同学回答情况的数据。学生在地铁上就能够完成一个小的单元测验，还可以知道其他同学的回答情况，使学生能够进行准确的自我评价。

移动教学评价还包括学生、教师之间的异步互动。虽然目前人工智能已经很强大，但是也不如教师给学生的反馈那么深入、有针对性。教师还是需要对每个学生的学习情况进行评价。利用移动技术，教师也可以随时随地调取学生的回答情况，并结合一些数据分析软件或者数据的可视化软件，非常方便地了解学生的学习情况，在系统里简短进行评价，然后通过网络反馈给学生。

在移动学习的时代，我们会看到这样一幅场景：早上学生起床，打开移动设备，收到一个提醒，告诉他今天需要完成老师布置的一个测验：回答五道选择题，一道问答题。学生打开题目，输入答案，系统将对错结果自动反馈给学生。教师来到学校，打开移动设备，系统提醒教师已经有80%的同学完成了测验，并给出了正确率和每个答案的选择率。教师看过答案之后，意识到有一个知识点需要再强调一下，于是在下午上课前调整了教学内容。对于问答题，教师觉得有几个学生的回答不错，特地将他们的回答转发给其他学生，并做出点评。上课的时候，老师布置的小测验直接发送到学生的移动设备上，学生就可以直接在移动设备上完成该测验。

☞ 拓展阅读

一个移动学习评价的实例[23]

纽约Cohoes中学为一个教室装备了一套装有Classroom Wizard的手持电脑，教师利用这套设备，快速地施测、评分，并向学生反馈分数。学生也可以用手持电脑做测验，教师能够非常方便地提供测验、实时评价。学生们完成测验之后，通过网络将数据传到教师的个人电脑上，教师可以立刻看到学生的分析结果，并打印出来。实验的效果发现，由于取消手动评分而节省了教师的时间，即时反馈促进了学生的学习，用手持电脑也增强了学生的学习动机。

第三节 过程性评价和电子档案袋

早期的教学评价主要以纸为媒介，数据采集和质量监控的各个环节都比较落后，工作效率较低，如数据收集难、处理难、反馈难、效率低等，对于需要收集大量数据的过程性评价来说更是困难重重[24]。现代技术的出现有效地解决了教师教学评价所面临的许多困难，尤其是计算机和网络技术的发展，一方面让过程性数据的记录变得更加容易，另一方面，过程性评价也成为支持网络学习的重要评价方法[25]。

一、过程性评价的相关概念

在教育界，过程性评价、形成性评价、学习性评价的概念经常出现，很多教师感到比较糊涂，不知道这三种评价有什么关系。实际上，这三者都是强调贯穿整个教育过程的评价，并且认为应该通过评价的反馈来帮助学生的发展，有时候经常混用。

1. 形成性评价

形成性评价是一种阶段性评价。具体的做法将一个相对较长的学习阶段划分为一些相对短暂的阶段，然后对这些小阶段的学习效果进行评价，它所关注的主要是知识与技能的掌握。

在实际操作中，形成性评价实际上更像是“形成性考核”，很多教师根据一定的考核标准对学生进行评分，决定学生成绩的还是分数，造成应试行为的产生。而评价应该是一种价值判断的活动，更强调学习任务被掌握和未被掌握的部分，必须要找到学生的薄弱环节，引导学生进一步的努力，重视改善之后的学习结果[26]。

学生的起点不一样，能力不一样，用终结性测验会让学生感到不公平，成绩差的学生永远也会失掉信心。对于学习自觉性较差的学生，形成性评价可以监督学习过程，帮助学生养成良好的学习习惯。

2. 过程性评价

在形成性评价的基础之上，为了更加强调评价对学习的促进作用，淡化评价的考核含义，研究者进一步提出了过程性评价。过程性评价不仅对知识与技能的掌握效果进行评价，也包括对学生掌握学习的过程和方法以及学生在情感、态度和价值观方面的评价[3]。也就是说，过程性评价不仅要关注学生的认知发展，同时也要注重学生的学习动机，对学生的自主学习、交互学习、协作学习进全面行评价，例如用出勤率、课堂表现、课堂练习、作业来评价交互学习质量[5]。

过程性评价强调评价结构的多元化[12]。如果只用单一的评价标准，例如学业成绩，势必造成大多数学生在学业上一直处于不成功的状态，久而久之，学生对自己丧失信心，形成“习得性无助”。过程性评价将其他指标，比如出勤率、学习积极性等也纳入考核标准，使得全班大多数学生可以在不同的指标上获得成功，让传统意义上的“差生”也一直充满信心地学习。在小学三年级尤其关键，因为在三年级容易出现严重的学习分化，单一的标准会让大多数学生体验到失败，不利于培养学生的长远发展。

☞ 拓展阅读

多元智力理论的多元评价标准

智力是心理学的一个重要研究领域。在智力研究中，一直存在一个争论，即智力是单一的还是多元的。大部分心理学家持智力多元观。如斯皮尔曼认为智力包括两个因素，一个是一般性智力(G 因素)，一个是特殊智力(S 因素)，斯滕贝格则提出智力的三元理论，分别是成分理论、情景理论和经验理论。

1983 年，加德纳提出了著名的多元智力理论，将智力分为七种：语言智能、数理逻辑智能、空间智能、音乐智能、运动智能、人际关系智能、自我认识智能。然而，多元智力理论在心理学界并没有受到重视，研究者们认为这七种智力的提法并不严谨，各种智力是否真的是独立的因素存在疑问。

但多元智力理论在教育实践领域却受到了欢迎，不管是在美国，还是在中国，很多学校将其作为指导思想进行教育教学改革。张玲认为，一方面，这是因为多元智力理论迎合了后现代思潮的需要[27]。在后现代背景下，原有的价值观被打破，不同的价值观纷纷出现，共存于一个社会之中，使评价标准也随之发生了变化。另一方面，教育测量原来受到心理学研究的影响，将人的智力简化为数学和语文两个方面，并用标准化量表进行测量，由此产生了各种智力测验。但是智力测验却带来了一个后果，就是对智力的理解过于简化，使得学校片面追求数学和语文的教学，却忽略了学生的人际交往、身体锻炼等其他方面的发展。多元智力理论正是在这种背景下产生，它的目的是突破教育界存在的一元价值观，超越语文、数学能力评价标准，从更全面的角度对学生进行综合的评价，为素质教育提供参考标准[27]。

随着网络时代的来临，社会价值的多元化倾向越来越明显。对于中国社会来说，这种冲击就更加严重。有一个学生说，他在上学的时候，老师教育大家，要好好学习，尤其是“学好数理化，走遍天下都不怕”。他喜欢打电子游戏，喜欢摄影，都被家长和老师斥为不务正业。毕业之后，他从事电脑广告设计工作，又因为喜欢拍人物照而结识了后来的妻子。这位同学感慨地说，当年在学校里老师拼命逼着他学的东西，毕业之后都用不上，但是当被认为是不务正业的事，却成为他安身立命、成家立业的依仗。这正是由于中国正在从现代社会向后现代社会转型过程中的一种普遍现象。随着电脑技术、网络技术的普及，各种新型的职业纷纷出现，如网络广播剧主持、视频节目制作人、网店美工、深度旅游策划人、个人健康顾问等等，这些职业所需要的能力并不简单地局限于数学和语文，更多地涉及美术、音乐、运动、人际等多种能力。多元智力理论正是着眼于克服教育中存在的这些问题，强调当前学校教育中被忽视的一些重要层面，为教育提供更多元化的评价标准，受到了广大教育工作者的欢迎。

3. 学习性评价

学习性评价(Assessment for Learning)是在过程性评价的基础之上产生的，是指其设计与实施的首要目的在于促进学生学习的任何评价，学习性评价强调发生在教师和学生日常教学互动中的评价，渗透于教学活动的整个过程，认为教学与评价之间存在着密切的联系，通常很难在两者之间划清界限。

形成性评价、过程性评价和学习性评价的概念十分接近，有时候研究者换着使用，并没有明显的区别，只是各自着眼点不同。形成性评价强调将学习分为多个小阶段，分阶段进行评价；过程性评价则更多地强调评价内容的多元化，除了学生的知识和技能，还要对学生的学习态度、人际合作等进行评价；学习性评价强调评价是正常的、有效的教学活动的必要组成部分，评价贯穿于教学过程的全过程之中，即从教师备课、上课到课后批改作业和课外辅导的全过程，而不仅仅局限于以课堂测验的形式在教学活动之后进行的对教学效果的检查。这三个概念的共同之处在于都认为评价应该是帮助学生发展的手段，应该对学生学习的整个过程进行全方位的评价。

二、网络学习与过程性评价

1. 网络学习中过程性评价的作用

以电视或广播为载体的远程教育刚刚出现的时候，就一直很强调过程性评价，中央电大在有关文件中指出，形成性考核的目的是加强教学过程管理、反馈学习信息、科学测评学生学习效果、改进课程考核方式方法、促进学生自主学习[5]。因为远程教育中，学生不需要集中到某个地方学习，而主要在家里进行自主学习，就特别需要使用过程性评价，对学生的日常学习的过程进行监督、监控和评价。远程教育中，评价的任务是对学生日常学习过程中的表现、所取得的成绩等做出评价，其目的是激励学生学习，帮助学生有效调控自己的学习过程，激发学生的学习积极性、主动性和创造性，使学生获得成就感，增强自信心。通过进一步改善学习后的学习效果，使形成性评价成为教与学过程中采集并解释有关信息的过程，为学生和教师对学习进度、学习计划、学习方法等的决策提供依据。

为了让评价能够更全面、准确地掌握学生的学习状况，引导学生自主学习，避免考核产生的“应试”心理，过程性考核的内容必须多样化，从多角度开展。除了考核学生对知识的掌握情况，还应该包括：学生在学习中的表现；教师的日常观察；学生问卷调查或与学生的沟通、交流；学生在小组活动中的自评或互评；学生学习档案的有关记载等等。其目的是了解、掌握学生在学习过程中的兴趣、需求、态度、计划、困难、策略以及潜力等等，及时为学生提供反馈信息。

过程性评价是一种强调调节教育过程，以保证更好地实现教育目标为目的的评价活动，其目的不是为了对学习者分等或鉴定，而是帮助学生和教师把注意力集中在为进一步提高成绩所必需的特殊的学习上[9]，因此不适合常规的测验评分方式，采用等级鉴定更合适。本质上看，等级鉴定削弱了评价的考核感，减少了学生的心理压力，有助于维护学生的自尊心和学习兴趣。

过程性评价的另一个特点是允许在一定的时间内允许重复评定。例如，学生参加一次测验，只得了 55 分，那么允许他有第二次参加该测验的机会，让学生可以从错误中吸取教训，使学习能力较差的学生也可以通过自己的努力追上其他同学。但这种做法也会造成对成绩优秀学生的不公平，并不是适用于任何环境和学习任务。

但是在具体操作中，尤其是基于电视和广播的远程教育中，过程性考核却有一定的难度。因为在这样的学习环境中，教师无法和学生进行即时的沟通，难以监测学生的学习过程，这在实际教学中造成远程教学中抄袭现象严重。然而，随着网络技术的发展，远程教育从电视和广播转向了网络。网络的交互性、即时性、多媒体使得教师对学生的过程性评价更容易操作。网络教学平台一般能够长期、动态存储学习者的大量信息，如登陆平台次数、在线学习时间、学习成果与作品、论坛发言次数与内容等，这些为进行网络学习形成性评价提供了数据材料，从而能够更全面的对学习者的学习进行评价。此外，评价内容的开放性有利于评价主体的多元性，教师、同学、本人都可以随时进行过程性评价，从不同角度反映学习水平，提高学习者的网络学习兴趣。

例如，某电大网络课程制定的过程性考核的内容包括：四次作业、网上学习、协作学习、课程实践，其中对网上学习的考核包括参加校园论坛（BBS 讨论）次数、电子邮件交流次数、点击“电在线”次数和时间等，对协作学习的考核要求参加规定次数的学习小组活动，学生到课率、学习笔记也纳入了考核的内容，在学习笔记中要求学生记录学习的时间、内容、方式、掌握知识程度等。由于学生的学习活动都在网络上进行，系统可以非常容易地记录这些学习过程的数据[28]。

基于网络的过程性考核系统提供了教师与学生远距离互动的平台。一个完善的网络教学评价系统，从学生入学水平测试开始，作为一个连续的过程一直贯穿在整个学习过程中。网络教学评价使教师对学生学习进度、学习情况的跟踪、了解成为可能。教师可以定期进行监控检查，通过监控检查将异常学生挑出来，进行针对性指导，给予学习上有困难的学生更多的关注，达到促进、激励学生学习的目的。

结合计算机题库、标准化测验的使用，也可以减轻教师的评价工作量。例如，教师从网上发布了一套平时测验题，学生在网上完成之后，系统立刻对答案自动批改并打分，教师可以马上看到整个班级的成绩分析，以便对自己的教学做出调整；也可以看到每一个学生的回答情况，从而进行有针对性的个性化辅导。即使对于主观性较强的评语，也可以考虑将标准化的或重复使用的评语储存起来，需要的时候调用并略加修改即可。

2. 基于电子档案袋的过程性评价

(1) 传统的档案袋评价

档案袋注重记录学生的学习过程，注重立足于长远培养目标的评价，注重多元评价主体的参与，能有效促进学习者自我反思和交流，增强学生自主学习的动力，促进学习者的发展成长，是过程性评价的一种重要手段。通常学生的档案应包括一段时期内与学生学习有关的全部资料，是学生所作的努力、运用的策略、达到的能力水平和取得的成就的一个集合体，例如学生的作业、出勤率、参加测验的试卷等，这些资料能显示学生的学习态度、努力程度、发展与进步等情况。通过建立学生的学习档案，可以不断回顾自己档案中的内容，研究自己所采用的学习策略，并不断改进它们，从而摸索出适合自己的学习方式[9]。

传统的档案袋是纸质保存的，每个学生建立一个档案袋，将学生的学习成果等材料放进档案袋里，学生定期与教师讨论档案袋里的内容，反思自己的学习情况，改善自己的学习方法。但是纸质的档案袋不利于保存，尤其交给学生保存容易出现丢失、遗漏的情况，交给教师保存又不利于学生的反思，因而限制了档案袋在教学评价中的应用。

(2) 电子档案袋

与传统的纸质档案袋相比，电子档案袋充分利用了信息技术优势收集组织学习者的学习目的、学习过程(包括学习活动、学习作品、学习业绩)、学习反思、学习评价等内容，并应用超链接将跟各部分内容之间的关系呈现出来[3]。电子档案袋就是利用信息技术记录手段，让学生将学习历程记录下来，内容包括在学习期间的各种学习成果，例如作业作品、考试成绩、社团活动照片等，同时电子档案袋还允许学生对各阶段学习进行反思总结，以及教师等各方对学生进行反馈评价，并将学生目前的学习成果和成绩与事先制定的学习目标进行比较，促进学习者的个人成长。

具体来说，电子档案袋主要从以下三个方面来帮助学习者的学习：

首先，记录并评价学生的成长。电子档案以强大的存储能力和时间序列的记录方式，让学生可以记录下每一个学生在学习过程中所付出的努力、取得的成绩、完成的作品以及对学习过程的反思总结。电子档案成为学生自我观察的窗口，通过对自我学习过程的收集和反思，可以培训学生的自信心和主动性。同时，电子档案中基于学习作品的评价更具有真实性，是一种融合了终身学习观念和人才长期评估的教育评价。

其次，反思学习目标和能力现状的关系。电子档案袋让学生能够始终明确学习的目标和要求，认识所学知识与目标之间的关系及评价标准，随时根据自己的学习情况修正或加强自己的学习目标和学习计划。

第三，展示和交流学习成果。展示学习成果可以让其他人对学生的学习做出评价，反过来也可以推动学生更好地学习。电子档案袋的信息十分丰富，比试卷分数更能够反映学生的真实学习情况，更适合用于展示和交流。

(3) 电子档案袋的内容

一个完整的电子档案袋的内容分为五个部分，包括个人基本资料、学习目标、学习经历、作品展示、学习规划。

个人基本资料 包括学生的姓名、年龄、性别、照片、自我介绍、性格特征、兴趣爱好等。这些内容大多数由学生自己上传，可随时修改。其中性格特征和兴趣爱好包括相应的量表测试结果以及学生的自我描述。

学习目标 这部分内容需要教师协助学生完成。教师根据课程的要求制定本课程的学习目标，学生则根据自己的特点制定属于个人的目标。不同水平的学生可以制定不同层次的目标，水平高的学生可以定一个高一些的目标，水平低的学生可以选择一个较低层次的目标。

学习经历 这部分内容主要由学生自己完成，教师给予评价。学生在每一个学习阶段完成之后，将学习内容、自我评价、学习反思等方面的资料上传到自己的电子档案袋，以此证明自己的学习发展状况。其中学习反思主要从学习内容和学习目标之间的关系进行反思，即思考自己从学习中获得了哪些与目标有关的能力，且有哪些具体的事例可以证明自己确实已经具有这些能力。与此同时，教师对学生的学习经历和知识能力的获得情况给予反馈评价。

作品展示 这部分主要是展示学生在学习中所产生的能证明其能力的作品，包括作业、试卷、多媒体文件、照片、视频录像等。例如，学生在学习某个课文的时候制作的一个PPT，或者学生完成的一个研究报告，或者在全班做了一次演讲的录像。这部分内容一方面是让学生可以看到自己的能力，另一方面也可用于向其他人展示自己的能力。

学习计划 这部分内容由学生和教师共同完成，在一个阶段(如一学期)之后，教师对学生的电子档案进行检查并讨论，主要包括学生当前的学业成绩和目标之间的距离。教师对学生的学习状况做出阶段性的诊断，学生根据诊断结果，对自己的目标和下一阶段的学习计划进行调整。

（4）电子档案袋的应用原则

学生主体原则 学生是电子档案袋的主要完成人，电子档案袋的效果是建立在学生积极参与的基础之上，因此建立和使用电子档案袋都要以学生为中心，由学生将自己的学习成果上传到自己的电子档案袋，并参与制定学习计划、自我评价、反思、归纳总结、分析目标与现状的关系等等，充分发挥学生在电子档案袋制作中的主体作用。

过程性和发展性原则 学生的学习是一个动态发展的过程，学生在大学期间不断根据对自身特点和学习要求，调整自己学习目标和学习计划。因此，电子档案袋要着眼于学生的学习过程，致力于关注学生在各个方面的发展和变化，分析其在某领域中存在的优势与不足，让学生能够更好地认识自己、完善自己、发展自己，进一步明确未来的发展目标。

多方协作原则 学生的电子档案袋是建立在电子档案易于共享的基础之上，是一个多方协作的产物。电子档案袋中除了学生自己的学习成果，还应包括各位教师的评价，班主任也应定期与学生一起对学生已经取得的成果进行分析，探讨学生下一步的学习计划。电子档案袋是否能在学生发展中真正发挥作用，很大程度上取决于教研室、任课教师、班主任之间是否能够通力合作，学校应有相应的规章制度来保证各方合作的顺利开展。

在数字时代，学生的行为都能够被记录下来，以数字化的形式储存在电脑中，在网上进行分享，或反复观看；计算机的智能化则可以自动地对某些行为做出反应，在一定程度上代替原来老师才能给的反馈。这些新的技术手段为学习的评价带来了革命，使个性化、过程性的评价成为可能，电子档案袋就是充分利用了各种新技术的一种评价手段。随着网络技术的发展和普及，新技术支持下的过程性评价将在学生的发展中真正发挥重要的作用。

参考文献

[1] 陈琦，刘儒德.当代教育心理学[M].北京师范大学出版社，2007.

[2] 冯惠昌.目标教学与小学生发展的研究——小学1—3年级语文、数学实施教学评价的实验报告[J].心理发展与教育，1991(04)：60-65.

[3] 韩叶秀，杨成.认识论视野下学习过程性评价探析[J].教育探索，2012(02)：5-7.

[4] 盛群力，褚献华.布卢姆认知目标分类修订的二维框架[J].课程·教材·教法，2004(9).

[5] 藏鸿雁，梁晓琦，颜煜宇.成人学习过程性评价指标体系的构建研究——以电视大学为例[J].教育探索，2012(10)：59-60.

[6] 李伟成.教学过程中的诊断性评价研究[J].教育导刊，2011(03)：76-79.

[7] 马炅.基于过程性评价的多媒体作品评价量规的设计与实践[J].电化教育研究，2011(02)：79-81.

[8] 郑明达.过程性评价的组织策略与方法研究[J].中国电化教育,2010(09):107-109.

[9] 袁荣儿.对高职英语教学中形成性评价的思考与实践[J].教育探索,2010(03):68-69.

[10] 丁邦平.从"形成性评价"到"学习性评价":课堂评价理论与实践的新发展[J].课程.教材.教法,2008(09):20-25.

[11] 吴维宁.过程性评价的理念与方法[J].课程.教材.教法,2006(06):18-22.

[12] 严培源.多元过程性评价的实践与探索[J].教育实践与研究(小学版),2008(12):17-19.

[13] 仇佩英.幼儿自我评价恰当性的研究[J].心理科学,1991(03):14-18.

[14] 钱雅琴,李育辉,张建新.中学生自我评价与应对方式的相关研究[J].中国临床心理学杂志,2007(01):48-50.

[15] Brown Jonathon D.自我[M].人民邮电出版社,2004.

[16] Stevenson H W,Chen C, Lee S. Mathematics Achievement of Chinese, Japane[J]. Sicence, 1993,259(5091):53-58.

[17] 吴正,张厚粲.智力理论和智力测验的新发展[J].心理科学,1993(03):60-62.

[18] 张恺郎.学习能力倾向测验与多重成就测验在学业低成就筛查中的联合应用研究[J].教育测量与评价(理论版),2010(06):9-12.

[19] 范晓玲,龚耀先.标准化学业成就测验的发展与现状[J].教育测量与评价(理论版),2008(02):7-11.

[20] 陈平,丁树良.允许检查并修改答案的计算机化自适应测验[J].心理学报,2008(06):737-747.

[21] 李映红.小学学业成就评价方法探新——项目反应理论(IRT)指导下的计算机自适应测验(CAT)[J].湖南第一师范学报,2007(03):31-33.

[22] 戴海琦,陈德枝,丁树良,等.多级评分题计算机自适应测验选题策略比较[J].心理学报,2006(05):778-783.

[23] 余胜泉.移动学习——当代E-Learning的新领域[J].中国远程教育,2003(22):76-78.

[24] 郑秀敏,朱德全.美国基础教育教师教学评价与信息技术整合的路径分析[J].电化教育研究,2012(04):115-120.

[25] 郭玉锋.终身教育理念与过程性评价的实施[J].中国成人教育,2005(06):28-29.

[26] 吴韶华."形成性考核"还是"形成性评价"[J].中国远程教育,2007(11):46-48.

[27] 张玲.加德纳多元智能理论对教育的意义到底何在?[J].华东师范大学学报(教育科学版),2003(01):44-52.

[28] 宋飞.网络学习形成性评价探究[J].现代远程教育研究,2008(06):37-39.

第八章　信息技术时代的教师成长

教师的成长是一个持续的过程，对于教师个人来说，要成为一名优秀的教师，不仅要经过职前培训，还需要在工作中从理论和实践两方面不断提升自己的专业素养，才能完成从新手走向专家型教师的过程。当前，教师的成长也受到了信息时代各种新技术带来的冲击。一方面，由于现代技术的迅速发展，信息技术越来越融入到日常教学中，很多国家开始将信息素养纳入教师的专业素养范围之内，教师的角色、专业品质都发生了变化；另一方面，微格教学、视频案例、虚拟社区等各种新技术的引入也提高了教师成长的效率，成为教师发展的重要支持。

第一节　信息技术时代的教师角色和专业品质

一、信息技术时代的教师角色

在传统的教学观念里，教师在教学中处于中心地位，"传道、授业、解惑"，意味着教师以权威的身份向学生传递知识、技能和道德。教师教的永远是正确的，学生只需要学会教师教的内容即可。同时，人们也给予了教师极高的地位，常把教师比作"园丁"，赞扬他们"春蚕到死丝方尽，蜡炬成灰泪始干"的奉献精神，这些赞美里也包含了对教师的期望。

然而在当代，随着科技的迅速发展和社会的急剧变化，教育正在发生巨大的变革。特别是计算机信息技术在教学中的广泛应用，教师不再是学生知识的唯一来源，学生可以从书籍、电视、网络中获取信息，可能比教师懂得还多，这使得教师的权威地位受到了挑战。很多教师反映"现在的学生越来越难教"，学生在课堂上不像以前的学生那么听话，他们会对教师提出质疑，对教师的尊敬也大不如以前。但换一个角度来看，这些现象并非说明学生的素质下降，更多地意味着教师角色的特征正在随着社会的变化而发生变化，如果教师仍然试图维持原有角色，在教学中就会遇到种种挫折。

在信息技术时代的教学活动中，教师仍然是传递文化的执行者，但是更多的是通过调动和引导学生参与学习活动，引导学生进行探索和学习。教师从权威的文化传递者变为学习顾问、活动组织者、学生同伴等角色，教师的角色越来越多重化。具体来说，现代教师要扮演以下角色：

1. 设计者

教师是学生学习活动的设计者，他要带领学生通过学习活动达到学习目标。如果一名向导要带领一群人去探险，他要确定探险的目标，选择前往目标的交通工具，还要随时纠正路线，确保能够真正达到正确的目标。教师和向导一样，也要首先确定教学的目标（学生通过课程掌握了什么？），制定教学策略和教学方法（我通过什么方法让他们掌握？讲授？活动？），确定如何检验学习效果的方法（我应该用什么方法来检验学生是否真的掌握了这些内容？）[1]。这是教师最基本的工作，不管是传统教学还是现代教学，教师在课前都应该从这三个方面设计学习活动。不过现代教学强调教师在设计教学活动时应更多地考虑围绕学生来进行，在学习内容上适合学生的现有水平。除了设计教学内容，还应包括设计学习环境（如使用多媒体、网络），教师和学生的互动（如提问、引导、反馈）以及学生之间的互动（如合作学习等）。最后教师还要设计检测方法，检查学习效果。教学检测不仅指各种考试，还可以通过产品的方式检验，例如报告、论文等等。教师根据教学检测的结果，修正自己的教学方法，不断做出改进。

2. 信息源

为支持学习者的主动探索和对所学知识的意义建构，教师在学习者的学习过程中要为其提供各种信息资源[2]。教师在给学生提供信息时有两种途径，一种是按照教师自己设计的方案向学生提供信息，例如教师精心备课，在课堂上传授给学生；另一种是学生在探讨问题时遇到困难，向教师求助。前一种是传统教学中的主要传递信息途径，教师采用这种途径时有更大的主动权，学生的自主性相对较小；后一种过程中学生的主动权更大，对教师的要求也更高，要求教师具有足够的知识量，也要求教师有引导学生的技巧。在这个信息爆炸的时代，教师不可能掌握世界上所有的知识，但是教师作为文化传递者的身份没有变。除了保证自己在教学领域内做到“专而精”，教师也需要尽可能多地了解其他领域的知识。现在大量丰富的电视、书籍、网络，使学生可以从多种渠道获取信息，教师只是学生多种信息源中的一种，在很多时候，教师的作用是告诉学生怎样寻找信息，引导学生在信息的海洋中找到正确的内容。因此教师自身不仅要掌握学科知识，还要学会在网上查询信息、开发教学资源的方法，能够帮助学习者学会如何获取信息资源，如何利用资源来完成意义的建构[2]。

3. 指导者和促进者

教师不仅仅是知识的传递者，还应该是学生学习的指导者和促进者[3]。在新的教学环境里，教师仍然需要对学生的学习进行指导和讲解。但是学生的学习正在由传统的接受式学习向探究式学习转变，教师的角色也在向教育促进者转变。以前教师主要是通过课堂向学生传授知识，现在的教师除传授知识之外，还应该帮助学生树立合适的学习目标，确定达到目标的途径和方法，指导学生形成良好的学习习惯，创造生动活泼的教学情景，激发学生的学习动机，培养学生的学习兴趣，调动学生的学习积极性。教师把教学的中心从“讲授知识”转移到育人和促进学习上，改变以前高高在上的姿态，帮助学生构建他们的知识体系。

4. 组织者和管理者

良好的课堂秩序是保证学习活动正常进行的前提。除了上课，教师还要激发学生的学习动机，管理班级的纪律，处理好突发事件，组织学生参加考试等。对于很多教师尤其是小学教师来说，真正备课和上课的时间并不占主要部分，他们大多数时间用在班级管理活动上。实际上，管理者是教师的主要角色之一，教师日常的管理活动对学生情感、人格、学习动机、人际关系的发展起着潜移默化的作用，是不可忽略的教育机会。尤其是在合作学习、小组学习、探究式学习中，教师主要的任务就是组织学生进行讨论、合作，通过引导团体的互动来促进个体的发展，这时更需要教师发挥组织者和管理者的作用。

5. 学习同伴

教师要与学生建立友好融洽的关系，了解学生的需要、学习特点、兴趣、个性爱好等，以保证做到因材施教。尤其是强调教师要以平等的身份与学生进行讨论和合作，作为学生的同伴，共同促进学生的学习[1]。在使用合作学习模式时，教师作为学习同伴的角色就显得更为重要。在合作学习中，经验丰富的学习者作为“教练”来帮助经验相对薄弱的学习同伴，帮助他们确定提高学业成就的有效方法，形成必要的学习策略和技术技能，并将适当的技术整合到学习中[2]。一方面，教师通过观察，了解学生的学习特点、个性差异和学习过程，从而更好地设计合作学习的各个环节；另一方面，教师以平等的身份与学生进行交流讨论，共同解决问题，与学生一起进行意义的理解建构。不过在学习中，教师与学生的地位并不是完全相同的，教师由于具有更丰富的经验和更高的能力，在与学生的交往中主要起着引导和帮助学生的作用。

6. 研究者

苏霍姆林斯基说过：“如果你想让教师的劳动能够给教师带来乐趣，使天天上课不至于变成一种单调乏味的义务，那你就应当引导每一位教师走上从事研究这条幸福的道路上来。”事实上，每一位教师都有能力对自己的教学行为加以反思、研究，提出最贴切的改进意见。在教学实践中，每个教师都用自己的方式处理教学情境中的问题，他的处理方式很大程度上来自于对自己行为的分析与研究。如果一名教师只知道教书，不知道反思自己的教学行为，那么不管教了多长时间，也只能算做一名“教书匠”，不能算是优秀教师。在当前我国教育界新课程改革的背景下，“教师即研究者”这一要求显得尤为重要。随着新课程的出现，教育情境中的问题变得更加复杂，教师必须具备反思能力，去尝试新观点，研究新方法，解决新问题。因此，针对课堂出现的意外事件和社会技术发展带来的各种新问题，教师开展研究，通过观察、访谈、实验等方法收集资料，以达到对问题的深入了解和把握，再进一步改进自己的教学工作。

二、信息时代教师的专业品质

优秀的教师应该具有什么样的专业品质？中外教育界对此进行了大量的研究，也提出了不同的观点。例如，叶澜提出教师应具有教育理念、专业知识、专业能力和教育智慧[4]，王少非认为教师的专业素养包括专业规范、知识基础、能力条件和工作方式[5]。随着信息技术引入教育领域，不仅带来了教育理念、教学内容和教学方法的变革，也带来教师职业形态的新变化，教学环境设施、信息资源的形态与数量、教师角色、工作方式等方方面面都发生了变化，这些变化为教师的专业素养赋予了新的含义。

在讨论信息时代教师的专业品质时，最早人们关注的是如何提高教师的信息素养。2000 年，美国国际教育技术协会（International Society for Technology in Education，简称 ISTE）发布了面向教师的第三版美国国家教育技术标准（National Educational Technology Standards，简称 NETS）。该标准共包括 6 大类 23 个绩效指标，其目的在于要让预备教师知道技术，并知道应用技术可以做到什么，以便其学生能满足面向学生的国家教育技术标准的要求。2004 年 12 月 25 日，为了提高我国中小学教师教育技术能力水平，促进教师专业能力发展，教育部正式颁布了《中小学教师教育技术能力标准》，其中面向教学人员的子标准包括意识与态度、知识与技能、应用与创新、社会责任等 4 个能力素质维度、14 个一级指标、41 个绩效指标。这些标准从教育技术的角度，在以往的教师专业结构研究的基础之上，对学科教师的能力提出了补充要求，有助于教师的培养和专业成长。

然而，近年来研究者意识到，这些标准中提出的教育技术能力只是教师素质结构的重要组成部分，单靠教育技术能力无法成为一名优秀的信息时代的教师。必须将传统的教师专业品质结构与信息素养结合起来，从整体上对信息时代的教师专业素养结构进行全面探讨[6]。

1. 教师的基本信念系统

教师所持的基本信念和理论将会影响他的教学行为。教学信念包括对教师职业的态度、教学效能感、自我发展的意识、运用信息技术的意识和责任等等。

（1）职业态度

不管是在以前的教学中，还是信息时代，教师必须具有高度的教学责任感，并对教育工作充满热情和信心。教书育人工作是长期、艰巨和复杂的，这就要求教师热爱所有学生，关心学生，尊重学生，全力以赴地投入到教学工作中。教师要根据教育目的、要求、学生的具体情况和具体教育情境，选择合适的教学手段，不仅在课堂上向学生传授科学文化知识，更要潜移默化地教育影响学生，使学生在不知不觉中受到熏陶和感染。没有高度的教学责任感和对教育工作的热情和信心是无法做到这一点的。工作责任心强的教师在各项工作中认真负责，严格要求自己，也严格要求学生，就尽到教师的职责。优秀教师对所教的学科和如何有效地教学表现出浓厚的兴趣，这种兴趣促使教师研究学生的心理发展与学生的学习规律，不断探索有效的教学方法。教师在教学过程中表现出的专业兴趣也会引起学生的学习兴趣。

(2) 教学效能感

教学效能感的概念来源于班杜拉的自我效能(Self-Efficacy)。教学效能感是指教师对于自己影响学生的学习活动和学习结果的能力的一种主观判断。简单地说，就是教师对从事教学工作的自信。教师的教学效能感包括两个成分：一般教学效能感和个人效能感[7]。

一般效能感，是指教师对教与学的关系，对教育在学生发展中的作用等问题的一般看法和判断。一般自我效能感高的教师认为，教师的教育可以改变学生的学习和心理发展；相反一般自我效能感低的教师认为，学生的学习成绩是由学生自身的能力水平和他的家庭教育决定的，教师在其中所起的作用很小。

个人效能感是指教师对自己的教学效果的认识和评价。个人效能感高的教师对自己的教学能力有较高的自信，他们认为学生能从自己的教学中获得知识，提高能力；相反，个人效能感较低的教师对自己的教学能力信心不足，他们觉得自己的教学不能吸引学生，他们也不能激发学生的学习动机。

在信息时代，有一种特殊形式的教学自我效能感影响着教师的教学行为，即教师运用新技术的自我效能感，这是教师对自己是否有能力运用现代信息技术来开展教学活动，帮助学生学习的主观判断。很多教师刚接触信息技术时，自我效能感比较低，有调查显示近一半的教师对使用信息技术没有信心，感到焦虑和反感，对信息技术有抵触心理。这是源于教师的年龄偏大，对信息时代的各种技术本身不够熟悉，学习起来难度较大，例如在电脑刚刚在学校普及时，很多教师不会用电脑输入，也不熟悉电脑的操作，特别排斥用电脑来备课。

(3) 教师的教学反思

教师的教学反思是指教师借助行动研究不断探讨和解决教学中的问题，不断提升教育教学实践能力，是在职教师成长的重要途径之一。教师有丰富的实践教学经验，但只有通过不断的反思，将理论与实际情况结合起来，寻求解决问题可能的方式与途径，才能够获得提高[8]。

教学反思最直接的办法就是开展行动研究。所谓行动研究，是在教育情境中，研究人员和实际工作者(教师)结合起来解决某一实际问题。行动研究的研究环境是实际的学校教育环境，研究者对自然状态下的实际教育教学过程进行研究，且在研究过程中，研究目标和内容也可以随时间的推移和研究的深入进行充实和修正。行动研究法强调研究过程和行动过程的结合，即在行动中研究，在研究中行动，研究是为了更好地行动，所获研究成果马上在行动中采纳和应用，并产生实际效益[9]。

☞ 拓展阅读

行动研究

行动研究法的主要目的是让教师在教育情境中进行自我反思,其目的是解决实际问题和提高实际工作者的素质。很多从事实际教育工作的教师认为,做研究是研究者的事情,跟自己无关。教育心理研究者负责提出问题,设计研究方案,到学校实施研究方案,教师的作用仅仅是配合研究者为之提供被试和研究环境。但行动研究法认为教师应该更积极主动地参与研究,以便于对自己的教学过程进行反思,总结经验,更好地提高教学效果[9]。

行动研究主要包括计划、行动、考察和反思四个环节。计划是行动研究的第一个环节,计划是以大量事实和调查资料为前提,形成研究者对问题的认识,然后综合有关理论和方法,做出研究计划。行动是第二个环节,即按照目的和计划行动。考察是第三个环节,主要是对行动的过程、结果、背景以及行动者特点的考察。反思是第四个环节,包括整理和描述,即对观察到的与实施计划有关的各种现象加以归纳整理,描述出研究过程和结果,然后对行动的过程和结果做出判断和评价,并对有关现象和原因做出分析解释,进而调整下一步行动计划和工作构想。

行动研究法所针对的研究对象是学校中的实际问题,在通常情况下是对特定问题的分析和研究,或者将教育理论应用于实际,或者是对于已诊断的问题加以补救,以改进实际工作。行动研究的目的不在于发现或验证某种理论,而在于解决实际问题和改进实际工作。教师在以改进教育工作为目的的研究中发挥作用,使自身素质得以提高。在行动研究进程中有一个集中评价和反思阶段,这时,教师和专家共同对研究的结果和过程进行分析考察。但是反思并不仅仅在该阶段才有,是在研究全过程中连续不断地进行的,这样可以及时调整研究进程,所以说行动研究的过程是带动教师不断进行反思的过程。

(4) 教师运用信息技术的意识

教师还应树立合理运用教育技术和教育教学理念来优化教学的意识。教师应认识到教育技术对教学实践的重要指导意义,要认识到信息技术工具和资源环境对学习的重大支持作用,应具有在教学中合理整合现有工具、媒体和优化教学的意识[6]。

2. 教师的专业知识

在信息时代,教师的专业知识包括三个方面:(1) 基础知识;(2) 学科专业的知识;(3) 教育专业的知识。这三方面的知识用图表示如下:

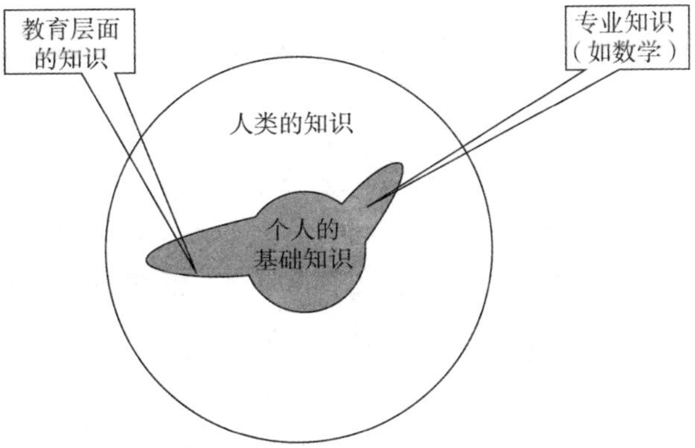

图 8.1　教师的专业知识

（1）基础知识

在基础教育中，虽然教师有专业学科的分别，例如语文老师、数学老师、物理老师，但教师首先应该具备的广泛而深厚的当代学科和人文方面的知识基础。教师应具有深厚、扎实的基础知识和基本理论，有较宽阔的知识视野，形成和积累文化底蕴，这样才能成为具有综合素质的创新性人才。只有当教师具备各学科的渊博知识和能力，通晓相近学科的知识时，才能够在教学过程中设计相关的教学活动，促使学生打破学科界限的壁垒，真正对知识进行有意义的建构。广阔而深厚的知识基础有利于教师的教育创新，增大自己的活动领域，提升自己的适应能力和应变能力，从而不断应对信息社会所提出的挑战。

（2）学科专业层面的知识

教师应具备 1～2 门学科的专门性知识与技能，对该学科的基础性知识、技能有广泛而准确的理解，熟练掌握相关的技能、技巧；教师还应该对该学科相关的知识，尤其是相关点、相关性质、逻辑关系有基本了解。

除此之外，教师还需要了解该学科发展历史和趋势，了解推动其发展的因素，了解该学科对于社会、人类发展的价值以及在人类生活实践中的多种表现形态。

最后，教师需要掌握每一门学科所提供的独特的认识世界的视角、域界、层次及思维的工具与方法，熟悉学科内科学家的创造发现过程和成功原因，以及在他们身上展现的科学精神和人格力量。

（3）教育专业层面的知识

教师教育专业层面的知识主要由一般教学法知识、课程知识、学科教学法知识和教育技术层面的知识。这些知识可能是理论性的，也可能是经验性的；可能是陈述性的，也可能是程序性或策略性的。这里我们主要谈一下教育技术层面的知识。教育技术层面的知识素养主要包含以下四方面的内容：

a. 教育技术基本概念方面的知识

根据 AECT94 定义，教育技术是为了学习而对学习过程和学习资源进行设计、开发、应用、管理和评价的理论与实践。通俗地说，教育技术就是“运用技术手段去优化教育、教学过程，以提高教育、教学的效果、效率与效益的理论与实践。”这里所说的“技术”既包括有形的“物化技术”(物化技术中又分硬件技术和软件技术)，也包括无形(观念形态)的“智能技术”；既包括现代技术，也包括传统的技术。

在教学过程中，教育技术涉及的媒体种类很多，如：挂图、投影、幻灯、教材、模型。但随着信息技术的迅速发展，信息技术工具，如计算机、互联网等成为教育技术的一种重要媒体工具和手段，并开辟了教育教学的新领域：“信息技术与课程整合”。与此同时，人们也对技术、教育技术、信息技术、信息技术与课程整合等一系列的概念产生了误解与分歧。学科教师必须要了解关于教育技术及其相关概念的基本知识，这样才能在教学中把握好方向。具体来讲，学科教师应具有以下知识结构：教育技术基本概念和本质目的；教育技术的重要理论基础；信息技术、信息技术与课程整合等相关概念；教育技术与信息技术的区别与联系。

b. 教学设计方面的知识

教学设计又称为教学系统设计(Instructional System Design)，是指运用系统科学的方法，将学习理论与教学理论的原理转换成对教学目标、教学内容、教学条件、教学策略、教学评价等教学要素和环节进行具体计划的过程。其根本目的是通过对学习过程和学习资源所做的系统安排，创设各种有效的教学系统，以促进学习。完整的教学设计过程一般包括学习需要分析、学习内容分析、学习者分析、教学目标分析、教学策略制定、教学媒体选择与设计、教学评价等要素和步骤。

在教学设计方面，学科教师应具有以下知识结构：教学设计的意义；教学设计各要素的含义及在教学中的意义；教学设计的基本流程与步骤；教学设计典型环节的设计方法、可使用的工具、技巧与注意事项等。

c. 媒体与工具方面的知识及 IT 知识

媒体，是指承载、加工和传递信息的中介工具。当某一媒体被用于传递教学信息时，就称该媒体为教学媒体。教学媒体可以分为非投影视觉媒体(包括印刷材料、图画、图示材料、模型和实物等)、投影视觉媒体(包括幻灯机、投影机等)、听觉媒体(包括收音机、录音机、电唱机等)、视听觉媒体(包括电视机、录像机、影碟机等)和综合媒体(包括多媒体计算机、计算机网络等)等五类，每种类型的媒体具有不同的功能及特点。教师应了解教学中常用的媒体工具的特点、在教学中的作用及其使用方法。此外，教师还应具备一定的 IT 知识与技能，如：搜索引擎的使用，教育资源分类、获取与管理，常用办公软件的使用，学科工具软件的使用等。

d. 教育实践方面的知识

叶澜教授在未来教师应具备的素养中提到了“教育智慧”，认为其是“教师长期全身心地投入教育实践，不断反思、探索、创造所付出的心血之结晶”，并认为

“教师的教育智慧集中表现在教育、教学实践中”[4]。申继亮、辛涛等在教师的知识结构中提到了“实践性知识”，认为其是指教师在面对实际教学情境时所体现出来的知识，更多地表现为教师的教学经验。两者都强调了实践知识对于教师的重要性[10]。

在很多时候，指导教师教育实践的并非是那些可以明确意识到的、可以概念化的理论知识。教学不是一种程序化的活动，而是一种与特定情境相关的极度复杂的活动。对于这样一种活动，程序化的指导原则和作用极为有限。教学需要教师在具体的情境中，根据变化着的教学条件做出明智的判断，进而采取适当的行动。在这一过程中，对教师影响更大的是教师的实践知识，即教师在有目的的行动中所具有的课堂情境知识及其他相关知识，也就是上述的“教育智慧”和“实践性知识”。

三、教师的能力

教师的能力可以分为教学能力和沟通能力两种。

1. 教学能力

教师的教学能力是以认识能力为基础，在具体学科教学活动中表现出来的一种特殊能力（专业能力）[10]。小学教师自己对教学能力的描述按重要性排序依次是：语言表达能力、组织教学的能力和培养学生良好习惯的能力，中学教师则认为是语言表达能力、组织课堂教学能力、传授知识能力和调动学生积极性的能力[11]。教师自己对教学能力的看法比较具体，概括力和系统性都不强。

研究者将教师的能力分为不同层次，即教学能力的智力基础→一般教学能力→具体学科教学能力，见图 8.2[10]。

要从事教育教学活动，需要具备一定的智力基础，最为关键的有三种能力，即分析性思维、创造性思维和实践性思维。在智力基础之上，是教师的一般教学能力。虽然教学活动本身千差万别，例如数学和英语的教学就有很大差别，但各种教学活动所需的能力并不是无章可循的，也可以发现和总结出规律性的东西。各式各样的教学活动所涉及的能力可以归结为三种一般教学能力：教学认知能力、教学操作能力、教学监控能力。这三种能力互为关联，教学监控能力分别与教学认知能力、教学操作能力直接相关，而教学认知能力与教学操作能力的联系往往是通过教学监控能力而实现的。

教学认知能力主要是指教师对教学目标、教学任务、学习者特点、教学方法与策略以及教学情境的分析判断能力，主要表现为：(1) 分析掌握教学大纲的能力；(2) 分析处理教材的能力；(3) 教学设计能力；(4) 对学生学习准备情况与个性特点的了解、判断能力等。教学认知能力在教学能力结构中处于基础的地位，它直接影响到教师教学准备的水平，影响到教学方案设计的质量。

教学操作能力是指教师在实现教学目标过程中解决教学问题的能力，是教师课堂教学能力的集中体现。从教学操作的手段(或方式)看,这种能力主要表现为:(1) 教师的言语表达能力,如语言表达的准确性、条理性、连贯性等;(2) 非言语表达能力,如言语的感染力、表情、手势等;(3) 选择和运用教学媒体的能力,如运用教具的恰当性。从教学操作活动的内容看,这种能力主要包括:(1) 呈现教材的能力,如恰当地编排呈现内容、次序,选择适宜的呈现方式等;(2) 课堂组织管理能力,如学生学习动机的激发能力,教学活动形式的组织能力等;(3) 教学评价能力,如及时获取反馈信息的能力,编制评价工具的能力等。

教学监控能力,是指教师为了保证教学的成功,达到预期的教学目标,而在教学的全过程中,将教学活动本身作为意识的对象,不断的对其进行积极主动的计划、检查、评价、反馈、控制和调节的能力。这种能力是教学能力诸成分中最高级的成分,它不仅是教学活动的控制执行者,而且是教学能力发展的内在因素。

学科教学能力是指教师在教授某一具体学科中所表现出来的能力,如语文教学能力、数学教学能力,这种能力所表现出来的特殊性更为具体。在这里本书不做具体的阐述。

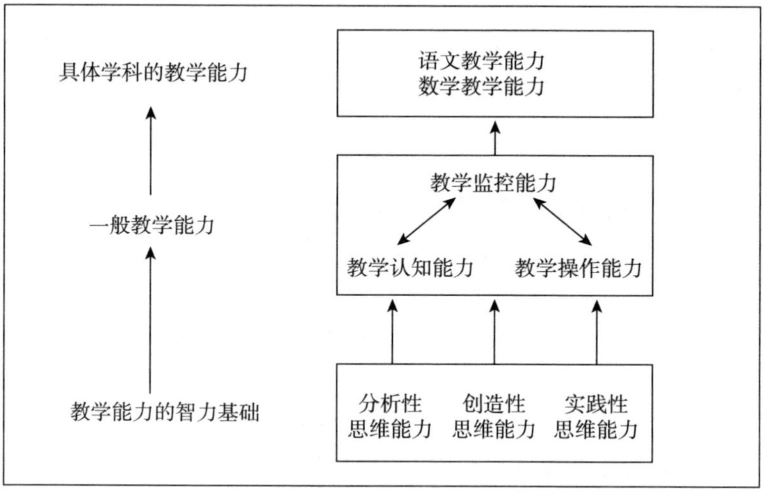

图 8.2　教师的教学能力结构图(申继亮,2000)

2. 沟通能力

教师应具有较强的沟通能力。沟通交流是个体之间以一种共同的、可理解的方式分享想法、观念、思想和感情的过程。教师的沟通主要包括师生之间、教师之间、教师与家长之间的沟通和交流,其中最主要的是师生之间的沟通和交流。

在传统的教学观看来,教师只重视传授知识,教学是教师的单边活动,因此对教师的沟通能力更多的是强调教师在课堂上的表达能力和给学生做思想工作、激励学生努力学习的能力。新课程的教学观则认为,学生是学习的主人,教师是教学活动的组织者、合作者、引导者,教师和学生在教学中的地位发生了质的变化。

教学是师生双方相互交流、相互沟通、相互启发、相互补充的过程。在这个过程中，教师与学生共同分享彼此的思考、经验和知识，交流彼此的感情，从而达到共识、共享、共进，实现教与学的共同发展。如果一位教师不能与学生进行有效的交流与沟通，教学就难以顺利开展。

在这样的学习活动中，对教师沟通能力的要求大大提高了，尤其要求教师具有良好的倾听能力。很多学生都容易把老师的话当做耳边风，一个知识点重复了五六遍，学生还是记不住。这一方面是由于学生从小缺乏倾听的训练，但另一方面也说明教师忽视了倾听学生的声音。教师要让学生认真听讲，首先自己要认真倾听学生的声音。教师有效地倾听，学生才能向教师表达自己的感受，使学生觉得自己得到了认可和尊重，激起学生的发言欲望。而且，教师认真倾听学生说话的习惯也可以给学生养成倾听习惯树立榜样。

在信息技术时代，教师沟通途径得到了极大的扩展。教师可以利用短信、即时聊天工具、电子邮件、BBS、微信群、博客、微博等工具与同行、家长、学生进行沟通。这要求教师掌握现代沟通工具的使用技巧以及一些注意事项。例如，现在几乎每个小学一年级新生的班主任都会建立一个班级 QQ 群，作为家长和教师沟通的平台。教师每天在 QQ 群里发布班级动态、温馨提示，还有学生的作业和表现等情况。但是对于这类 QQ 群的管理也考验着教师的网上沟通能力。有些学生家长群的家长过于活跃，一天有上千条短信，重要消息被淹没在讨论中。而有些教师则将学生不适合分享的情况也发布到网上，造成对学生的伤害。在网络公共空间、聊天群中怎样把握发布信息的内容，这是对教师网络沟通素养的一个考验。

第二节　教师的成长

一、新手和专家型教师的差异

每个教师都经历了从教学新手到教学熟手，再到专家型教师的发展过程。但并不是 20 年的教学经验就能自动成为专家型教师，成为一名专家型教师也并不一定需要这么长的教龄，积极的学习和深入的反思才是最重要的决定性因素。在信息技术高度发达的现代社会，新手教师有更多的途径可以学习和自我成长。那么新教师和专家型教师到底有哪些不同？教育心理学家研究了专家型教师的特征，并与新手教师进行比较，得出了新教师与专家型教师的区别，为新教师成长为专家型教师提供了努力的方向。其中最有影响的是斯腾柏格的观点，他认为专家型教师是有教学专长的教师，他们具有一套课堂管理、课堂教学的熟练技能，并善于重新定义问题和高效率地解决问题。具体来说，他们在以下三个方面与新手教师有显著差异：

1. 专业知识

教师的专业知识包括学科内容知识、怎样进行教学的知识和课堂管理方面的知识。显然专家拥有更丰富的专业知识，但这并不意味着专家就有超人的记忆力。心理学家研究了专家与新手在记忆国际象棋时是否有差别的研究，结果表明专家对棋局的记忆优势在于他们头脑中存储了上千个棋局，使得他们更容易回忆起棋子的组合。专家型教师和新教师的专业知识差别也在于此，专家型教师并不比新教师的记忆力更好，他们只是拥有更多的专业知识。

专家型教师和新教师在知识的组织结构方面也存在差异。总的来说，专家对知识的深层结构很敏感，而新手则较为注意知识的表面结构。例如，当一名学生出现一些行为问题，例如学习成绩下降，喜欢打电子游戏，上课不遵守纪律时，新手教师可能把问题归于比较明显的表面原因，例如这名学生就是不遵守纪律。但专家型教师能够从深层结构出发，认识到这位学生的自我价值感很低，才导致他出现这些行为问题。对问题原因的认识将影响教师采取行动的方向，也将影响教师是否能够成功地解决问题。

2. 解决问题的效率

专家型教师解决问题时花费的时间和精力都比新手教师更少，他们只需较少的努力就可以解决一般的教学问题，这使他们能将更多的精力放在更高水平的问题解决上。专家型教师之所以能做到这一点，是因为专家型教师的教学技能已经达到自动化的程度。通过自动化，专家型教师不需要太多思考和准备就能完成重要的任务。心理活动有两种，一种需要花费大量的心理资源，另外一种相对容易、不需要花费太多心理资源就可以自动化进行的。有些技能在最开始学习的时候属于第一种，当熟练以后就可以达到自动化，这时剩下的心理资源就可以做其他心理活动。就像人们刚学会骑车的时候，要努力让自己保持平衡，远远看到有人过来就开始紧张，这些基本的技术问题占据了人的大部分心理资源。当骑车技术熟练以后，人们也积累了足够的经验，在骑车的同时还可以听广播或者与旁边的同伴聊天。同样，当一个学生出现行为问题时，专家型教师很熟练地处理该学生的问题，但新手教师就需要花很多时间去思考、去计划该如何行动。

教师教学技能的自动化有利于教师提高解决问题的效率，但专家型教师还有其他能力让他们提高解决问题的效率：他们能够对课堂进行有效的监控，在问题出现之前就处理掉；新手教师往往在课堂出现问题之后才去处理，例如当学生不遵守纪律的行为已经严重影响到课堂教学秩序时才想起来要处理，这时候需要教师花费更多的时间和精力去解决问题。另外，专家型教师在解决问题时更注重思考问题背后的原因，制定更深入也更能解决问题的方法，新教师则缺乏对问题的反思，也不太注意深入思考问题本身，往往盲目开始尝试各种解决问题的方法。

3. 洞察力

新手教师和专家型教师都需要运用知识来解决教学过程中的问题，但专家型教师在解决问题时显得更加有创造性，更适当。那么专家型教师是如何对问题进行思考并找到解决方法的呢？

首先，专家型教师能够更快分析并找出问题的相关信息，能将这些信息有效地联系起来，探索问题的本质并找到问题的最佳解决方案。专家型教师能够区分与问题有关的信息和无关信息之间的差别，正确捕捉学生心理活动的微妙变化，及时果断地加以调控，使教学活动始终不离教学目标。例如，一位物理教师在讲牛顿运动定律的时候，讲台的木板突然“砰”地掉在了台阶上，全班同学大吃一惊之后，情不自禁地“哗……”地笑开了，这位教师灵机一动，说道：“这就证明了我们物理课所学的万有引力定律的科学性。”这是对信息与问题解决有关还是无关的判断。这位教师能比新手更有洞察力地发现看似无关的事情，即课堂内容与教室突发事件之间的联系，从而找到解决问题的办法。

教师的洞察力还体现在能够将其他情景中获得的知识用在教学领域。例如，教师读到一篇关于巴西企业 Semco 的 CEO 塞姆勒如何管理公司的故事，这位 CEO 对员工保持最高度的信任和尊重，让员工参与大量企业管理的决策，还允许员工耗费时间去选择自己喜欢的工作。教师从中得到启发，在班级管理中让学生参与班级管理制度的制定，并引导学生讨论、思考他们的爱好和未来的目标。专家型教师还能发现学生比较熟悉的事物和书本知识之间的联系，在课堂上常常使用有创造力的类比，例如用瀑布的例子来解释电势差的概念。总的来说，教师拥有的知识越多，而且知识的组织越好，他们就越容易发现各种事物之间的联系，从而想出更多有洞察力的办法来解决教学过程中的问题。

我国研究者连榕对比新手、熟手和专家型教师的心理特征，发现专家型教师具有以下特点[12]：

(1) 善于反思。专家型教师善于通过对教学计划的评估和反思来改进教学，从而产生教学的创新，不断提高自己的教学水平。

(2) 情绪稳定性、理智、着重实际、自信心和批判性强。专家型教师能够更好地控制和调节自己的情绪，理智地处理教育教学中遇到的各种问题，并能联系实际自觉地对教学进行评估和反思。

(3) 对教师职业的情感投入程度高，职业的义务感和责任感强。专家型教师真正热爱教师职业，对工作负责，能不断追求教师事业深层次的价值所在。

(4) 有良好的师生互动和强烈的职业成就感。专家型教师更能热情、平等地对待学生，师生关系融洽，他们能不断得到成功的反馈，得到各方面的认可，从而产生强烈的成就体验。

二、教师成长的阶段

教师从新手到专家的发展呈阶段性，每一阶段都有自己的特点。关于教师成长要经历哪些阶段，不同心理学家有不同的看法。我国的申继亮等人将教师的发展阶段分为学徒期、成长期、反思期和学者期[13]：

1. 学徒期或熟悉教学阶段

这一阶段持续 3～5 年。在这一时期，教师初上讲台，所面临的主要任务是熟悉教学内容、教学过程、教学对象和教学任务，适应学校环境，积累经验。这一时期，教师从未上过讲台的新教师转变成为能够从容不迫面对学生的教师，反映了教师专长从少到多，从低级到高级的发展过程。

2. 成长期或个体经验积累阶段

这一阶段持续5～7年。这一时期教师的主要任务是形成自己的教学特色。师范生经过这一时期，开始能够独立地、熟练地从事教学，并逐渐形成自己的教学风格，创造出自己的特色。

3. 反思期

这一阶段持续时间不等。教师已经具备了丰富的教学经验，工作上驾轻就熟，心态平和稳定，比较满足于现状。此阶段后期，教师进入理论探讨阶段。教师具备丰富的教学经验，此时主要任务是去深刻地领会理论。如，教师开始注意总结经验，并通过论文的方式将自己的经验上升到理论高度。

4. 学者期

这一阶段持续时间不等。由于理论认识的深入，部分教师摆脱反思期的麻木和满足，继续成长，学识不断丰富，教学监控能力和反思能力进一步提高，并在不断开展科研的过程中使教育能力逐渐达到炉火纯青的地步。

在实际情况中，并非每一名教师均会走过这四个阶段的全程。在前两个阶段所有教师的发展比较一致，从第三个阶段开始，教师之间会出现发展上的差异，以至带来最终成就的区别。尤其是最后一个阶段，目前并不是每一位教师都能达到这一境界，主要是因为我们大部分中小学教师都缺乏做科研课题的经验，不知道如何申报课题，如何设计、实施一个研究，并将结果写成论文发表。对于一名学校的骨干教师来说，这种科研能力非常重要。

三、教师的教学反思

教学反思指教师为了实现有效的教育、教学，在教师教学反思倾向的支持下，对已经发生或正在发生的教育、教学活动以及这些活动背后的理论假设，进行积极、持续、周密、深入、自我调节性的思考，而且在思考过程中，能够发现、清晰表征所遇到的教育、教学问题，并积极寻求多种方法来解决问题的过程[14]。

从20世纪80年代以来，在世界教育界展开了关于教师反思的讨论和思考。教师的反思能力已经成为优秀教师的一个重要标志，教学反思也是促进和提高教学能力和教学效果的重要因素。教师必须通过有针对性地对自己的教学活动进行反思，来提高自身的教学能力和专业水平，从新手教师向专家型教师发展[15]。

教师的反思之所以对教师的专业发展具有举足轻重的意义，是由教师的知识特点所决定的。教师在教学中，有两种理论支配教师的教学行动，一种是公共理论，即研究者总结出来的，通过书籍、杂志等方式传播的理性认识成果；另一种是个人理论，是指储存在个体头脑中，并在个人教学实践中运用的理性认识成果。

教师在长期的实践中掌握了大量实践知识，并通过反思不断地发展这种实践知识。教师一直在根据自己学到的公共理论和实践来构建自己的理论，公共理论也只有内化成教师的个人实践理论才能够对教学行为产生影响[16]。而这一过程，只有通过教师的反思才能够实现。

教学反思始于教师对课堂教学中师生活动的观察或教学后对教学过程以及自身或他人教学经验、理念的回忆，但并不仅仅包括经验回忆，还包括对自身经验的理论升华、迁移，也包括教师主动探究教学问题进而进行监控、调节、修正教学实践的过程。申继亮指出，教学反思是一个多重的螺旋式发展过程，如图所示，每一环表示不同的发展阶段，由内向外表示发展阶段的不断升高。

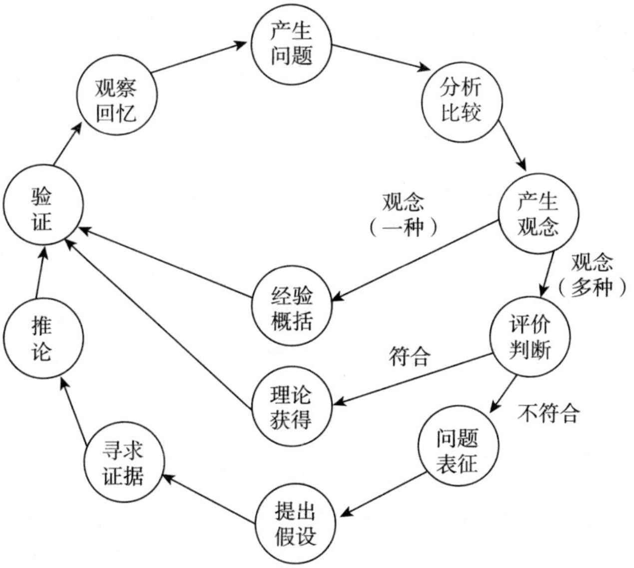

图 8.3　教师反思的内部心理过程（申继亮，2004）

教学活动涉及的内容很多，教师的反思内容、反思层次也有所不同。研究者将教学反思的内容和层次进行了分类[14]。

1. 教学反思的内容

(1) 课堂教学。包括教学内容重点、难点的分析，教学方法、策略、教学技巧的运用。

(2) 学生发展。学生的成绩和能力，学习兴趣和学习方法，心理和人格发展。

(3) 教师发展。关注自身的专业知识和专业能力，关注教师的人格和自我形象；关注教师的待遇。

(4) 教育改革。关注宏观教育体制改革以及课程改革。

(5) 人际关系。反思如何与学生、家长、同事相处。

2. 教学反思的水平

根据教师反思的深度，可以分为三个水平：

(1) 前反思水平

主要关注教学手段的效果，讨论的问题集中在“怎么教学”“对问题应该怎样处理”等方面，并不重视对教育目的的分析和审视。例如，某老师提出问题：班上有几个特别好动的孩子，上课不好好听讲，也不爱做作业，很喜欢打电子游戏，应该怎么办？

(2) 准反思水平

处于该反思水平的教师能够透过教学行为层面来分析行为背后的原因，但这种分析往往根据个人的经验进行，其目的在于探讨或澄清个人对行为的理解，考虑行为背后的原因、意义。例如，对上面的问题，教师通过个人的经验，认为男孩子是因为缺少良好的学习习惯，需要教师和家长更加重视对这几个学生学习过程的监控。

(3) 反思水平

这一水平教育者关注知识的价值以及对教师而言有利的社会环境并且能够去除个人的偏见。教师以开放的眼光来看待问题，对于课堂和学校行为能够做出独立选择，其中包括伦理、道德的思考。例如，教师会思考，为什么现在男孩子在学校的表现不如女孩子？不仅仅认为是男孩子更好动，自我控制力更差，而要考虑到现在的教育环境、教育目标是否在导向上偏向于培养“听话”的学生，不利于男孩子的天性？

3. 教师反思的方式

教学反思的方式指教师对具体的反思内容进行思维加工时所采用的外显的方法。反思方式从简单到复杂可以分为“想”、“写”、“讨论”、“研究”四种。

(1) “想”，就是平时在空闲的时候进行思考，这种思考的特点是系统性不强，比较随意，而且不容易留存。有时候教师突然想到一个方法，但如果没有记录下来，可能第二天就会忘记。

(2) “写”，是指写反思总结，教师通过记录自身的教学经历，描述经验，分析原因，找到改进措施。

(3) “讨论”，是与其他教师一起讨论，有效的教学反思需要借助同伴的合作交流，消除个人经验和认识的局限，达到对教学现象的深刻理解。

(4) “研究”，这里主要是指行动研究，即指教师以教学中遇到的问题为中心，展开一种应用性的研究，用研究结果来解决实际问题。

☞ 拓展阅读

一个教师反思的实例

某位教师设计了一堂语文课，教学内容是“背影”。课后，教师写下

了反思论文。论文中,教师描述了一个教学片段:

我提问:"在'我'眼里,父亲是怎样的人?"学生沉默。这是预料之中的,因为这个班的学生比较内向,虽然多次鼓励,但只要有人听课,他们就不愿意发言。于是我让课代表发言。课代表非常紧张,起来回答:"父亲是一个很迂的人。"教师对这个回答始料未及,一时想不出应该怎么接话,只好把问题踢给学生:"你们认为父亲是个很迂的人吗?"学生说,父亲不是很迂,他是个很爱自己儿子的父亲。我很高兴,问:你用文中的话说说哪些地方可以看出父亲很爱自己的儿子?学生说:父亲给我挑座位,买橘子。老师说:好。关于父亲是不是很迂,后面我们再来理解……

教师在反思论文中写到:这节课一开始的"迂"字一下就击中了我,这个"迂"字让我一筹莫展!很明显,学生的回答不是我想要的。学生一下子说到父亲"迂",我一时根本就没有想好怎样回答,说到底,我没敢接招!我又把它踢给了学生,打算利用学生间不同的认识来解决这个问题。但学生也并没有从正面直接回答,虽然我承诺后面会处理对这个字的理解,但是这节课后面要讲的其他内容也比较多,根本就没有时间。

第三节 现代技术与教师的成长

一名新教师要成长为熟练教师甚至专家型教师,要经历很长的阶段,经过大量的培训和学习。教师的专业发展是一个持续不断的过程,需要教师不断在实践中进行深刻的探究和自我反思,这需要教师自身的主动性,也需要良好的环境和有力的工具支持。传统的做法是由各类教育机构组织各种形式的教师培训和专业学习活动,同时通过校本培训向本校教师传播新的教育理念和教学方法。但这种方法对教师的专业发展促进非常有限[17]。很多教师对学校组织的培训态度比较消极,认为这些培训离教师日常的实践相距太远。例如,某普通中学组织一个"探究式学习"的培训,但参加培训的教师认为,该培训主要针对的是重点中学的学生,这些学生与本校学生的差别很大,两校的管理体制、激励机制也差别很大,新的教学方法并不适用于本校。类似事情的发生是因为传统的教师培训中,通常是外部强加给教师的,过于强调统一要求,忽略了教师的个性化需求,难以真正地成为支持教师的专业发展[18]。在现代技术的支持下,产生了远程性、共享性、交互性、灵活性等多种特性的交流平台,为教师的专业发展创造了一个更加个性化、多样化的支撑环境,成为教师专业发展的重要工具。

一、微格教学

微格教学(Microteaching)是在现代录像技术的支持下,师范生和在职教师掌握课堂教学技能的一种培训方法,起源于美国,随后在全世界的师范教育中被广泛应用[19]。微格教学是一个模拟的教学环境,为准备成为教师或已经成为教师的人提供一种训练环境,使他们可能集中掌握某一种特定的教学技能或教学内容。

微格教学实际上是提供一个练习环境,使日常复杂的课堂教学得以分解简化,并能使练习者获得大量的反馈意见。在这个练习环境里,主要集中完成某一类特定的教学行为,并且是在有控制的条件下进行学习和训练。为了达到控制和训练的目的,微格教学需要有一套录像设备和录音设备,能够将教室的教学情况实时记录下来,并传送给控制室里负责讲评的教师。指导培训教师可以对受训者进行实时分析和评估,也可以让教师本人参加课后对自己教学行为的分析和讨论。

微格教学的实施过程是以现代学习理论、教学理论、现代教育技术理论以及系统科学理论为指导的教学技能训练过程。随着现代信息技术的发展,微格教学系统也在不断发展,例如目前已经出现了集微格教学、多媒体编辑、影视音像制作、多媒体存储、视频点播、数字化现场直播为一体的数字化网络系统。

自从斯坦福大学的研究者提出微格教学后,30 年来它的训练过程已形成了一定的系统模式,一般包括以下几个步骤:

(1) 学习相关知识

微格教学主要是对教师教学技能进行模拟训练,目的是为了培养教师的教学技能。因此,在开始模拟教学之前,受训者应该掌握微格教学的训练方法、有关教学技能的功能和教学设计方法等相关的内容。其次,指导教师还应该向受训者讲清楚本次教学技能训练的具体目标、要求,以及该教学技能的类型、作用、功能、及注意事项。通过学习,参加培训的教师对整个微格教学的活动过程有清楚的认识,有利于随后的观察学习。

(2) 观摩示范,组织讨论

在训练前提供形象和规范的微格教学示范录像。在观摩微格教学录像的过程中,指导教师应根据实际情况给予必要的提示与指导。示范可以是优秀的典型,也可利用反面教材,但应以正面示范为主。在观摩示范录像之后,组织受训者进行课堂讨论,分析示范教学的成功之处及存在的问题,并就"假使我来教,该如何应用此教学技能"展开讨论,为下一步编写教案做准备。

(3) 确定培训内容,编写教案

每次训练应该集中培训一两项技能,以便受训者容易掌握。当被训练的教学技能和教学目标确定之后,受训者就要根据教学目标、教学内容、教学对象、教学条件进行教学设计,选择合适的教学媒体,编写详细的教案。不同于一般的教案,受训者要详细说明本次培训所需要训练的技能目标。

(4) 角色扮演与微格实践

角色扮演是微格教学中的重要环节。在这个环节,受训者自己走上讲台讲课，扮演教师。这时由一名指导教师负责组织，小组的其他成员充当学生。受训者在执教之前，要对本次课作一简短说明，以明确教学技能目标，阐明自己的教学设计意图。讲课时间视教学技能的要求而定，一般5～10分钟。整个教学过程将由摄录系统全部记录下来。

（5）评价反馈

评价反馈是微格教学中最重要的一步。在教学结束后，指导教师及时组织受训人员重放教学实况录像或进行视频点播，由指导教师和受训者共同观看，并对受训者的教学行为进行分析。主要检验受训者是否达到了本次培养的技能目标，并指出有待改进的地方，给出反馈意见。这时包括受训者的自我评价、小组其他成员的评价以及培训教师进行点评。

（6）修改教案

评价反馈结束后，受训者根据反馈中发现的问题进行修改，完善教案。经过准备之后再次做角色扮演，重新进行评价和反馈。在单项教学技能训练告一阶段后，要有计划地开展综合教学技能训练，以实现各种教学技能的融会贯通。

微格教学由国外引入中国已经有20余年，在中国经历了不断完善和发展的过程，现在全国大部分师范院校都建立了微格实验室，作为师范生职前训练的主要场所[19]。但是在这个过程中，也遇到了一些问题，主要问题在于微格的设备短缺，难以满足众多师范生的需求，专业的指导教师数量不足，且水平参差不齐[20]。

随着当前移动设备的迅速发展，利用Wi-Fi等无线互联技术，移动微格教学已经成为一种可能。不需要专门的微格实验室，学生只需要在教室或者专业实验室里架设一台网络摄像机，通过无线直接连入校园网，接入微格教学系统，就可以轻松实现微格教学[21]。在未来，学生甚至可以用自己的手机，非常方便地录制一段讲课的视频，通过网络云盘共享给指导教师和其他受训者，教师通过网络即时聊天工具或者网络论坛指导学生，从而使得教学技能训练可以随时随地进行。

二、视频案例

视频案例是用视频方式记录的案例。视频案例不是课堂录像，不仅包括对事件的记录，还包括了很多案例研究的成分，包括背景介绍、讨论、反思、专家点评、活动的动画图解等等。现在视频案例主要采用非线性的编辑方式，即通过超媒体编辑系统整合案例的片断及多种相关的教学素材，如文字、图片、音频、视频等，把大量的、多样性的数据采用非线性的、快速提取的方式链接在一起，以拓展传统的文本案例和线性的视频案例在教育方面的功能[22,23]。

视频案例是为了弥补现场观摩学习的不足而诞生的。现场观摩一堂课是教学实践的一条传统途径，但是由于物理条件的限制，如教室大小、时间安排等因素，限制了现场观摩的教学实践学习。而且现场观摩也难以对教学过程进行反复观看、讨论和反思，以及进行多角度的加工[24]。视频案例则克服了这些缺点，对课堂原始素材进行重新分析，可以对案例进行深入研究。教师通过观察视频案例了解到真实的课堂情境，并通过观看旁观专家对案例的点评，启发自己对案例的反思，可以转变教育观念、提高教学水平。

视频案例具有以下特征：

（1）真实的教学情境

视频案例以视频的形式记录真实课堂教学的情况，让教师可以获得直观的知识，使得他们仿佛置身于真实的课堂教学情境中，能够观察到课堂中丰富的信息，有利于加深学生对知识的理解。

（2）非现行的超文本编辑方式

建构主义的随机通达教学主张对同一内容从不同的角度、不同的情境、在不同的时间多次进行，以更好地掌握知识。视频案例将不同的信息整合在一起，不仅包括案例视频本身，还包括专家或者同行，甚至学生从不同的角度对视频的评价，有利于教师从多个角度去理解、反思教学实践中的种种问题[25]。

（3）网络化的资源平台和交流平台

视频案例教学平台可以将不同的信息汇聚一起，建立完整的教学案例资源库，并通过网络将这些资源分享给所有的教师、师范生、专家们，为广大教育工作者们提供了一个网络资源环境和信息交流平台，让教师们可以非常方便地讨论、学习，支持了教师的校本研修活动[26]。

随着手持移动设备的迅速普及，移动学习也逐渐成为一种新的教师学习方式。移动学习是学习者通过移动电话或便携式电脑随时随地学习一个片段，具有移动性、高效性、广泛性，学习者不必在固定的场所下进行学习，而是可以利用随身设备快速进行学习[27]。在这一背景下，微型视频案例也出现在师资培训中，微型视频案例已成为一种重要的培训手段。教师以手持移动设备为载体，随时观看小段的教学视频，利用零碎的实践完成学习。由于移动状态下，人们的注意力集中时间短，是一种分散式的学习，因此微型视频案例也应该采用短小的视频，反映某一个焦点问题，避免由于视频过长造成视觉疲劳，克服移动学习中注意力容易被中断的问题。而学习者也可以非常方便地利用手持移动设备录制一段自己的授课视频，上传到资源平台，与同行共享，并接受专家的指导，通过 QQ 等即时聊天工具或 BBS 进行讨论。

三、虚拟学习社区

1. 虚拟学习社区的起源和含义

社区原本是一个地理概念，是指在同一个区域内生活的人所组成的交往圈。但随着网络技术的发展，逐渐出现了以网络为基础的虚拟社区，这种社区更多的成为一个心理概念[17]。美国学者霍华德·莱因哥德（Howard Rheing。ld）在 1993 年出版的《虚拟社区》（The Virtual Community）一传中提出："虚拟社区因网络而衍生出来的，一定规模的人们以充沛的感情进行某种程度的公开讨论，在网络空间中形成的个人关系网络的社会共同体”。在虚拟社区中，成员之间利用网络通讯技术联系、讨论、互相影响并形成较为稳定的联系。电子邮件、聊天室、论坛、即时聊天工具、微博、微信等网络通讯工具，实现了成员之间的交流。与传统的社区相比，虚拟社区具有跨时间和空间、数字化、资源丰富、互动强等特点。

当一群人在网络环境下为了学习的目的而聚集起来并利用网络工具进行一定频率的交流时，就产生了虚拟学习社区。在虚拟学习社区里，每个成员通过网络工具，在学习过程中进行沟通、交流，以获取知识，完成一定的学习任务，并形成一种互相学习、促进的人际关系，这些特点使得虚拟学习社区成为教师发展的一种重要支持力量。

2. 支持虚拟学习社区发展的心理学理论

为什么虚拟社区能够支持教师成长？以下几个理论从心理学的角度解释了其作用机制。

(1) 沟通促进成长——社会建构主义

社会建构主义认为个体是在社会文化背景下，在与他人的互动中，主动建构自己的认识与知识。社会建构主义将人的心理定位于个体与社会活动的产物，将学习看作是在实践共同体中基本的文化适应过程，文化和社会情境在认知发展中起着巨大的作用。在虚拟学习社区中，学习者与辅导者进行交流，与同伴进行交流和合作，共同建构知识。在沟通、对话中，学习者可以接触到不同的信息，看到理解问题的不同角度，这又会促使他们进一步反思自己的想法，重新组织自己的理解和思路，从而达到对问题更深入的理解。

教师学习社区本质上是一种实践共同体，就是作为学习主体的教师通过实践共同体的活动，获得自己的专业发展[28]。传统的教师实践共同体是围绕教师的工作单位组织的，往往是层级组织的模式，例如学校里的组织结构包括校长、教研组、年级组、普通教师等不同的层级和单元，每个教师在这个点上处于一定的位置，他们跟距离较近的其他教师建立一定的联系，与距离较远的教师则可能毫无交集。

虚拟学习社区与传统实体社区的组织模式有根本的不同，这是一种网状结构，每个人作为网上的结点，可以随时随意与任何一个点连接起来。相互连接的网络把距离和时间缩小到零。虚拟社区突破了时间和空间上的限制，当学习者在学习上遇到困难时，可以通过网络向共同体成员求助，得到来自同伴、教师和专家的支持。例如，在“晋江教育虚拟社区”的论坛上，一名教师提问“如何培养孩子的自信心？”，大家纷纷给出了自己的看法，有些人描述了自己的经验，也有人做了十分专业的回答。虚拟学习社区加强了学习者进行社会交流的机会，能够更好地促进学习者的知识建构。

(2) 动机来源于归属感——需要层次理论

马斯洛的需要层次理论将人的需要分为五个层次:生理需要、安全需要、爱与归属的需要、尊重的需要与自我实现的需要。在传统的学习环境中,学校是一个能够提供爱与归属需要的重要场所。学习者聚集在一起进行学习活动,互相交流、讨论、支持,遵守一定的规则,具有一致的价值取向和偏好,对学习共同体有归属感、认同感,从别的成员身上获得尊重感,这是支持学习者在这个学习环境中学习的重要动力。但是在传统教师培训中,各种培训班、讲座、研讨难以形成这样的学习环境,成员之间仅仅在培训期间有交流,因此不可能将参与学习的所有人看做一个稳定而长期存在的群体,难以产生对该群体的归属感。由于缺少归属感的支持,教师对这类培训的态度比较消极,也就不足为怪了。

在建立归属感上,虚拟学习社区有优势也有劣势。优势在于虚拟社区可以跨时间、空间进行交流。学习者虽然在地理上处于不同的位置,但大家都可以在同一个论坛上发帖,共享各种资料,组织一次网上大家都参与的话题讨论。通过交流,逐渐形成一个网络上的学习共同体,成员们也产生对共同体的归属感和认同感,有助于增强学习者对虚拟社区活动的参与程度,维持他们持续、努力的学习活动。

虚拟学习社区在归属感的建立上也有劣势。由于缺乏面对面的交流,学习者往往使用ID而不是真实用户名上网,学习者对其他用户缺少直接接触,在心理上也容易产生距离。但这并不是难以克服的困难。一方面,网上已经有很多只建立在网络ID上的虚拟团体,例如电子游戏的公会,事实上,有时候匿名性反倒能够促进成员更积极地畅所欲言;另一方面,通过线上和线下的组合,可以更好地促进成员之间的了解,例如,学习社区组织一次线下的讨论会,为成员提供一个面对面交流讨论的机会。

(3) 群体推动成长——群体动力理论

心理学家勒温认为一个人的行为(B),是个体内在需要(P)和环境外力(E)相互作用的结果。也就是说,群体中的各种力量会对个体的心理和行为产生影响。社会心理学的研究表明,人们在群体中很容易屈从于群体的压力,放弃自己的主张而选择错误的答案。因此,群体动力理论认为,要改变一个个体,最好从改变他生活的群体入手。勒温等人曾做过一系列实验,试图改变美国家庭主妇不喜欢用动物内脏做菜的习惯。结果表明,群体的公约原则,比一般性的宣传说服,更能够改变群体成员的行为。

影响群体绩效的要素主要有以下几种:

成员目标的共同性 个体受群体目标的吸引,并内化为自己的追求,就会产生强烈的归属感和依赖心理。因此,个体目标与群体目标越一致,群体的凝聚力越大。

目标达成的可能性 群体目标对个体起着驱动的作用,在群体目标的感召下，个体会克服重重困难，努力前进。但是如果目标太过高远，难以达到，很多人就会选择放弃；相反如果太过容易，也难以起到驱动的作用。因此，设立群体目标时，需要有一定的挑战性，但又不能过于艰难。

核心成员的动力 在群体里，每个成员的动机和能力不同，决定了他们扮演的角色不同，其中核心成员对群体具有巨大的驱动作用。所谓核心成员是指对群体的目标认同程度高，为了达到目标而努力工作，并且已经被其他成员所接受的人，他们是群体的核心力量，容易引起群体成员的共鸣，能够影响群体的绩效。

规则制度 每个群体成员都希望自己能够被群体所接纳，自己的努力能够得到群体的认可。如果群体的规章制度合理，有一定的竞争机制，就能够激发个体奋发图强，使自己努力朝向更高的目标发展。

虚拟学习社区是一个建立在网络之上的虚拟群体，该群体是否有被大多数学习者共同接受的学习目标、合理的条例规则、典型的学习榜样、有效的交流方式，是决定该虚拟学习社区是否能够吸引教师参与，并真正帮助教师成长的重要条件。

3. 虚拟学习社区在教师专业发展中的作用

虚拟学习社区在教师专业持续发展中起着重要的作用，具体来说，主要包括以下两个方面：

(1) 为教师专业发展提供资源

教师是一个需要不断学习、反思的职业，尤其在新课程改革、信息化浪潮的冲击之下，教师急需学习新的知识和技能，并将其应用到自己的教学实践中，提高自己的专业能力。虚拟学习社区为教师提供了一种极为便捷的途径，只需要一台电脑和一根网线，即使处在边远地区，教师也可以方便地接触到大量的教学资源，并与其他学校、地区的专家和教师进行交流、相互学习。

(2) 教师个人知识管理工具

教师在成长中，面对不断更新的海量知识，要懂得如何不断地获取、加工、利用、共享和创新，只有对这些知识进行有效的管理，才能够使自身的专业能力得到持续的发展。虚拟学习社区正是教师个人知识管理的理想工具[29]。教师的知识可以分为显性知识和隐性知识，显性知识包括专业知识、学科知识、教育学和心理学知识以及与教育教学相关的事实和原理类知识。例如，教师通过阅读，学到了“期望效应”，了解到教师对学生的期望会影响学生的表现，这是一种显性知识。隐形知识则是教师的教学实践中积累的经验性知识，具有情境性、动态性，有很强的个人色彩。例如，教师根据自己的经验，总结说“在课堂上我会多关注他们，多给他们回答的机会，回答对了及时表扬，回答错了也要表扬，表扬他们的勇气。”这就是一种隐性的知识。隐性知识和显性知识是可以转换的。只有将隐性知识转换为显性知识，教师才能够实现知识的传承与共享。显性知识转换为隐性知识，则是一种将理论知识指导教育实践的过程。

虚拟社区可以为教师提供一种组织、管理知识的工具，教师可以将自己在教学实践中的优秀教学设计、教学活动案例、教学研究和反思案例、教学资源、教学成果等以专题日志的形式发在自己的个人空间版块里。其他教师可以访问这些案例，对这些案例进行评价和讨论，也可以下载和使用。例如，教师学习了“探究式小组合作学习”的方法，但有些教师对这种方法是否能够应用到教学实践、应该如何应用还有一定的疑惑。有教师做了尝试，并将自己的经验和思考发表在网上，其他教师可以看到，这能够促进这些教师应用新方法、新技术的信心。

4. 教师虚拟学习社区的结构

虽然教师虚拟学习社区才刚刚开始发展，关于教师虚拟社区的设计与构建则已经展开了大量的尝试。虽然各种虚拟社区的结构不尽相同，但总的来说，都包含以下几个要点：

（1）海量存储空间。教师虚拟社区的重要作用是为教师提供教学资源、教学思想和经验分享，因此需要使用数据存储服务器来存放各种视频、图片、课件等信息化资源。

（2）学习教室。这部分的功能是为教师提供专业发展培训、教学观摩、专家讲座，通常以视频在线课程或者视频会议的方式呈现。教师可以通过网络远程观看授课或讲座视频，并通过即时聊天工具、网络电子白板等方式进行讨论学习。

（3）教研讨论。这部分主要以主题论坛的方式呈现。教师根据自己感兴趣的主题选择自己愿意参加的主题论坛，在论坛上发言讨论问题，开展教学反思、校际交流等活动，不同学校教师可以针对同一话题（例如关于语文中某课的教学）展开深入的反思和讨论，促进教师的知识共享。

（4）个人空间。这部分是教师的个人平台，包括教师的个人资料、教学反思、教学资源、感兴趣的活动等。教师可以订阅自己感兴趣的学习资源或其他教师的个人空间，也可以与其他成员进行交流。个人空间不仅是教师进行个人知识管理的工具，也是成员之间互相了解、互相沟通的途径。

虚拟社区能够为教师提供一种超越时间和空间的限制、跨越组织边界的第二生存空间，以近乎无限的存储空间为教师提供大量的教学资源，促进了教师教学观念的转变，为教师提供专业发展的技术保障。随着信息技术的飞速发展，教师虚拟社区的不断完善，必将成为教师专业发展的重要平台。

参考文献

[1] 陈琦，刘儒德．当代教育心理学[M]．北京师范大学出版社，2007.

[2] 张文兰．建构主义学习环境下教师角色的再定位[J]．电化教育研究，1999(04)：17－19.

[3] 关宏．探析建构主义教学观视阈下的教师角色[J]．继续教育研究，2008(11)：55－57.

[4] 叶澜．新世纪教师专业素养初探[J]．教育研究与实验，1998(01)：41－46.

[5] 王少非．教师评价素养的现状、框架及发展建议[J]．人民教育，2008(08)：31－34.

[6] 马宁，余胜泉．信息时代教师专业素养的新发展[J]．中国电化教育，2008(05)：1－7.

[7] 洪秀敏，庞丽娟．论教师自我效能感的本质、结构与特征[J]．教育科学，2006

(04):44－46.

[8] 俞国良,辛自强,林崇德.反思训练是提高教师素质的有效途径[J].高等师范教育研究,1999(04):69－73.

[9] 周宏弟.论教师的行动研究与专业发展[J].高等教育研究,2003(03):81－85.

[10] 申继亮,王凯荣.论教师的教学能力[J].北京师范大学学报(人文社会科学版),2000(01):64－71.

[11] 申继亮,辛涛,邹泓.中小学教师教学能力观的比较研究[J].教育科学研究,1998(01):1－4.

[12] 连榕.新手—熟手—专家型教师心理特征的比较[J].心理学报,2004(01):44－52.

[13] 申继亮,费广洪,李黎.关于中学教师成长阶段的研究[J].天津师范大学学报(基础教育版),2002(03):1－4.

[14] 申继亮,刘加霞.论教师的教学反思[J].华东师范大学学报(教育科学版),2004(03):44－49.

[15] 张学民,申继亮,林崇德.中小学教师教学反思对教学能力的促进[J].外国教育研究,2009(09):7－11.

[16] 王春光.反思型教师个人实践理论探究[J].东北师大学报,2005(01):138－143.

[17] 应国良.虚拟社区:教师专业发展的新路径[J].教育发展研究,2007(Z2):34－37.

[18] 杨刚,曾群芳,赖文华.虚拟学习社区环境下教师协作学习的问题与实证[J].现代远程教育研究,2013(02):45－52.

[19] 孟宪凯,李涛.中国微格教学 20 年[J].北京教育学院学报,2008(03):62－65.

[20] 赵新波.高等师范院校微格教学现状及改革建议[J].中国成人教育,2010(05):108－109.

[21] 王永民,张友吾.高清微格视频和移动微格教学系统探析[J].中国教育技术装备,2011(15):108－110.

[22] 鲍建生,王洁,顾冷沅.聚焦课堂—课堂教学视频案例的研究与制作[M].上海教育出版社,2005.

[23] 马燕.视频案例在数学课堂教学研究中的应用[J].山东师范大学学报(自然科学版),2006,21(3):132－133.

[24] 周勇.视频案例研究:一种聚焦课堂的新型研究方式[J].中小学管理,2008(02):25－26.

[25] 曹熙斌.基于视频案例的师范生教育技术能力培养策略研究[J].中国电化教育,2013(10):66－69.

[26] 鲍建生.课堂教学视频案例:校本教学研修的多功能平台[J].教育发展研究,2003(12):18－22.

[27] 吴祥恩.移动学习背景下微型视频案例与其创新应用[J].中国电化教育,2012(06):73－77.

[28] 张平,朱鹏.教师实践共同体:教师专业发展的新视角[J].教师教育研究,2009(02):56－60.

[29] 宋隽婷.虚拟学习社区:教师个人知识管理的有效平台[J].中国教育技术装备,2011(09):90－91.